近代滋賀の
教育人物史

滋賀県教育史研究会 編

サンライズ出版

はじめに

　湖国滋賀の地で、日本近代史の明治維新からアジア・太平洋戦争の敗戦まで、どのような教育が行われてきたか。教育に関わるどのような人びとが、滋賀の地域社会の発展を願いながら、子どもたちを人として育ててきたか。これからの地域社会を築いていく教育には、どのような課題があるのか。本書は、こうした課題にこたえようと、近代滋賀の教育史を人物史からとらえようとする試みである。

　2018年は、明治維新の年から150年目にあたる。近代日本の国家社会は、1868年のこの年から始まる。日本の近代社会は、明治維新期の変革を経て、江戸時代の封建社会から身分差をなくした社会体制に変わってきた。幕末に武士から民衆までの国民的な変革のエネルギーが新しい社会をうみ出したのである。明治維新後も、日本の民衆は自らが生きる社会に責任ある主体として、近代社会の建設に真剣に取りくんできた。明治期には自由民権運動のなかで、大正期には大正デモクラシーのなかで、昭和戦前期にはさまざまな社会運動のなかで、民衆は自由と自治を求め続けてきた歴史があり、明治維新は近代の市民運動の起点であった。

　残念なことに、近代日本史の結末は戦争と軍国主義の国家体制の道を許して、1945年8月に痛苦に満ちた悲惨な敗戦を迎えた。戦後社会は、この敗戦という現実の反省から出発して、経済を再建して平和的文化的国家を築きあげてきた。戦前の77年間の近代史と、戦後の73年間の現代史から学ぶべき教訓は多い。しかしながら、昨今の政治社会状況には、民衆史を基軸にする日本現代史からすれば、大きな危惧をいだかせる兆候が見受けられる。

　本書は、滋賀の明治期から大正期、昭和戦前期の時代のなかで懸命に格闘して、地域社会の発展と次代の子どもの未来を考えて行動した人物の歩みを取りあげた。近代滋賀の教育に真摯に取りくんだ人びとの生き方やその思想や行動を深く掘りさげることで、現在の教育の問題を解決する方向を見い出したいと考えた。

　滋賀県は、中央に県内面積の6分の1を占める琵琶湖があり、湖西、湖東、湖南、湖北と呼ぶ地域で囲まれている。気候も風土も地域差があり、それぞれの地域は独自性と個性をもっており、教育にも個性がある。できるだけ県下の全地域から代表的な人物を取りあげるようにこころがけた。滋賀県は、近世から近江国としての一体感があり、近代史においても比較的まとまって歴史が展開している。

i

重要な交通路が縦横に走る近江の地は、人材の交流も活発であり、中央での新しい思想や着想をいち早く学んで取りいれていく気風があり、すぐれた教育史上の人物が地域の教育に足跡を残している。

　この書では、29名の人物を取りあげた。本文で24名、コラムで5名を取りあげており、うち女性は6名である。明治初期の滋賀の教育行政官、学区取締や地域の学校創設にかかわった地方の名望家、私塾・私立学校の経営者、明治の中・後期の訓導兼校長、大正期・昭和初期の女子教育の先駆者、国語教育・地理教育・手工教育の教師たち、新教育の学校創設者、聾啞教育・盲教育の指導者、昭和戦前期の郷土教育や農村教育の教師、国史教育・国語教育の実践的教師、国民学校期の教師たち、教育ジャーナリストなどである。

　近代滋賀の地で、地域の教育に尽くした多様な教育人物像を取りあげた。なかには、広く全国的にも知られている著名な教育者や実践家もいるが、本書ではじめて取りあげた人物も何人かいる。執筆者たちが新資料を発掘して、はじめて紹介する個性的な教育者たちである。このなかには現時点で資料がどうしても発見できず、没年を不詳とせざるをえなかった人物もいる。また、今回取りあげたかったが、収録できなかった教育者たちも数多くおり、今後の課題としたい。

　本書を通して、近代滋賀の教育者が、彼らが生きた時代と社会にいかに真剣に向き合ったか、地域の教育課題を解決するための学校づくりをどのように進めたか、そこで学ぶ子どもたちに幸せをもたらすためどのような教育を行ってきたか、そこから現代の教育にどのような示唆が得られるか、読者とともに考えたい。

　　　2018年5月3日

　　　　　　　　　　　　　　　　滋賀県教育史研究会　　木全清博

目　　次

はじめに

第 1 章　明治期——学校制度の創設者たちと小学校教師

概説　明治期の滋賀の教育史 ……………………………………………………………… 2

1　近代滋賀の学校の始まり　2　小学校の普及・充実と国家主義的教育の始まり

3　明治期の滋賀の小学校教員

4　滋賀の中学校・女学校・農学校・商業学校の始まり

第1節　松田道之——県下に学校を創設した初代滋賀県令 ……………………………… 9

1　初代滋賀県令となる　2　「欧学校」と小学校をつくる

3　学校に行かせる工夫

第2節　籠手田安定——「学事に尽力」する第2代滋賀県令 ………………………………… 15

1　平戸藩士から大津県官員へ　2　小学校設立の意義をつかむ

3　学校教育の普及に尽力　4　学校教育の後退に異議をとなえる

第3節　中井弘——「奇人」県令と滋賀の商業教育史 ………………………………………… 21

1　誕生から工部省入省まで　2　滋賀県令着任と実業教育への関心

3　滋賀県商業学校の創設と運営

第4節　外村省吾——滋賀の中等教育の先駆者 ………………………………………………… 27

1　外村省吾と彦根藩の藩政改革

2　『犬上県内小学建営説諭書』と外村の学校構想

3　彦根学校の設立に尽力する

第5節　正野玄三——学区取締として地域の学校の振興を図る ……………………………… 33

1　学区取締正野玄三の活動　2　小学校の卒業試験の巡視に立会う

3　正野玄三の地域民衆への啓蒙活動

iii

第6節　柳田かめ──寺子屋から私塾・私立学校で教えた女性教師 ………………………… 39
　　　　1　滋賀県の寺子屋の女師匠　　2　大津における幕末から明治初期の民衆教育
　　　　3　私立学校「柳田学舎」の教育

第7節　大島一雄──滋賀の地における小学校教育の開拓者 ……………………… 45
　　　　1　青年教師大島一雄の滋賀県赴任
　　　　2　大津の関達学校教員として地域教科書を編纂する
　　　　3　滋賀の小学校教育の発展に力を尽くす

第8節　辻勝太郎──高宮の小学校沿革誌をまとめる ……………………………… 51
　　　　1　明治期の師範学校出身の代表的校長　　2　高宮小学校創立時の沿革を伝える
　　　　3　明治期の高宮校の学校史　　4　辻の学校観と「誠実・忍耐・和神」の思想

第9節　浜野鉄蔵──県内外で活躍した「訓導兼校長」 …………………………… 57
　　　　1　「訓導兼校長」になるまでの履歴　　2　明治期の「訓導」と「校長」の仕事
　　　　3　「訓導兼校長」の仕事

コラム**1**　平山麟家──和算の私立学校創設と海津天満宮の「算額」　　63
コラム**2**　松田勝子──滋賀県の女子教員養成の礎を築く　　67

第2章　大正期・昭和初期の教師たち──子どもの個性を伸ばす大正新教育

概説　大正・昭和初期の滋賀の教育史 …………………………………………… 72
　　　　1　滋賀県教育会の活動と『滋賀県教育会雑誌』・『近江教育』
　　　　2　滋賀の勤労青少年の教育と中等教育の普及
　　　　3　滋賀の盲学校・聾唖学校の先駆者──山本清一郎と西川吉之助
　　　　4　滋賀の大正新教育運動の受容と展開

第1節　塚本さと──五個荘で淡海女子実務学校を開校する ……………………… 79
　　　　1　近江商人の娘・妻として　　2　商業教育、良妻賢母の教育とさとの交友

3　淡海女子実務学校の設立　4　淡海女子実務学校の授業の一端

5　淡海女子実務学校とその後

第2節　中野冨美——裁縫を通して人間をつくる ……………………………………… 85

1　裁縫の道へ　2　裁縫速進教授所を開く

3　大津に裁縫女学校をつくる

第3節　一柳満喜子——近江八幡でキリスト教精神に基づく幼児教育 ……………… 91

1　幼児の教育に目覚める　2　アメリカ留学中にアリス・ベーコンと出会う

3　ヴォーリズとの結婚と幼児教育の開始　4　満喜子の学園構想とその展開

第4節　河村豊吉——国語教育を究める ………………………………………………… 97

1　国語教育の革新をめざす　2　金田校で村民と子どもに図書館教育を行う

3　自学自習のための国語教材集づくり

第5節　柚木勝久——地理教育の革新と提案 ………………………………………… 103

1　地理教育の革新をめざす　2　柚木の教育観「吾道」と木之本校の学校経営

3　日中戦争下の草津校における学校経営

第6節　山本清一郎——滋賀盲教育の先達 …………………………………………… 109

1　失明経験と清一郎の決意　2　彦根訓盲院の設立

3　「県立移管」とヘレン・ケラーの来校　4　清一郎のめざした「美の教育」

第7節　西川吉之助——口話法聾教育の父 …………………………………………… 115

1　教育者の芽生え　2　はま子の父から口話法聾教育の父へ

3　滋賀県立聾話学校校長になる

第8節　谷　騰——滋賀の子どもの個性を伸ばす教育を開拓する …………………… 121

1　成城時代の理科教育実践とドルトン・プランの受容

2　昭和学園の設立・開校と子どもの自主的な学び

3　子ども文集『こまどり』の創刊と昭和学園の労作教育

v

コラム**3** 平木吉治郎──滋賀の手工教育と水口細工　127

コラム**4** 前川仲三郎──百瀬校の子どもの感性と表現力を耕す　131

第3章　昭和戦前期の教師たち──郷土教育・農村教育から戦時体制教育への道

概説　**昭和戦前期の滋賀の教育史** ……………………………………………136

　　　1　昭和初期の郷土教育の成立と発展

　　　2　農村教育における勤労体験・作業重視──矢嶋正信

　　　3　日中十五年戦争期の教師たち

　　　4　国民学校期の教師たちの教育実践──中村林一と西川綾子

第1節　**神田次郎──郷土教育による学校経営** ………………………………143

　　　1　朝日野西校における学校統合問題の経験

　　　2　島校郷土教育のきっかけ　3　郷土を調べる・郷土を研究する

　　　4　県視学から日野校の校長へ

第2節　**矢嶋正信──農業教育を軸とした学校経営** …………………………149

　　　1　豊椋校での農業教育　2　島校での「土の教育」

　　　3　瀬田校での「矢嶋芋」　4　人格形成をめざした矢嶋の農業教育

第3節　**栗下喜久治郎──郷土教育の研究と実践に取りくむ** ………………155

　　　1　島校の郷土教育の歩み　2　昭和戦前期を一途に駆け抜ける

　　　3　国民精神総動員運動下の教育実践　4　敗戦直後の思い

第4節　**田中秀雄──国語教育における「話方・朗読」指導** ………………161

　　　1　国語教育における「話方」と方言指導への着目

　　　2　大野校で「話方・朗読」の指導を深める

　　　3　第四期国定国語読本「サクラ読本」の研究

第5節　村瀬仁市──国史教育における「至難教材」の究明 ……………………………… 167
　　　　1　師範学校で「八大教育主張」を学ぶ　2　神崎郡山本校から教員生活を始める
　　　　3　男子附属校で「国史教育の至難教材」研究を行う
　　　　4　戦前の国史教育研究の成果と課題

第6節　中村林一──湖北の郷土史の研究や資料収集、郷土教材の授業を行う ………… 173
　　　　1　湖北の郷土史研究と民俗調査を行う
　　　　2　長浜校の「開知学校」資料を保存する　3　『長浜郷土読本』の編纂と執筆
　　　　4　国民学校における昭和20年度の授業

第7節　西川綾子──国民学校で学級日誌（絵日記）を指導する ……………………………… 179
　　　　1　日曜学校から入信へ　2　新任教師として瀬田校に赴任
　　　　3　学級日誌（絵日記）を描かせる　4　戦後に新教育実験校に転任する

コラム**5**　池野茂──近代滋賀の教育ジャーナリスト　185

年表　　189

図表出典　198

参考文献・資料　202

おわりに　212

人名索引　214

事項索引　216

凡例
1．歴史上の人物名は、原則として「諱」を優先した。
2．年号表記は、明治5年12月3日の太陽暦への改暦までは元号(西暦)、改暦以後は西暦(元号)とした。
3．学校名は「○○町立●●小学校」とはせず、「○○町●●小学校」とし、複数回使用する場合は「●●校」と略記した。
4．歴史用語など、説明が必要な語句には（　）で注を付けた。
5．引用史料にルビが付いている場合は、（ルビは原文のまま）と記した。旧字は原則として新字に改めた。
6．引用中、今日からみれば不適切と思われる表現を用いている箇所もあるが、時代背景等を考慮し、原典どおり収載した。
7．本文内での引用は文献名のみ表示した。文献情報の詳細は文末の「参考文献」または巻末の「参考文献・資料」に記した。
8．本文末の参考文献にはなるべく参照しやすいものを記し、閲覧困難な文献や原典史料は巻末の「参考文献・資料」に記した。
9．『近江教育』など滋賀県の教育会雑誌の所蔵先は、上田孝俊『滋賀県教育会雑誌目次一覧』(滋賀県立図書館、大津市立図書館等に所蔵)を参照した。

第1章

明 治 期

学校制度の創設者たちと小学校教師

概説　明治期の滋賀の教育史

1　近代滋賀の学校の始まり

長浜県—犬上県の小学校構想と設立・開校──外村省吾と山本大造

　　近代の教育制度は、明治5（1872）年8月の「学制」布告に始まる。近代滋賀の学校は、「学制」布告の前年明治4（1871）年9月、長浜の「第一小学校」の設立・開校にさかのぼる。「学制」前に設立された小学校は、高宮の「第二小学校」、柏原の「郷学校」とあわせた3校である。明治5年9月28日の12郡の滋賀県ができる前、長浜県—犬上県の管轄地域（高島・伊香・浅井・坂田・犬上・愛知の6郡）に開校した小学校である。「学制」直後の10月に開校した海津「興化学校」と月日不詳の彦根小道具町「訓蒙学校」の2校もこの管轄下にあった。残りの近江国半分の滋賀・甲賀・栗太・蒲生・野洲・神崎の6郡は、大津県—滋賀県の管轄下であり、大津県令松田道之が滋賀県令（6郡）になっていく。

　　長浜県（権令神山郡廉）は、明治4（1871）年11月22日に彦根県、朝日山県、宮川県などをあわせて誕生した県である。明治5年1月に旧彦根藩校弘道館教授であった外村省吾や山本大造を「長浜県小学校御用掛」に任命して、小学校の設置計画を策定した。この計画は、15ヵ所の地域の具体的地名をあげて、学校維持の財政計画や教員雇用を見通して、設立を推進した。同県は明治5年2月27日に犬上県と改称され、山本大造は「犬上県小学校掛」として引き続いて出仕して、藩校弘道館教授であった渡辺弘人、同渋谷啓蔵、助教松浦果、同原作蔵、同山精之介を呼び寄せて、4月に小学校掛に任命した。外村省吾は明治5年11月から6年4月まで陸軍省に出仕するも、病のため辞職して帰郷。1875（明治8）年5月に滋賀県第11番中学区第106～122番小学区学区取締、翌76年3月に第11番中学区取締頭取兼務（神崎・愛知・犬上3郡）になる。一方で彦根学校の開校準備にも奔走した。

　　山本大造らは犬上県の小学校の設立・開校を推進し、①明治5年3月「私学取締令」、②7月『犬上県内小学建営説諭書』、③7月「小学校取設目論見心得方」、④10月「犬上県管内小学校課程表」を作成した。②は、京都の上京・下京の64校の小学校が開校しており、管内で早急に村々が小学校を設立して、実学に基づく生活上有用な知識を教えるべきだと書き、「学制」理念と同様の考えを打ち出

している。④は、「句読」に開化啓蒙主義の教科書をあげる一方、「習字」「暗誦」に近江国郡村名、当県町名、犬上郡区名など、地域性にかかわる実用主義的知識の教科書を配置した。教える教科は「句読」「算術」「習字」「暗誦」の4科目であった。

3人の滋賀県令たち——松田道之・籠手田安定・中井弘

　明治5（1872）年9月28日に滋賀県が成立し、初代県令には松田道之が就任した。彼は1875（明治8）年3月23日内務大丞に転任するまで、草創期の近代滋賀の県行政を掌った。教育行政では、1つは明治5年10月に大津欧学校を創立して、男子に外国語と商業、女子に外国語と裁縫（洋裁）を教える洋学校を開校させた。もう1つは1873（明治6）年2月から県下全域に小学校を設立・開校させる政策を推進した。松田は、「学制」理念に基づいて小学校の設立・開校を強力に展開しようとした。同年2月8日に小学校設立の方法を「立校方法概略」（「告諭管下人民」付）で示した。そこでは「人たるの道を尽くす」ため「小は一身一家の事を謀り、大は国家の公益世界の有用を謀る」こと、「智識を研きその方法を究める」こと、生活に役立つ実用の学問を学ぶことを強調した。松田は在任期間中、県下の全町村に小学校を普く地域住民の力で設立させようとした。

　権令から2代県令になった籠手田安定は、松田の小学校政策を充実・発展させた。財力ある町村だけでなくすべての町村で校舎を確保して、小学校の教員を養成しようとした。教授法を変則から正則に変えさせ、教員の質的向上策として教員会議を開かせて研修や研鑽に努めさせた。1876（明治9）年5〜8月には、籠手田は自ら県下の全域に学務課員を引き連れて回り学事巡視を行った。また、彼は師範学校や中心学校の幹部教員に対して、地方の学校の定期試験の調査を命じた。籠手田は、1875年5月に32名の学区取締を任命し地域の学事全般の職務を担当させた。6月1日には滋賀県小学教員伝習所を開所させ、10月26日滋賀県師範学校に改称、77年3月22日には滋賀県大津師範学校を開校させた。

　蒲生郡日野で薬の製造と販売を営んでいた正野玄三は、学区取締に任命されて職務に専念した。1年5ヵ月間の学区取締に関する学事日誌を残して、旧蒲生郡第14区から第18区の草創期の小学校教育の実態を記した。

　3代県令中井弘は、幕末と明治初期の3度のイギリス留学を経験しており（初回は密航）、商業活動の活性化こそ国家と社会の繁栄の基礎との考えを持っていた。彼は滋賀県に着任するや、近江商人たちに商業学校の設立を呼びかけ、1886（明

治19) 年 5 月に全国で10番目の滋賀県商業学校を大津船頭町に開校させた。県立
では全国最初の商業学校であった。

2　小学校の普及・充実と国家主義的教育の始まり

「小学校令」下の小学校制度の変遷

　1886(明治19) 年 4 月10日に「小学校令」が勅 令で公布された。前年の85(明
治18) 年に伊藤博文を総理大臣とする内閣制度が発足して、初代文部大臣に森
有礼が就いた。森文相は「学政上に於ては生徒其人の為にするに非ずして国家の
為」の教育施策を採用した。小学校は等級制から学年制にかえ、尋 常 科(4 年間)
を義務教育とした。高等科(2 ～ 4 年間)を設置する一方、尋常科設置が困難な町
村は簡易科(3 年間)でよいとした。

　滋賀県では、86年11月 1 日から簡易科、尋 常 科、高等科の学校資格別に各町
村の小学校が再編され、小学校名に町村名をつけた小学校が多くなっていく。高
等科資格の小学校は当初11校でほぼ各郡 1 校であった。大津町と彦根町の場合、
旧滋賀郡第 3 区から第 7 区の大津町は、同年 4 月に大津学校 1 校に統合、本校と
3 支校、 3 教場に再編した。さらに、11月 1 日に再編して高等科大津小学校、
尋常科大津小学校、 6 つの簡易科小学校に変えられた。旧犬上郡第 1 区から第
10区までの彦根町は、11月 1 日に高等科彦根小学校、尋常科彦根小学校、 6 つ
の簡易科彦根小学校教場に再編された。校名はこの後も明治20年代を通じてた
びたび改称された。1889(明治22) 年 4 月 1 日の町村制施行で、従来の連合戸 長
役場は廃止され、町村役場が開庁し学校事務を担当することになった。小学校名
は各町村名を冠したものに変わり、簡易科小学校は1892年には多くが尋常科に
なっていく。90年の小学校令改正(第二次「小学校令」)で、尋常小学校、高等小学校、
尋常高等小学校となり、多くの学校が92(明治25) 年前後に改称した。

県内の学校への「教育勅語」「御真影」の下付

　1889(明治22) 年 2 月11日に大日本帝国憲法が発布され、翌90(明治23) 年10月
30日に「教 育 勅 語」が発布された。滋賀県は、同年11月 8 日から県下の各学校
に「教育勅語」謄本を交付、式日等に奉読するよう通達した。「教育勅語」謄本は、
上級学校から順次下付されていく方式がとられた。文部省 直 轄学校→府県の師
範学校→中学校・女学校・実業学校→高等科小学校→尋常小学校という順に謄本

4　第 1 章　明治期

が下付されていった。戦前の学校教育で儀式日に校長が厳粛に奉読する形式が定着して、国民意識に大きな影響を与えた。

「教育勅語」下付に先立って、明治天皇、皇后の肖像写真である「御真影」の下付が行われている。これも、上級学校から順に学校に配布されていったが、宮内省へ「御写真下賜願」の願書を出して、宮内省が願書を聞き届けて下付するという形式がとられた。各小学校の「学校沿革誌」の冒頭には、明治天皇・皇后、大正天皇・皇后、昭和天皇・皇后の6葉の「御真影」の下付年月日、返却年月日が記されていることが多い。1888（明治21）年に滋賀県尋常師範学校に、90（明治23）年に滋賀県尋常中学校と11校の高等小学校に下付され、「優秀小学校、優等小学校」が選ばれたとされる。翌91（明治24）年から尋常高等小学校にも下付がはじまる。

1892（明治25）年5月に、文部省通達で尋常小学校への「御真影」複写の下付が決定され、滋賀県では翌93（明治26）年から尋常小学校への下付が開始された。儀式や教科書内容の国家主義的教育の進行とともに、元首である天皇と皇后を「御真影」により周知・徹底させていった。天皇制を根幹にすえた教育をつうじて天皇制国家の「臣民」意識をつくりあげることがめざされたのである。

3　明治期の滋賀の小学校教員

小学校教員の出自・年齢と師範学校

1875〜77（明治8〜10）年の滋賀の小学校教員486人は、士族212人（43.6％）、僧侶143人（29.4％）、平民131人（27％）の構成であり、ほぼ全国的な傾向と一致する（『滋賀県師範学校一覧』1904年）。滋賀県師範学校の『明治九年生徒履歴綴』97人と『明治十年卒業証書附与録』51人の計148人をみると、20歳代以下の教員115人（77.6％）、30歳代の教員25人（16.9％）ときわめて若い。

滋賀県大津師範学校は1877（明治10）年6月から師範学科（2年）を、78年2月から専修学科（画術と理化学、当初1年6ヵ月、のちに2年）を設置して教員養成教育を本格化していった。小学校教育をになう人材養成のため、滋賀県大津師範学校は本校（大津）と3支校（彦根、長浜、小浜）体制をとり、伝習学科（180日）も設置した。彦根伝習学校は彦根学校を改組、長浜講習学校は湖北3郡（坂田・浅井・伊香）の利便のため開知学校に併設された。小浜伝習学校は76年9月に若狭国3郡と越前国敦賀郡が滋賀県に編入され設置された（81年2月福井県の設置で分離）。

滋賀県大津師範学校の小学校教員養成の開始にあたって、新しい教授法や教則を教えるために官立（国立）師範学校卒業生が招かれた。官立東京師範学校や官立大阪師範学校、官立新潟師範学校の卒業生が高額の月俸で雇用された。大津、長浜、八幡などの商業地や、五個荘、日野などの近江商人出身地の小学校に招かれ地域の教員のリーダーとなった。官立師範学校卒業生は「訓導」、県師範学校卒業生は「准訓導」で、月俸で歴然とした差額があった。「訓導」は財力ある町村でないと雇用できなかった。彦根や水口は、藩校出身者で県師範学校に入学・卒業した者を教員に雇い入れた。滋賀県大津師範学校は、1880（明治13）年4月に再度、滋賀県師範学校に校名変更した。86（明治19）年「師範学校令」で滋賀県尋常師範学校と改称して、98（明治31）年同法改正で滋賀県師範学校と再改称した。女子就学率を向上させるために女子教員の養成も、明治10年代からはじまる。80年の滋賀県師範学校発足にともない、9月に女子師範学科が設置された。82（明治15）年に滋賀県女子師範学校が設立されて85（明治18）年まで存続するが、財政的に独立校維持は困難であった。その後紆余曲折をへて、再度滋賀県女子師範学校として独立して開校したのは、1908（明治41）年4月であった。

　本章で取りあげた明治期の2人の女性教員の松田勝子と柳田かめは、対照的な経歴と教育者の道を歩んでいる。松田勝子は、維新以前から武士階級の子女に知識を教え、信楽で一時小学校に在勤。1880（明治13）年に滋賀県師範学校女子師範学科設置にともない女生徒取締兼教員になる。以後明治末年まで女子教員の養成にたずさわった。他方、柳田かめは父のあとを継ぎ大津で寺子屋師匠となり、一時小学校に在勤するがすぐに退職。80年9月に柳田学舎を開塾、88年5月に私立学校に認可された。亡くなる前年の1911（明治44）年まで公立学校に通えない奉公人子弟の教育にあたった。

　一方、高島郡新保村（現高島市）で幕末から明治初期に和算塾を開き、民衆に伝統的な和算を教えたのは平山麟家であった。地域村民はもちろん遠く美濃国からの入門者もおり、平山の数学舎で学んだ弟子が海津天神社に奉納した算額がいまも残されている。

明治中・後期の小学校長の経歴──大島一雄・辻勝太郎・浜野鉄蔵

　明治期の小学校制度が確立していく時代に、校長として教育を担っていった3人の人物を取りあげた。1人目は官立東京師範学校に学び大津開達学校に招聘され、作文、修身、実物、珠算などの教科書を執筆・編集して、のちに近江八幡

で21年間校長を務めた大島一雄、2人目は彦根藩校弘道館や滋賀県師範学校で学んだ後、師範学校附属校教員、県下の地域の中心学校の校長のキャリアをつみ、他府県の視学や校長も務めた教員で、県下でも最も実証的な学校沿革史の『高宮小学校沿革誌』を編纂した辻勝太郎、3人目は滋賀県下5郡の小学校長を歴任し、近県の校長や視学に転任した浜野鉄蔵である。浜野の父は藩校弘道館教授から長浜県─犬上県の小学校御用掛となった山本大造で、長兄仙蔵と次兄銀蔵も近江八幡の八幡東学校や馬淵校で教員や校長を務めている。

　三人三様の履歴であるが、大島一雄は官立師範学校卒業生で、大津の開達学校長、大津学校長を経て、1886年から八幡尋常高等小学校に転じて、八幡校では1907年まで校長職にあった。明治期の校長には、草津知新学校から草津尋常高等小学校まで34年間在任の藤田義質という教員もいた。他方で浜野鉄蔵のように、1つの学校在任が短期間で、転勤をくり返した校長もいた。さらに、辻は福井県と京都府、浜野は三重県と兵庫県へ転任して、近隣の府県の視学や訓導兼校長になった校長もいたのである。

4　滋賀の中学校・女学校・農学校・商業学校の始まり

　滋賀県の中等教育では、1876（明治9）年に彦根学校が設立され、8月26日に開校式が行われた。結社 集 義社が中心になり、彦根士族の後継者養成の「共立学校」設立運動の結果できた学校である。初代校長に外村が就任したが、4ヵ月後に57歳でなくなった。彦根学校は、彦根伝習学校、彦根初等師範学校と改称し、80（明治13）年4月に公立（県立）中学校、11月に公立（町立）中学校、86（明治19）年の「中学校令」に基いて87（明治20）年滋賀県告示で滋賀県尋常中学校（のちの彦根中学校）となった。98（明治31）年に2番目の中学校滋賀県第二尋常中学校（のちの膳所中学校）ができると、滋賀県第一尋常中学校と改称した。

　県最初の女学校の私立淡海女学校（のちの彦根高等女学校）は、武節貫治が中心になって彦根で87（明治20）年5月に設立された。2年後の89年4月に滋賀県私立高等女学校（のちの大津高等女学校）が、大津で滋賀県私立教育会立の女学校として開校。いずれも 良妻賢母の教育、婦徳の育成を目標にして、裁縫、家事、育児の知識・技能を身につけさせ、礼法を教えた。

　滋賀県の農学校の草分けは、1896（明治29）年に蚕糸 業 組合立学校として設立された簡易蚕 業 学校であった。湖北の養蚕地帯で製糸業の盛んな長浜でいち早

く開校した。99（明治32）年に県立滋賀県農学校、1908（明治41）年に長浜農学校と改称する。02（明治35）年に伊香郡で郡立伊香農学校が設立、05（明治38）年に坂田郡で山東農学校（1909年山東農林学校に改称）が開校した。

商業学校では、滋賀県商業学校が大津から1901（明治34）年に校地を蒲生郡宇津呂村（現近江八幡市）に移転し、08（明治41）年校名を滋賀県立八幡商業学校に改めた。また、1907（明治40）年郡立神崎実業学校（10年に神崎商業学校に改称）が開校し、12年には大津市立商業学校が開校している。

[木全清博]

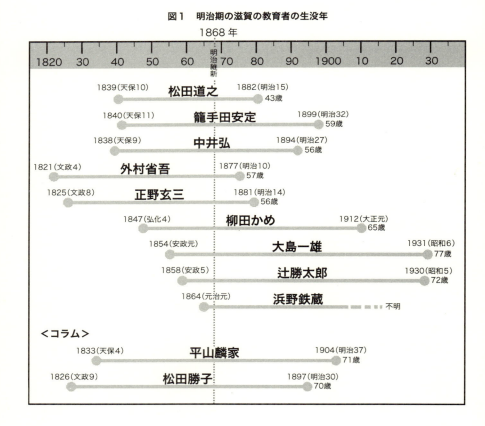

図1　明治期の滋賀の教育者の生没年

第 1 節

松田道之　県下に学校を創設した初代滋賀県令

［まつだ・みちゆき］天保10（1839）年 5 月12日、鳥取藩家老の家臣久保氏の次男として誕生。のち松田家養子となる。藩校尚徳館や咸宜園に学び、幕末は尊王攘夷運動に奔走。明治 2（1869）年京都府大参事、明治 4（1871）年大津県令、明治 5（1872）年に新設された滋賀県の初代県令に就任。1875（明治 8）年に内務大丞、琉球処分官、1879（明治12）年に琉球処分を断行。同年、東京府知事に就任。1882（明治15）年死去。

　松田道之は、近代日本初の統一的地方制度である「地方三新法」を起草した官僚として、また、軍隊と警官を引き連れて琉球処分（沖縄を「日本」に強制的に併合した一連の過程）を断行した処分官として、日本史に名を刻んでいる。「明治初期地方行政の功労者」（『新修大津市史』第 5 巻）と評される松田は新しい時代の滋賀県教育をどのように始めたのだろうか。

1　初代滋賀県令となる

　松田道之は鳥取藩家老の家臣久保居明の次男として生まれた。幼名は伊三郎。幼少より鋭敏で活発だったため、より家格の高い家への養子の話もあったが、13歳の伊三郎は「名を売り利に趨るは大丈夫の心よしとする所ならず」と、身分に合わない家の養子になれば「利のために義気を忘れし者」と家中の笑い者になると父に進言し、世継ぎのいない松田市太夫の養子となった。この時、名を俊蔵と改め、その後正人、道之となった。

　17歳（俊蔵）の時に豊後国日田の広瀬淡窓が開いた咸宜園に入った。咸宜園は、年齢の上下・身分の上下・入塾以前の経歴を一切問わず、すべて最初から学び直すことが求められ（「三奪法」）、月 9 回行われる試験の成績（「月旦評」）によって上級に進んでいくという、徹底した能力主義を採用していた。ここで 4 年間学んだ松田は、帰郷後、藩の選抜によって明治政府の徴士となった。

　その後、明治 2（1869）年 7 月13日から京都府大参事、明治 4（1871）年11月22日には、滋賀・甲賀・栗太・野洲・蒲生・神崎の 6 郡を管轄下に置く大津県

の県令（翌年1月19日、滋賀県に改称）、明治5（1872）年9月28日に犬上県下6郡をあわせた12郡からなる滋賀県の県令となった。松田は以後、1875（明治8）年3月23日に内務卿大久保利通の抜擢により内務大丞に転出するまで、初代滋賀県令として開明的な政策を推し進めた。

第2代県令籠手田安定の事績をまとめた「牧民偉績」には「松田氏ハ急進開化主義ニシテ自ラ散髪脱刀ト為リ参事以下諸官之ニ倣フ」と記されている。それまで「双刀」に「結髪」という、封建時代の武士と同じ風采だった地方官吏たちが松田の影響で一変して、人びとに対する官尊民卑の弊風も一洗され、管下の人民が大いに驚いたというのである。「散髪」「洋服」という欧化風は、郡や村の役人等にまでおよび、ついには「結髪」の者は「固陋ノ旧弊者」と嘲笑されるようにまでなったという。松田は「開明性」を自ら体現する存在でもあったのである。そんな松田の教育政策として注目すべきは、「欧学校」の開校と県下各地の小学校設立勧奨である。松田は京都府大参事時代に、公立の洋学校や日本初の学区制小学校である番組小学校の創設にかかわっていた。その経験をいかし、滋賀県でも洋学校（「欧学校」）の設立と、県下全域におよぶ小学校の設立に尽力した。

2 「欧学校」と小学校をつくる

(1) 「欧学校」の創設

明治5（1872）年10月、松田は大津坂本町に「欧学校」を創設した。この欧学校創設にあたり、松田は外国人教師を求め、京都時代に教師として招いたカルルレーマンや、4歳年長の福沢諭吉に相談の手紙を送っていた。結局、カルルレーマンの推薦によってエミール・レーベンシュタイン（ドイツ人）とメリー夫人（イギリス人）が雇い入れられた。当時、県下小学校教員の最高月給が8円だったのに対し、月給250円という高額であった。

滋賀県は、10月の開校に先立ち、8月20日に生徒募集を行い、9月には欧学校設立の趣旨を告諭した。この告諭では、「父兄」に対して、子弟を仕事もせずにぶらぶらさせたり、女の子には「遊芸」のみを教えたりするような悪い習慣は、「前途開明ノ時節」にあわないばかりか「終身ノ損害」になると注意を促し、「日新ノ事業」に就かせるよう、目的を立てて学問させることを求めている。そしてその学問は「農工商共各其業ニ付テ実用ノ学」であることも強調している。ここには、同年8月に発令された「学制布告書」と同趣旨の主張が見られる。

10　第1章　明治期

告諭では続けて、この趣旨に基づいて今後管下に諸学校を設けて教育を行き届かせるべきであるが、まず差しあたって欧学校を作るので子弟を入学させられること、通学でも「留舎」（寄宿舎）でも構わないことを述べた。続いて、欧学校の教師と科目について、レーベンシュタインが英・仏・独・蘭の４ヵ国語と商業を教授し、女子にはメリー夫人が英語と「女の手業」（洋服の裁縫）を教えると紹介されている（『滋賀新聞』第１号）。同紙第２号では入学者や校内での一場面を紹介し、「四民同権ノ御趣意貫徹シテ開化ノ景況ヲ想像スルニ足レリ」と報じている。

　欧学校は、滋賀県教育界で小学校教員の指導的役割を果たす人物（山本仙蔵など）を輩出しながらも1874（明治７）年８月に廃校となった。学校の維持管理経費を継続的に確保できなくなったことがその原因と考えられている。松田が企画・設立した学校ではあったが、廃校に際して県が援助費用を支出することはなかった。

⑵　県下各地での小学校の設立

　松田は、明治５（1872）年１月「議事大意条例」（第５条）で、世の中に有益なことはすべて議論すべきであるとして、13項目列挙した。その10番目に「学校ヲ建ツル事」がある。県は、1873（明治６年）２月８日の滋賀県布令第159号から小学校設立を本格化させた。この布令は、県令松田の名で発信された就学告諭（「告諭管下人民」）の趣旨の下、管下一般に小学校を設置するにあたり、その方法の概略を示した「立校方法概略」12ヵ条を管内にもれなく達するよう命じたものである。「立校方法概略」の内容を要約すると以下の通りである。

- ・人家が密集した土地では１区に１校を設置し、逆にまばらな土地ではそれにはおよばず私学や私塾の設置の見こみを立てる。
- ・学校費用は戸別割にして１戸１年の出金額を決める。ただしそれを上中下に分けて貧富に応じて割り振り、極貧者は免除する等の方法を設ける。また、町村内で「積講」や「会社」を結成したり、従来の無用の費用を省いて「積金出金」等の方法を設ける。
- ・教授担当者はふさわしい人物を選ぶ。
- ・場所（校舎）は新設であればこの上ないが費用がかかって大変なので、当分の間は相応の家屋敷や寺院を借りてもよい。
- ・立校を願い出る時には、その区内の絵図面に戸数・人口・学校費用の調達方法をそえて、各町村の戸長連印と総戸長奥印の上、申し立てる。私学・私塾も同様とするが、生活のために私塾を開く場合は文部省規則に照準する。

・開校時には県庁官員が出張して開校式を執り行う。ただし、私学・私塾を開く時には官員は出張しない。

・年一・二度は県庁官員が出張して各校生徒を検査する。私学・私塾生徒も同様に検査する。

・教則は県庁から渡す。

これに照らして、各地で実情に合わせた「立校」の「適宜の見込み」を立てて申し出よと命じた。ただし、単にこのような命令だけで学校を作らせたわけではない。この布令には別紙として就学告諭(「告諭管下人民」)が付されていた。

「告諭管下人民」は、県下一般各所に小学校を設置する理由を説明した告諭である。この告諭では、人としての道を尽くすためには実用的な学問が必要であり、文明が進歩した今こそ学ばなければならないと強調し、それを教えるのは父兄の責任、学ぶのは子弟の責任、監督保護するのは官の責任であるとしている。父兄子弟はこれを心得て、一日も怠らず実用の学問に従事しなければならない。それが、管下一般に小学校を設置する理由である、と締めくくっている。

3　学校に行かせる工夫

(1)　松田の施政方針——「県治所見」

1874(明治7)年1月11日、松田は滋賀県令としての施政方針である「県治所見」を示した。ここで松田は、県令の仕事を権利・義務の観点から制限したうえで、まだ開明に至らない人びとに対する「告諭勧奨」の必要性を述べ、事を民に施す方法としての「制令」と「告諭」を、官と民の「権義ノ本分」の違いという観点から説明した。

その説明によれば、「制令」は、「官」に命令すべき「権」、「民」に奉ずべき「義」がある。すなわち、官民の「義務」に属するものである。一方「告諭」は、「民」に奉ずるか否かを都合によって決める「権」、「官」にその都合に任せる「義」がある。すなわち、官民の「篤志」に属するものである。このように、「官民本分ノ権義」を明らかにしたうえで、それを誤ると、人びとの自主自由の権利を束縛し、「保護ノ官」がかえって妨害者になってしまうので慎まなければならないと強調した。松田は、「地方保護ノ大趣意ヲ失フ」ことにならないよう、「官」の権限を制限したうえで、「官」は「民」の権限を保護しなければならないと、県の官吏を戒めたのであった。このように、松田は滋賀県政を執り行うとき「人民

保護ノ主義」をとった。この考え方は、学校の建営についても同様であった。

　松田は「県治所見」内の20項目中14番目に「学校ヲ建ツル事」をあげ、明治5（1872）年に文部省が発した「学制」に準拠した学校を設立することは難しいと述べている。また、最も注意すべきは民費の増加を防ぐことであり、そのためにはまず人びとの意向に任せて、その開明の程度にしたがって勧奨し、強制してはならないとし、多少の年月がかかる事業であることを容認している。

　はじめに「人民」の「権」や「意向」を認めるという考え方は、上記の通り、「告諭」という方法の考え方と重なる。松田は、「制令」とともに「告諭」を活用した漸進主義によって学校を建設しようとしたと考えられるのである。

(2)　自ら「告諭管下人民」を告げ諭す

　松田は県令として告諭文（「告諭管下人民」）を作成・頒布しただけでなく、その内容を自ら直接管下の人民に告げ諭してもいた。その主な場は小学校の開校式であった。

　布令第159号発布の前日（2月7日）に開校式次第の詳細、翌日（2月9日）に式挙行に関するはじめての布令が出された。この式次第によるはじめての開校式が行われたのは2月11日、滋賀郡第3区小学（のちの打出浜学校）であった。この開校式には、県令以下、県の官吏5人に加え、この地域の正副総戸長、区内各町戸長や篤志金出金者、教員がみな正装して列席し、多くの生徒も羽織袴で式に臨んでいた。かなり厳かな雰囲気のなか、まずは出席生徒の点呼が行われ、次に校舎開設の尽力者に県令自ら褒状を授与し、学校の設置を称賛した。その後、正副総戸長に学校の教材として世界地図と日本地図を渡し、列席した地域の人びと全員には熨斗が授与された。

　続いて行われたのが、「告諭管下人民」「学体」「孝経」という、3つの文書の読み聞かせであった。松田は「告諭管下人民」を自ら朗読し、続く「学体」は学務官吏、「孝経」は句読教師が読んだ。県令松田が出席者に最も伝えたかったのは「告諭管下人民」であったことは明らかであり、他の2つの文書はその趣旨を補強する構成になっていたと考えられる。「告諭管下人民」は開校式終了後、「学体」とともに額に入れて正堂に掲げられた。

　このような開校式が県下各地の小学校で行われた。そのうち、何校の開校式に松田が出席したかは定かではないが、「告諭管下人民」は松田在任期間中のほとんどの開校式で読み聞かされたと推察される。また、「告諭管下人民」はのちに

『小学必読県令告諭書』という名で、滋賀新聞社から木版刷りで刊行されていた（図1）。

その見返しには「五十韻五音拗直五位之図」が掲げられ、本文は、縦18×横12cmのページに約9文字×4行で筆書きされていた。当時の小学生はこれを皆で音読していたのだろう。

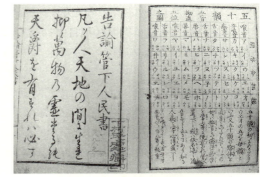

図1　「小学必読県令告諭書」

(3)　臨時試験の実施と褒賞の授与

松田は管下小学校の巡視の時に行われた臨時試験で昇級した者には自ら褒賞を与えていた。『琵琶湖新聞』第5号には、たとえば「第一校（坂田郡長浜町）」では「日新書籍」1人、「筆墨紙」6人、「筆墨」38人と記録されている。他に「第十九校（犬上郡彦根上藪下町）」、「第七校（犬上郡彦根瓦焼町）」、「第十七校（犬上郡彦根下魚屋町）」、「第十八校（犬上郡上片原町）」、「第二校（犬上郡高宮村）」の記録がある。それらを合わせると、「日新書籍」23人、「筆墨紙」21人、「筆墨」202人であり、松田が褒賞品を与えた人数の合計は246人になる。同紙では「嗚呼此ノ児童等令公ヨリ手ヅカラ賞賜セラル豈栄華ニアラスヤ」と述べている。県令からの直接の褒賞は、子どもやその親たちにより強い向学心をもたらしただろう。

以上の通り、松田は初代県令として、県下に多くの学校を設立した。その方法は、「制令」による命令だけではなく、「告諭」による説得をともなっていた。時には自ら現地に出向き、管下人民に直接告げ諭すという方法は、第2代県令籠手田安定にも引き継がれた。明治初期の滋賀県において、新しい学校設立に対して大きな反発がなかったのは、このような理由もあったのではないだろうか。

◆参考文献
城重源次郎『故東京府知事松田道之君伝』　1882年
『新修大津市史』第5巻　1982年
宮坂朋幸「滋賀県における就学勧奨政策──「告諭」という方法」『びわこ学院大学研究紀要』第2号　2011年

[宮坂朋幸]

第 2 節

籠手田安定　「学事に尽力」する第 2 代滋賀県令

［こてだ　やすさだ］天保 11（1840）年 3 月、平戸藩士桑田安親の長男に生まれる。文久元（1861）年藩主松浦詮の近習となる。慶応 4（1868）年新政府に出仕、大津県判事試補となる。以後大津県、滋賀県に勤める。1875（明治 8）年滋賀県権令、78 年滋賀県令に就任。84 年に滋賀県を離れて元老院議官。その後島根県知事、新潟県知事を歴任。96（明治 29）年滋賀県知事となる。97 年貴族院議員、1899（明治 32）年 3 月死去。

籠手田安定が滋賀県令（初め滋賀県権令）を勤めた時期は、学校教育の創生期と重なる。籠手田は、小学校開校と就学率向上に熱意をもってあたり、「学事に尽力」（『大坂日報』1878 年 6 月 16 日）する県令と評された。滋賀県における学校教育の普及は、籠手田の「尽力」抜きには語れない。

1　平戸藩士から大津県官員へ

籠手田安定は、天保 11（1840）年 3 月 21 日、平戸藩士桑田安親の長男に生まれた。幼名は広太郎、のち源之丞。明治 4（1871）年頃より安定と称する。また 1873（明治 6）年頃より籠手田姓を名のる。桑田家は 100 石取りであったが、安定のほかに病弱の祖父や 3 人の弟があり、生活は豊かではなかったという。彼は槍剣術の稽古に通っていたが、面金や小手や竹刀などの道具をそろえるため、母親にまで苦労をかけたと述懐している。

籠手田は数えで 12 歳の正月に藩校維新館へ入学する。10 年後の文久元（1861）年に維新館の句読師となり、親に金銭面の負担をかけなくてすむようになったという。同年、藩主松浦詮の近習となる。籠手田は、のちに藩士時代のことを「主恩ヲ豪ルコトハ山海菅ナラス」（「牧民偉績」）と振り返っているように、平戸藩士としての務めを果たし、藩主からの信頼も得ていたのである。

慶応 3（1867）年 10 月大政奉還にさいして籠手田は平戸から早馬で上京した。籠手田は、これまでも何度か探索方の任についているが、この時も京都詰めとなっ

て切迫した政治情勢を平戸宛に書き送った。彼は新政府の「外国和親」に対して、「天下一藩トシテ」攘夷を主張する藩がないことを嘆いている（「牧民偉績」）。平戸藩は、籠手田も師と仰ぐ儒学者楠本端山の影響が強く、尊王攘夷思想が支配的だったからである。

慶応4（1868）年3月5日、籠手田は五代友厚（才助）、伊藤博文（後輔）と面会する。2人は新政府の外国事務局判事で、2日前に英国公使パークスの天皇謁見を終えたところであった。この謁見は当初2月に予定されていたが、パークスが知恩院から御所へ向かう途中攘夷派に襲撃されるという事件が起こり、延期されていたのであった。五代は平戸藩が「一藩挙て偏固」だと批判し、籠手田に対して、藩の主張を「外国交際」支持に向けるよう求めた。さらに五代は、平戸藩が小銃を導入して軍制改革を行うように迫った。籠手田は「平戸の偏固なるは今に始まらず。元来日本西海の隅にあり、天明も東方より後るる地なれば万事御推察あれ」（「牧民偉績」）などと開き直ったうえで、攘夷に固執しないことについては承諾した。ところでその後も籠手田は五代と何度か面会している。そして五代が語る内容を「五代才助応対書」として書き残している。たとえば人材登用に関して、日本のように家柄を尊んでいては万国と対峙できない、などと五代が語った言葉を記録している。五代とはその後も交遊が続いた。

慶応4（1868）年7月、籠手田は新政府から大津県判事試補を命じられた。しかし彼は松浦家の家臣なので、新政府の官吏になるためには、藩から出向して徴士になる必要があった。徴士は4年の任期付きではあるが、そのあいだは朝臣と見なされる。藩の許可を得るだけの時間的猶予もなく、籠手田は自分の一存で決めてよいものか思い悩んだが、結局これを受けて新政府の官吏となった。

2　小学校設立の意義をつかむ

(1)　学校教育政策への疑念

1875（明治8）年5月2日、籠手田は滋賀県権令となった。籠手田は、新政府の方針にしたがって県政を行う立場にあったが、しかし維新の諸変革については批判的に見ていた。1877（明治10）年11月、地方の状況について天皇に上奏する機会を得たときも、彼は政府の姿勢を批判した。すなわち中央の官僚が考え出す改革案は、「一己ノ功ヲ貪ル」ものであり、人情に背いてでも慣習を変えようとしている。しかもあまりに繁雑であるため、人民が「其弊ヲ蒙ルコト古今一

ナリ」と主張したのである（「黙斎漫録」）。籠手田は学校制度に関しても、新政府の進め方に疑念をもっていた。

(2) 小学校の実績に信服

　1875（明治8）年2月1日、参事（県令に次ぐ官職）の籠手田は学務担当の課員らをともなって大津開達学校（現大津市中央小学校）を訪れている。この日滋賀県内で初めて実施される卒業試験に臨席するためであった。当時、下等8級から始めて下等1級まで進級していく制度で、飛び級もあった。ただし現在とは異なり、6ヵ月ごとに進級する試験があって、それに合格しなければ昇級できなかった。籠手田が臨席するなか卒業試験を受けたのは3等訓導横関昂蔵が教える下等8級の生徒たちであった。彼らは1月に近隣の小学校から選ばれた生徒たちで、「大阪師範学校附属小学校教則」に基づく授業を受けていたが、わずか1ヵ月で下等8級の卒業試験を受けている。横関は、官立大阪師範学校の卒業生で、開達学校内に設けられた大津仮伝習所で現職教員に授業方法を教授していた。

　その後近隣の小学校でも卒業試験が実施され、籠手田も臨席している。籠手田の日記によれば、1875年3月21日遵道学校（現大津市逢坂小学校）、3月26日弘道学校（現大津市長等小学校）、4月6日明倫学校（現大津市逢坂小学校）、5月11日打出浜学校（現大津市中央小学校）、5月16日日新学校（現大津市中央小学校）、5月21日修道学校（現大津市長等小学校）、5月22日開達学校など、いずれも当時の第三大学区第九番中学区内の小学校である。なお籠手田は、5月24日に先進的な学校と評された蒲生郡の八幡西学校（現近江八幡市八幡小学校）と八幡東学校（同前）も訪れている。

　この一連の視察を経て、籠手田は近代学校教育の熱心な支持者となった。翌1876（明治9）年4月に旧藩主松浦詮に宛てた書簡では、旧藩主の子弟を学校に入学させるよう勧めている。その理由は学校教育が「従来ノ教授ニ優ル」からだとする。籠手田は小学校の視察により「実績の挙るを視て大に信服」したという。その教育内容は「漢土古昔聖賢ノ小学ノ教ニ類似」すると評している。学校教育の内容と朱子が編纂した「小学」の教えとが類似しているという認識であった。

(3) 県全域の小学校を3ヵ月半かけて巡視

　籠手田は権令となってからも県内全域の小学校を自ら視察して回った。1876（明治9）年5月、彼は、学務担当の課員と師範学校在勤の訓導らをしたがえて、視察に出発した。

　籠手田らは5月12日に県庁を出発し、高島郡から始めて12郡を巡回し、すべての視察を終えたのは8月27日であった。実に

図1　滋賀県令時代の籠手田安定

3ヵ月半におよぶ長期の視察である。当時蒲生郡の学区取締をしていた正野玄三によれば、この視察ののち教員らが生徒の進級に積極的に取りくむようになったという。また授業法の改善を目的とした学校合同の教員集会が定例化した。さらに正規の教員養成教育を受ける教員が増えたという。籠手田の視察は、学校教育の発展をうながす大きな力となったようである。

3　学校教育の普及に尽力

(1) 学務課長を文部省から招く

　1876（明治9）年12月6日、籠手田は文部省督学局の中視学奥田栄世を第五課（のちの学務課）長に招いた。奥田はそれまで第三大学区内各府県の教育状況を視察し指導監督にあたっていた人物である。籠手田は、文部省宛の願書で、教育行政の専門家で滋賀県の状況も熟知した奥田を採用したいと要請していた。

　奥田は赴任してまもない1877年1月13日から2月24日までの43日間をかけて、県内各地の小学校を回り、行く先々で土地の人びとに面接した。視察後奥田が籠手田宛に提出した報告書「管内学校民情視察ノ景況概略」（3月8日）は、解決すべき問題として就学率の低さを取りあげている。その原因として、子どもが学齢期にもかかわらず父母が入学を遅らせる事例が多いこと、女子にとって教育は益がないと考える習慣があることを指摘している。このように奥田は教育行政上の課題を明らかにし、その根本に「民情」の問題があることを指摘した。そして奥田は、人民を「教育ニ熱中」させる良い方法が見つからないから、しばら

くは強制的に就学させることが必要だと結論づけた。

(2) 訓導らに意見具申させる

1877（明治10）年は9月から10月にかけて県内の各小学校で卒業試験が実施されたが、その立会教員として25人の訓導が派遣された。前年に編入した敦賀・三方・遠敷・大飯の4郡（現福井県）に計5人、現在の滋賀県域にあたる12郡には計20人の訓導が派遣されている。彼らは担当区域内の小学校を回り、生徒の学力、授業内容、就学状況などを分析し、不就学対策をはじめとする教育普及策を権令に具申（上申）した。

訓導らの具申はいずれも「民情」の記述から始まる。不就学の原因として「興学の情」の薄いことをあげているものが多い。彼らは、人民を「興学に帰向」させるためには教員の質の向上が必要であると主張する。彼らが就学率向上のための策として示したのは、「良教師」を養成して授業を改善し、人民にとって学校教育を有益なものにすることであった。彼らの報告書は『明治十年九月定期卒業試験立会巡視功程』として11月に刊行された。

(3) 教員養成の学校の設立

「良教師」の養成に関していえば、1875（明治8）年6月1日、滋賀県は現職教員の研修施設として小学教員伝習所を開いている。同年10月に滋賀県師範学校、1877年3月に滋賀県大津師範学校と改称するが、それらは現職教員のための研修施設であって、教員を養成する学校ではなかった。

1877（明治10）年6月滋賀県大津師範学校に教員養成のための師範学科（2年制）が新設された。副長（校長）には、文部省で『仏蘭西学制』の翻訳にもあたった土屋政朝を招いている（歴史地理学教員を兼務）。師範学科では、基礎教養科目として人文科学、自然科学、芸術科目を学び、その後「教育論」や「授業法」などを学ぶ。2年目の後半6ヵ月間は附属小学校で実施授業を行った。『滋賀県師範学校第三年報』によると、1879年末現在、68人が学んでいる。

(4)「勧学告諭」——西洋に範を取る

1878（明治11）年11月に籠手田はいわゆる「勧学告諭」を示した。この告諭書において、籠手田は、子どもの就学を「子を愛するの道」として説いた。すなわち真に子を思うならば、「田宅金銀」を遺すのではなく、その子に学問を授けて

「智識才芸を発達せしむる」べきであるというのが告諭の眼目であった。そして、「学問は身を立て家を起すの資本」であると説き、フランスの事例を紹介する。フランスでは、子どもは親から学資を出してもらって学校に入るが、卒業すると親の援助を受けず、身につけた学問によって自立するというものである。

　さらに、西洋諸国の「母に学あるの徳」について述べる。西洋諸国では6歳に満たない未就学児は「稚児預所」に預けるから、児童が弟妹の世話のために就学できないということがなくなり、また母親も外に働きに出ることができると指摘した。この頃、籠手田は欧米の歴史書等を熟読していたという。

4　学校教育の後退に異議をとなえる

　籠手田は、1884（明治17）年7月9日、元老院議官に転じた。翌1885年9月4日島根県令となるまでの約1年間、彼は元老院会議に出席したが、会議録である「元老院会議筆記」のなかに籠手田の発言はあまり見られない。しかし第三次「教育令」（1885年8月12日公布）に対しては、籠手田は積極的に反対を主張した。

　この布告案は、教育費節減のために、小学校よりも簡易な「小学教場」の設置を認めるものであった。布告案が元老院に提出されたとき、籠手田は強く反対論を展開する。すなわち、現在すでに各地に小学校が設置され、一定の水準が保たれている。しかるにこの布告案によれば、やがて村落の小学校は「教場」に変わり、教育の質が下がってしまう。そうなれば村落の人民は二等人民扱いを受けたように思うであろう、と主張した。籠手田は自らが信服した良質の学校教育は、経済的な事情に左右されずに、すべての子どもに与えられるべきものだと考えた。

◆参考文献

鉅鹿敏子『県令籠手田安定』中央公論事業出版　1976年

鉅鹿敏子編『史料　県令籠手田安定』私家版　1985年

木全清博「滋賀県における小学校教員養成の成立過程——滋賀県教員養成史研究(1)」滋賀大学教育学部『パイデイア』第5巻第1号　1997年

[馬場義弘]

第 3 節

中井弘　「奇人」県令と滋賀の商業教育史

[なかい　ひろし] 天保9 (1838) 年、薩摩藩に生まれる。2度にわたり藩を脱した後、慶応2年に英国へ密航。その後外国事務御用掛などを経て、1873 (明治6) 年、再び渡欧し岩倉使節団と合流。同年帰国するも、翌74年に工部調査のため3度渡英。76年に帰国後は、工部大書記官などを経て84 (明治17) 年に第3代滋賀県令、86年に初代滋賀県知事となる。90年、元老院議官に転じ、93年には第5代京都府知事に就く。1894 (明治27) 年10月10日没。

　中井弘は、滋賀の第3代県令・初代県知事を務めた一方で、その飾らない性格ゆえ、時に「奇人」「風流人」と称され、奔放な逸話に事欠かない人物でもあった。中井は、1884 (明治17) 年7月から1890 (明治23) 5月までの間、県令・県知事として、琵琶湖疏水の起工や県庁舎の新築、商業学校の設立など、滋賀県の近代化に取りくんだ。このような中井の近代化像が培われた過程と、その具体化としての商業学校創設の軌跡をたどってみたい。

1　誕生から工部省入省まで

(1)　幕末志士たちとの交流

　中井弘は、天保9 (1838) 年、薩摩藩士横山詠介の長男として生まれた。桜州 (洲) 山人と号し、一時は横山休之進、田中幸助、中井弘蔵と名乗った。彼が中井姓を名乗るのは慶応4 (1868) 年頃からとされるが、混同を避けるため、ここでは中井と統一する。祖父の代に薩摩藩の祐筆役を務め、安定していた横山家は、父詠介の代になると彼の放蕩もあり家は荒れ、嘉永5 (1852) 年、親族猿渡家の請願により詠介は徳之島 (奄美群島の1つ) に流され、横山家は取り潰しとなった。
　一方中井は、藩を脱し、肥後熊本から京都、江戸へと流浪する。途中大橋訥庵らと交わり、尊王攘夷運動にも関わったが、その後、上州熊谷で捕えられた中井は、薩摩へ返され谿山獄へとつながれた。文久元 (1861) 年、23歳の時である。2年後の文久3年、島津斉彬に神号 (照国大明神) が授与されたことの大赦で、

中井は出牢を果たしたが再び藩を脱する。肥後熊本では横井小楠に会い、長崎では五代友厚や野村宗七らを頼り、その後宇和島藩に身を寄せると京都に出て、再び長崎の五代のもとへと向かった。中井はそこで後藤象二郎や坂本龍馬と出会い、慶応2（1866）年10月、英国へと密航する。

(2)　渡欧経験と工部省入省

　6ヵ月に過ぎなかったこの旅も、中井にとっては貴重な経験となったようだ。10月15日長崎を発った一行は、上海・香港を経由しインド洋を横断、紅海を渡り、地中海に達した。マルタ島で、中井はその整った町並みに見入り、港に設置された堅固な砲台の数々には、「我日本ノ砲台ノ比ニ非ズ」と圧倒された。また12月14日、英国のサウサンプトン港では、昼夜を問わず貨物が運びこまれ、岸壁に完備された広大な造船所や巨大な「火輪船」（蒸気船）がゆき交うようすに「驚愕」する一方、日本でも西欧諸国に倣い、近代化を進めようとする向きがあることを、「称賛スヘキ事」としている。

　また、英国の小村では依然貧しい地域も多く、そこでは学校の教師らが中心となり、炊き出しが行われる光景を目にした。それをみた中井は「国ノ強盛ハ民ニヨル民ノ強盛ハ心ニ因ル心ノ強盛ハ格物窮理ニ因ル」として、あくまでも人格形成を基調とした人材の育成こそが、国家富強の基礎となると考えたのだった（『西洋紀行航海新説』）。

　慶応3（1867）年5月、英国より帰国した中井は、翌慶応4年1月には渡英経験を買われ外国事務各国公使応接掛に任じられたが、その2ヵ月後に事件が起こる。天皇への謁見のため、京都の知恩院から御所へ向かった英国公使パークス一行に2人の暴漢が襲いかかった。その際、行列を先導していた中井はすぐさま馬を飛び降り、額を切られながらも応戦し、同行した後藤象二郎に切り付けられて倒れた暴漢に詰め寄り、一気に頸を切り落としたのである。中井と後藤はその功を賞せられ、のちにヴィクトリア女王より、宝刀が贈られた（『一外交官の見た明治維新』下）。公使襲撃という外交問題に発展しかねない事態に体を張って立ち向かった、中井の豪傑ぶりがうかがえる逸話といえる。

　その後も中井は、1873（明治6）年には岩倉使節団に合流し、また翌1874（明治7）年にも再び、外務書記生として渡英の機会を得た。旅程でスエズ運河に至った際は、7年前とは見違えるほどに発展し整備された地元の町の姿に、中井は驚かされた。さらに当時のスエズ運河は、利権に関与しようとする英国がエジプト

22　　第1章　明治期

に介入しているさなかであった。中井はそうした実状を踏まえ、運河が生む経済的利益と、それがエジプト経済の活性化におよぼす影響に強い興味を抱いた（『漫遊記程』）。こうした大規模公共事業への関心は、のちに「土木県令」として地域社会の近代化を図っていく中井の、社会意識を形成する基礎となったと推察できる。

1876（明治9）年5月に帰国した中井は、7月には工部省大書記官に任じられ、官営事業の整備に従事していくことになる。

2　滋賀県令着任と実業教育への関心

(1)　琵琶湖疏水問題と中井の県令着任

中井が第3代滋賀県令となったのは、1884（明治17）年7月、47歳の時である。中井の県令着任には、当時滋賀県が直面していた疏水問題が関係している。

1882（明治15）年4月、当時京都府知事だった北垣国道が上京し、参議伊藤博文らから琵琶湖疏水着工の内諾をとった。その際北垣は、内務卿山田顕義に対し、琵琶湖をして「無価ニシテ無尽蔵ノ石炭山」と漏らしたという（『北垣国道日記「塵海」』）。それは、滋賀の水資源を疏水で京都に送るという、京都に一方的に利した計画だった。翌83年11月には、疏水計画が滋賀県に通知されるが、それを受け、滋賀県令籠手田安定は翌84年3月、内務卿、農商務卿に対して、疏水は滋賀県に利益なしと、反対を上申した。

籠手田の強硬な姿勢に事態は膠着したが、それを打開したのが、籠手田の元老院転出と中井の滋賀県令着任だった。同じく「土木県令」として名高い、のちの内務省土木局長三島通庸から中井の紹介を受けた伊藤博文が、時の内務卿山県有朋に進言し、疏水計画に前向きでない籠手田に代わり、中井を滋賀県令にすえたのである。籠手田の元老院転出は事実上の更迭であり、中井は琵琶湖疏水着工を使命として滋賀県令に着任したのである（「琵琶湖疏水の政治的背景」）。

琵琶湖疏水の工事は、中井が県令に着任した6ヵ月後の1885（明治18）年1月29日に許可が下され、同年6月に着工された。

(2)　実業教育への関心

中井の滋賀での県令・知事としての仕事は、疏水工事の着工や県庁舎の新築、草津―柘植間の鉄道開通など、施設整備を中心とする公共事業への取りくみが中心だった。しかし一方で、中井は人材教育にも力を注いだ。それが実業教育の整

備である。中井は、自らが死去する前年の1893（明治26）年に原敬に筆記させた『桜洲山人席上演説』で、政治への不信とその一方での実業への期待感を強調している。曰く、政治社会では、口にのみ富国強兵や殖産興業、民力休養と叫び無用な混乱をきたしているが、その間社会を発展させているのは、そうした混乱をよそにひたむきに努力している農工商の民に他ならない。無責任な政治的言論や演説、新聞投書に力を注ぐよりも、実業に従事して公利公益に資そうとする人びとが少なからずいることは「最喜フヘキ事ニアラスヤ」としている。

　一方、こうした風潮により、学齢期の子どもたちが政治に翻弄され、家業に支障をきたしている状況を「慙愧ニ堪ヘサル有様」として、実業教育の充実を訴えるのである。そして、中井のこうした想いは、滋賀県商業学校の設立として具体化されることになるのである。

3　滋賀県商業学校の創設と運営

(1)　「滋賀県商業学校」設立案の可決

　明治期の滋賀県における実業教育機関設置の訴えは、1884（明治17）4月に、林田騰太郎により県会に提案された、「農商学校設立案」から始まる。だが同案には、師範学校や中学校の運営が不十分な状況での農商学校設立は時期尚早との意見が多数出され、結局否決された。しかし、頓挫したかに見えた実業学校設立計画は、同年7月に中井弘が滋賀県令に着任することで急転する。1885年11月に「滋賀県商業学校」設立案が県会に提出され、12月12日に可決されたのである。審議の過程では、創設費用が懸念されたが、滋賀県商業学校は、授業料を徴収したうえで、前年に出された商業学校通則第一種に基づく「普通ノ商業人」の育成を目的に、全国初の県立商業学校として創設されることになった（『八幡商業五十五年史』）。

　県会での設立案可決を受けて、1886（明治19）年3月9日には「滋賀県商業学校規則」が定められ、大津町船頭町の第九小学校区聯合町村共有家屋に仮校舎が設けられることになった。そして5月1日に、県令の中井弘が同席するなかで、開校式を迎えたのである。

(2)　滋賀県商業学校の運営と近江商人

　開校時の滋賀県商業学校には、校長事務取扱として上野昌次が就いた。上野は、

24　第1章　明治期

商法講習所（現一橋大学）に学んだ後、共同運輸会社にて海運業に従事したが、会社解散後は当時の商法講習所校長矢野二郎から中井を紹介され、滋賀県商業学校の運営を任された。また商議員には、神崎郡五個荘の豪商であった小杉仁右衛門や塚本佐兵衛、八幡銀行を興した西川貞二郎、太湖汽船会社を興した長浜の浅見又蔵などの、湖東・湖北の名だたる実業家たちが名を連ねた。さらに県からは、滋賀の教育振興に力を注ぎ県立商業学校創設委員も務め、当時の県会議長でもあった。高宮の馬場新三や、蒲生郡日野の出身で内務省勧農局牧羊場に学び、のちに金巾製織会社（現在の東洋紡）を興す田村正寛らが商議員に加わり、学校の運営を物心両面で支えた。学校の第一期生であった松田辰次郎は、終業式などの式典に、毎回シルクハット、フロックコートを身につけ熱心に出席する彼らを、「全校の師表とも明星とも仰がれ慕われた」と振り返る（『八幡商業五十五年史』）。

　一方松田の追憶には、当時の県令中井が、薩摩絣の着流しに鳥打帽で、口に葉巻煙草をくわえながら突然寄宿舎を訪れ、生徒たちと語り合った後、寄宿舎生に焼芋をふるまい帰っていったという逸話も記されている。このような中井の飾らない一面は、政府要職にあった大隈重信も「元々才幹な愉快物であったがどちらかと云ふと世の中を馬鹿にして、浮世を三分五厘で渡ろうと云う、飄逸な奇人であった。風流人でもあった」とし、またつねに滑稽を演じ人びとの笑いを誘っていた彼を、「喜劇の主人公には持つて来い」とまで言っている。さらに大隈は、大久保利通や木戸孝允、伊藤博文ら、当時の大臣参議でも、臆せず接し親しくなる中井の性格を、親しみをこめて「無類の我侭者で頗る不作法に不検束に而も道楽に出来て居た」（ルビは原文のまま）とも評している。（『大隈侯昔日譚』）。こうした中井の個性は、滋賀の学校教育政策でも発揮された。

　商議員となった田村正寛の伝記『田村正寛翁』には、当時、中井が各地の小学校落成式に進んで出かけ、積極的に豪商らとの祝宴の機会をもち、産業振興を熱心に説いたようすが紹介されている。そして、そのような中井をして「座談の天才であり、且つ奇策縦横の人」と評している。こうした中井の人柄と商業教育への厚き思いが、湖北・湖東において実業で名を成した商人たちの心を動かし、学校の創設を後押しさせたのだろう。

(3)　琵琶湖疏水の完成と中井の元老院転出
　1887（明治20）年11月10日、当時の文部大臣だった森有礼が来滋し、滋賀郡別所村の元勧業場に移転された滋賀県商業学校を訪問した。森と中井とは、同郷

中井弘——「奇人」県令と滋賀の商業教育史　　25

の出身であるだけでなく、中井が慶応2（1866）年に英国に密航した際や、1873（明治6）年の岩倉使節団でも、両者は合流し、行動をともにしていた。さらに森は、当初より商業教育の充実を唱え、1875（明治8）年には商法講習所を開設し、さらに1885（明治18）年4月には、大阪商法会議所で「商業学校を設くへきの理由」と題し演説するなど、一貫して商業教育の充実とそのための商業学校の創設を訴えていた。同校を訪れた森は、教室や見本陳列室、実習室などを見て回り、内国商業の実習などを見学したという（『森有礼全集』第1巻）。そして、滋賀県商業学校は、1889（明治22）年に第1回卒業生を輩出した。

　一方、中井は1888（明治21）年6月に県庁舎の新築を果たし、1890（明治23）年2月には関西鉄道の草津—柘植を開通させるなど、土木県令としての成果を着実にあげていった。そして同年4月9日、琵琶湖疏水のインクラインが落成すると、開通式に訪れた明治天皇を疏水と新築した県庁舎に案内し、その成果を披露したのである。その1ヵ月後の1890年5月21日、中井は元老院議官に転じ、滋賀県を離れた。その後1893（明治26）年11月には第5代京都府知事に就き、第4回内国勧業博覧会の準備に追われていた中井だったが、1894（明治27）年10月10日、脳出血で倒れ、56歳でこの世を去った。

　当時の政府が滋賀県令・県知事としての中井に期待したのは、あくまでも国家事業としての琵琶湖疏水の工事着工と開通であり、また中井自身も、近代国家形成の一端として、滋賀県の近代化に取りくんだのだった。だが、中井が抱いた商業教育への思いは、彼が滋賀県を離れこの世を去った後も地域の人びとによって受け継がれていった。滋賀県商業学校は、1901（明治34）年に大津から蒲生郡宇津呂村（現近江八幡市）に移転し、1908（明治41）年には滋賀県立八幡商業学校（現八幡商業高校）と改称され、今も同地で、滋賀の商業教育の一翼を担っている。

◆参考文献

横山詠太郎著・痴遊侠生編『中井桜洲』革新時報社出版部　1926年

濱谷由太郎編『桜洲山人の追憶』濱谷由太郎　1934年

屋敷茂雄『中井桜洲——明治の元勲に最も頼られた名参謀』幻冬舎　2010年

[鈴木敦史]

第4節

外村省吾　滋賀の中等教育の先駆者

［とのむら　しょうご］文政4（1821）年並江重太郎の子に生まれ、外村一郎の養子となる。慶応3（1867）年彦根藩校弘道館の教授となる。明治元（1868）年徴士として明治政府に出仕後、明治2（1869）年彦根藩庁、明治5年1月長浜県で学校掛になる。11月陸軍省に出仕するが病気のため帰郷。1875（明治8）年学区取締となる一方、集義社メンバーと彦根学校設立を準備。1876（明治9）年彦根学校を開校、初代校長となるが翌年1月死去。

　明治政府は、日本を近代国家に発展させるために、明治5（1872）年8月に「学制布告書」を発令して、近代的な学校教育制度を確立しようとした。滋賀県では、「学制布告書」以前に地域住民の熱意と努力で学校が設立された。長浜県、犬上県の管轄下で、長浜に第一小学校（明治4年9月）、高宮に第二小学校（明治5年4月）、米原に郷学校（明治5年5月）が設立されていた。また中等教育機関としては、1876（明治9）年8月に彦根学校が旧彦根藩士族の教育要求により設立された。

1　外村省吾と彦根藩の藩政改革

　外村省吾は半雲とも号し、文政4（1821）年に、彦根藩足軽並江家に生まれ、15歳の時に彦根藩銃卒外村一郎の養子となった。9歳の頃から漢学を学び、22歳の時には彦根藩校弘道館で学んだ。また、外村が家塾を開き門下生を指導した。当時の彦根藩主井伊家はもともと譜代筆頭として幕政にも影響を与える立場にあったが、安政7（1860）年の桜田門外の変により藩主井伊直弼が暗殺されたことで藩の石高が30万石から20万石へと減封された。10万石の減封は彦根藩内に危機感を招き、藩政改革の機運が高まる。藩内で実権を握った家老岡本宣迪（半介、黄石）は、軍制改革、装備の洋式化、人材登用等の藩政改革を実行した。人材登用では、藩内で低い身分とされていた軽輩、足軽層から成る「至誠組」を藩政に登用した。至誠組の一員であった外村も、岡本にその才覚を認められて藩政に参加していく。慶応3（1867）年には弘道館教授に任ぜられ、明治元（1868）

27

年には、徴士として明治政府の刑法判事試補として上京し、「新律綱領」の制定等に従事した。

　彦根藩は、戊辰戦争（1868〜69年）では新政府軍の一員として参戦している。彦根藩では、藩政改革の一環として、明治4（1871）年6月、「彦根藩知事達」という諭告が彦根藩知事井伊直憲の名義のもと彦根藩士に対して頒布された。諭告は、高知藩が明治3（1870）年に作成した藩政改革の理念「人民平均の理」からなり、米沢藩、福井藩、徳島藩においてもその理念が共有され、各藩の藩政改革に活用された。

　人民平均の理は、「夫、人間ハ、天地間活動物ノ最モ貴重ナルモノニシテ、特ニ霊妙ノ天性ヲ備具シ、知識技能ヲ兼有シ、所謂万物ノ霊ト称スルハ、固ヨリ士農工商ノ隔モナク、貴賤上下ノ階級ニ由ルニ非ル也」との冒頭で始まり、「皇国ヲシテ万国ニ対抗シ富強ノ大業ヲ興」すためには、「皇国ハ人ノ資質純厚、義気最モ烈シキ風俗アレハ、今一段文明開化ノ道ヲ講習シ、各処ニ学校ヲ興シ教育ヲ隆ニシ、富強ヲ謀」（ルビは原文のまま）ることを強調している。そして、士族がこれまで占有してきた文武の職務を開放し、教育を通じて知識・技能を磨き、平民にも「自主自由ノ権」を与えてそれぞれの志をとげさせることが示された。教育を重視して国づくりに貢献しようとする人民平均の理の理念は、彦根藩廃藩（明治4年7月）後も継続され、後述する『犬上県内小学建営説諭書』（以下、説諭書）や彦根学校の設立に影響を与えた。

2　『犬上県内小学建営説諭書』と外村の学校構想

　明治2（1869）年病気療養を理由に東京から彦根にもどった外村は、彦根藩（明治4年7月廃藩）および彦根県（明治4年7〜11月）、長浜県（明治4年11月〜5年2月、北部6郡を管轄）にそれぞれ出仕する。外村は、井伊直憲を知事とする彦根藩においては権少参事として、神山郡廉を権令とする長浜県では十等出仕としてそれぞれ仕えた。とくに長浜県、犬上県において外村は、旧彦根藩士山本大造らとともに、「長浜県小学校御用掛」（明治5年1月）に任命され、県内15の地域を選定して小学校設立を策定し、財政、教員雇用等の準備を推し進めた。当時の教育政策を示す資料としては、『犬上県内小学建営説諭書』と草稿の2点が彦根市立図書館に残されている。

　まず、「説諭書」は、明治5（1872）年7月に犬上県内に頒布されたもので、犬

上県の教育政策の具体を示すものとして注目される。「説諭書」とは一般に「就学告諭」と呼ばれるもので、「初等教育機関への就学行動の喚起を目的とした説得的論理を包含する文書」である。全国では、明治政府の発足から「教育令」公布までの時期に、228件の就学告諭が確認されている（『就学告諭と近代教育の形成』）。そのなかでも、「説諭書」は「学制」以前に頒布されており、地域社会による自発的な学校設立を呼びかけるものとして貴重である。

「説諭書」では、まず「斯る難有御代に生まれながら游惰に安んじ　無智文盲ニして空しく月日を送るハ第一御上之御恩を忘却し　剰　家業繁昌　子孫長久之道に暗き訳ニて　人と生まれたる甲斐も無之」として、学問の重要性を強調している。また、犬上県内に91校の小学校を建てること、郡ごとに本校と分校とを設置すること、「管内四民一統　男女ニ不拘修行」すること、「其趣意ハ福沢諭吉が著せし学問のすゝめと同様」であることが示され、そこには前年6月に頒布された人民平均の理にも通じる考え方がみられる。さらに「説諭書」では、明治2（1869）年に創設された京都の「番組小学校」の盛況ぶりを取りあげ、犬上県内に「今日に至り候ても　尚学校之取設を無益」と考える人びとがいることを嘆いている。このことから、犬上県の学校設立が京都の影響を受けていたことがわかる（「説諭書」のルビは原文のまま）。

一方、「外村文書」中の草稿は、外村自身が考案した学校構想案として注目される。草稿では、「告諭書」（「学制布告書」と考えられる）が発せられたことは「管内之幸福」であるが、犬上県は「是迄不行届之土地柄」であるので、外村自身が意見を述べるとしている。まず、小学校設立では「本校」と「分校」とに分けて設立すること、分校として「市中在来之寺子屋」を活用すること、優秀な生徒は本校にて普通の生徒は分校にて学ぶことをそれぞれ提案している。また、草稿では中学校設立も要望しており、「中学生徒ハ歳二十二三才ヨリ十五才迄」とすること、「検査」をして生徒を入学させること、小中学校ともに「専務担当」の教員を置くこと、成績優秀者は他府県の官員にも推挙すること等が記されている。さらに、優秀な「管内僧徒」もまた「検査」して入学させたい旨が述べられており、外村が優秀な「中学生徒」を広く求めていたことがわかる。明治5年8月の時点で、外村が小学校を卒業した生徒を対象とした中等教育機関として中学校を構想していたことは興味深い。

外村省吾――滋賀の中等教育の先駆者　29

3 彦根学校の設立に尽力する

(1) 集義社の設立

明治初期の彦根では、明治4(1871)年に彦根藩によって彦根洋学校が設立された。彦根洋学校は、彦根藩大参事の谷鉄臣(てつおみ)や米国留学を経験した彦根藩士鈴木貫一(かんいち)らによって設立され、洋学教育による人材育成が重視された。実際の指導は鈴木やアメリカ人商人ジョン・ウィリアム・グードメンが行い、主に英語学、文法、習字、地理、数学、窮理(きゅうり)(物理)学等を教授した。ただ、彦根洋学校は谷や鈴木の明治政府への出仕にともない、明治5(1872)年10月に廃校(はいこう)となる。

図1　1876年創立の彦根学校(元川町)

その後の中等教育機関の設立として注目されるのが、外村や旧彦根藩主、旧藩士の教育要求によって設立された彦根学校である。まず、彦根学校設立の契機(けいき)となったのは、明治4(1871)年の彦根藩廃藩にともなう彦根藩校の廃止(はいし)である。藩校の廃止を受けて、田部密(たなべひそか)、石黒務(つとむ)、大音龍太郎(おおど)、西村捨三(すてぞう)、大東義徹(ぎてつ)、外村省吾ら8名の旧彦根藩士は、政治結社としての彦根議社を1874(明治7)年組織し、翌年集義社と改称(かいしょう)する。1875(明治8)年9月に制定された「集義社大旨」によると、「当社ノ主トスル所ハ法律研究」としながらも、「法学生規則」を設けて「凡(およそ)此社(このしゃ)ニ入リ法学ヲ研究セント欲スル者ハ何人(なんびと)ニ拘(かかわ)ラス年齢(ねんれい)ヲ論セス総(すべ)テ之(これ)ヲ允許(いんきょ)ス」ることを定め、法律を学ぶ意思のある者を受け入れる教育機関としての機能もあわせ持っていた。現実に旧彦根藩士族の浅見竹太郎は弘道館で学んだ後、集義社で法律を学び、県会議員(1890年、1899年)、衆議院議員(1903年)にそれぞれ選出されている。また、旧彦根藩士族水上長次郎も弘道館、集義社で学んだ後、東京の司法省法学校に進学し、大阪、福井、岐阜などの地方裁判所を経て大阪控訴院長に任命されている。ただ、集義社はあくまで私立の教育機関に過ぎず、士族間では公立の中等教育機関設立が待望され、士族を中心とした彦根学校設立要求運動へと発展していくこととなる。

(2) 彦根学校の開校

　外村は明治5（1872）年11月、再び東京へ赴き陸軍省裁判所に出仕するが、翌年病気を理由に再び彦根にもどる。帰郷した外村は、1875（明治8）年5月に小学区の学区取締（犬上郡第8区第106～122番）に、翌76（明治9）年3月には犬上、愛知、神崎の3郡を合わせた第11番中学区の学区取締となる。学区取締とは小学校の設置・開校と普及が主要な任

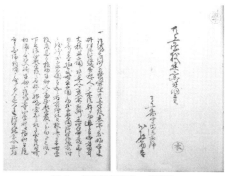

図2　共立学校建条ニ付伺書

務で、地域社会の人民の啓蒙により学校を通じて近代社会の実現を図るものであった。

　学区取締となった外村は、集義社社員や井伊家、地域住民と連携しながら彦根学校設立に尽力する。とくに、1876（明治9）年3月には、「第十一番中学区取締外村省吾」の名義で「共立学校建条ニ付伺書」（以下、伺書）が、校舎敷地の絵図2枚と予算の概算表、寄附名簿とともに「滋賀県権令籠手田安定」宛に提出された。伺書では、上等小学科と予科、「仮師範学校」の機能をあわせもつ「共立学校」設立を伺い出た。この背景には、下等小学卒業後の進路先の確保、教員の不足等の当時の教育課題を解決しようとするねらいがあった。

　また、伺書には、学校設立の資金5000円のうち2500円を「有志之者寄附」に頼り、残り2500円を井伊家が出資することが示されていた。しかし、実際には、新築費5188円のうち4500円を井伊家が一時立てかえ、開校後も井伊家は毎年経常費として1000円を彦根学校に出資した。井伊家の出資なしには、設立当初の彦根学校の運営が成り立たなかったことがわかる。

　そして、同年6月には、最後の彦根藩主井伊直憲の弟・智二郎と外村との両名義で「新築学校落成ノ義ニ付御届」（以下、御届）を滋賀県権令宛に提出している。届書には、「予テ学区取締外村省吾ヨリ上申」した学校が完成し新たに「彦根学校」と名づけられたので申請する旨が記入されていた。結局、滋賀県は御届に対して「書面聞届候事」と回答し、上等小学科と予科を併設する学校として彦根学校を認可した。そして、1876（明治9）年8月26日、彦根元川町（現彦根市本町一丁目）の敷地に彦根学校が開校した。

外村省吾——滋賀の中等教育の先駆者

開校当時の彦根学校の校舎は1階中央に玄関があり、教場、生徒休憩所、校員詰所(職員室)、内庭(中庭)があった。1階玄関上の2階中央には洋風のバルコニーが設けられ、塾舎(寄宿舎)として使用されていた。窓は洋風で、校舎全体が擬洋風の建築様式となっている。その後、彦根学校は彦根伝習学校(1877年)、彦根公立中学校(1880年)、滋賀県尋常中学校(1887年)、滋賀県立彦根中学校(1908年)等の改称を重ね、1952(昭和27)年現在の滋賀県立彦根東高校となる。なお、『文部省第五年報』では、こうした彦根学校の設立の経緯を踏まえて、「彦根伝習学校ハ元彦根学校ト称シ　明治九年彦根士族ノ合力設立スル所ニ

図3　外村半雲先生之碑
(彦根市井伊神社参道附近)

シテ一箇ノ私立学校ナリ」と記し、旧彦根藩主ならびに藩士による熱心な学校設立運動によって彦根学校が設立されたことを伝えている。

　最後に、外村は彦根学校設立の功績により、1876(明治9)年8月、彦根学校の初代校長に任命されたが、翌年の1877(明治10年)年1月5日に亡くなっている。現在、井伊神社(彦根市古沢町)の参道入口近くには「外村半雲先生之碑」と記された石碑が建立されている。碑文は外村の友人であった谷鉄臣が作成し、書家の日下部鳴鶴が揮毫しており、外村の生涯と功績を今に伝えている。

◆参考文献
『彦根東高百二十年史』　1996年
久保田重幸「近代日本における地方官員の学校設立に関する研究──明治初期滋賀県における外村省吾の教育活動を手がかりとして」『教育史フォーラム』第3号　2008年
『新修彦根市史』第3巻　2009年
久保田重幸「明治前期の地域社会における中等教育機関の設立過程の研究──滋賀県商業学校および滋賀県尋常中学校の設立を事例として」『関西教育学会研究紀要』第13号　2013年

［久保田重幸］

第5節

正野玄三　学区取締として地域の学校の振興を図る

［しょうの　げんぞう］7代目正野玄三は、文政8（1825）年6月生まれ、幼名は孝之輔、猪之五郎、教善、尚輝と名を変えた。1875（明治8）年に学区取締に任命され、77（明治10）年10月退任。彼は学区取締の激務を2年5ヵ月間務め、地域教育の振興に尽力した。1881（明治14）年7月没。

図1　正野玄三家学区取締文書

　7代目正野玄三は家業の薬業製造・販売を継ぎ、幕末から明治維新の激動時代を強い精神力と柔軟な人柄で乗り越えた。1875年5月に滋賀県は学区取締に地方名望家32名を任命。玄三は第10番中学区蒲生郡第14～18区の学区取締になる。彼の残した膨大な学区取締文書は、滋賀県唯一のまとまった学区取締資料で、草創期の小学校を探る貴重な文書である。

1　学区取締正野玄三の活動

　正野玄三は、1875（明治8）年5月4日学区取締に任命され、家業に精を出しつつ職務をこなした。学区取締の職務は、学校の設立・維持管理、施設・設備の充実、教員の任免・人事管理、師範学校への推薦、小学校の卒業試験巡視、就学督促、区戸長への学校振興支援などであった。75年中に小学校が続々設立、職務が増大したので、76年2月1日に元西大路藩士太田安蔵を雇い入れた。

　『明治九年霽御用日誌』（2月1日～12月31日）、『明治十年霽御用日記』（1月1日～10月23日）の2冊は、1年9ヵ月間の学区取締の役職期間の記録である。玄三の担当学区は、蒲生郡第10番中学区で5月4日任命時は第196～220番小学区で、5月20日任命書に第181～195番小学区が加わる。「巡視報告書」や「巡視手帳」に第181～220番小学区の町村区戸長に対して、県の指示を伝えた記録が残されている。玄三は現在の日野町と東近江市（旧八日市市・旧蒲生郡蒲生町・

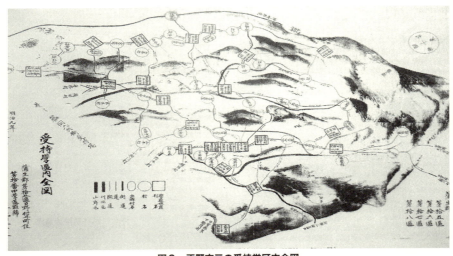

図2　正野玄三の受持学区内全図

旧神崎郡永源寺町)をふくむ広範な地域を担当した。小学校を徒歩や人力車で回り、学区取締の仕事を遂行した。家業で使う人力車や使用人もしばしば使って各校を巡視する一方、教員や各区正副戸長を直接自宅に呼び寄せ、学校をめぐる紛争の調停解決に尽力した。

1876(明治9)年度は、玄三は蒲生郡第14〜18区の小学校27校を担当した。

表1　正野玄三受持の蒲生郡第14〜18区小学校

区	小学区	村	校数
14	第181〜195番	鋳物師村・清田村他13ヵ村	5
15	第196〜201番	日野3町・上野田村他5ヵ村	5
16	第202〜208番	西大路村・鎌掛村他11ヵ村	6
17	第209〜213番	野出村・蓮花寺村他13ヵ村	5
18	第214〜220番	芝原村・甲津畑村他16ヵ村	6

1875(明治8)年8月「明治八年亥八月巡視景況書上書」から玄三の学校巡視活動の一端がうかがえる。同月7日に玄三は同務の蒲生郡第142〜160番小学区担当久郷東内と第125〜141番小学区担当益田可永と、第15区日野大窪町の啓迪学校と第16区西大路村朝陽学校に巡視した。同年の啓迪学校は教員男3人、生徒174人(男91女83)、朝陽学校は教員男2人、生徒125人(男72女53)で、

34　第1章　明治期

玄三管轄下で屈指の大規模学校であった（『文部省第三年報』 1875年）。

　啓迪学校は、当日の出席生徒は29人（男18女11）、教員は一等 准 訓導神谷 亨の みだった。校内に書籍が整備され、正則教授で授業が行われていた。しかし、神谷が滋賀県小学校教員伝習所を卒業して帰校間もないため、「いまだ器械を全部備えられず出校生徒が少なく、第一教場でしか授業をしていない」状態だった。朝陽学校は、出校生徒75人（男38女37）、教員４人のうち田中信淳、吉川龍治が登校していた。「石盤を用いて新古 教 則を取り混ぜて教授していた。先般より正則教授ができる教員派遣を願い出て、正副区長はその沙汰を待つ」ていた。

　正則教授とは、正規資格を持つ教員のもとで、文部省教則に従った学科目を教授することである。同時に書籍や教授器械や備品の整備が必要とされた。正規資格教員は、官立師範学校卒業生か県立小学教員伝習所を卒業、最終試験に合格して教員免許状を有する者である。教員資格のない教員だけや、十分な学科目を教授できない学校は変則教授とされた。学区取締は、変則教授から正則教授へ早急に移行させるため、管轄町村の区戸長を督促しなければならなかった。校舎や教場の建物、書籍器械の備品を整備させ、小学校教員の師範学校への派遣、生徒の就学率の向上を図ることが、小学校巡視で点検された。

2　小学校の卒業試験の巡視に立会う

⑴　各小学校の卒業試験巡視と立会い

　滋賀県は1876（明治９）年１月14日付「小学試験規則」で、卒業試験（毎級６ヵ月ごとの学力試験で及 第者を登級）、臨時試験（県高官による試験巡視）、月次試験（毎月の学力試験）の３種の試験実施を布達した。「卒業試験」の実施手続きは、次のようであった。①村落の正副戸長の許可を得て、各校教員が「卒業試験願書」を学区取締に提出→学区取締より県庁に送付、県庁からの許可を受ける、②学区取締、正副戸長立会いで卒業試験を実施、校内で試験結果を公表する、③教員は試験結果表（点数、及落）をそえて、正副戸長から「卒業試験届書」を学区取締に提出→学区取締が点検して県庁に送達する。試験規則で、卒業試験の目的は「毎校生徒の進否、教員の勉怠をみる」とされ、学業優秀生徒及び格別勉励して教育に実効あげた教員に褒賞を与えるとした。「生徒学業進歩せざる時はその責教員が負う」とするもので、教員の良否を厳しく問うものであった。玄三は地域の教員の質的向上に全力を傾けていった。

正野玄三——学区取締として地域の学校の振興を図る　　35

(2) 曽我部信雄の招聘と地域教員への授業法伝習

　正野玄三は、官立大阪師範学校卒業生曽我部信雄（1876年4月6日小学師範学科卒業）の招聘を県から打診された。日野三町（大窪町・村井町・松尾町）と西大路村の区戸長と協議を重ねた。日野三町は俸給額で折り合えず、西大路村が曽我部招聘を受け入れた。4月12日曽我部は朝陽学校に三等訓導（月俸20円）として赴任。県から3分の1の俸給補助金を受け取る。当時滋賀県師範学校の卒業生は准訓導資格で、一等12円、二等10円、三等8円であった。

　正野は曽我部着任と同時に、朝陽学校を地域の教員たちの質的向上を図る中核学校として位置づけていく。曽我部を幹事教員にして小学校教員会議を開催し教員への啓蒙を行い、彼を卒業試験立会いに協力させ、地元教員へ夜間の教授法伝習（内伝習）を行わせた。曽我部は期待に応えて1879（明治12）年11月離任まで、地域の中心的教員として活躍した。日野大窪町の啓迪学校には、官立愛知師範学校卒業生武野元房が1877（明治10）年3月2日に招聘された。

(3) 権令籠手田安定の臨時試験巡視のようす

　1876（明治9）年6〜7月、滋賀県高官による小学校巡視や卒業試験・臨時試験巡視が行われ、正野玄三はその対応におわれた。4月24日に県庁へ出頭すると、権令籠手田安定一行による近江国全域の学校巡視の連絡を受け、近江八幡で蒲生郡内学区取締4人がただちに対応策を協議した。権令籠手田巡視は7月上旬となるが、6月6〜12日に第10番中学区（甲賀・野洲・蒲生3郡）学区取締多羅尾光弼の小学校巡視が実施された。多羅尾は維新後、大津裁判所から大津県で判事となり、滋賀県内の民情に通じた行政官として在勤した。7日間におよぶ多羅尾巡視は、6日から12日まで合計28校を廻り、就学生徒の状況、学齢生徒人員、諸帳簿を点検して、各校の学校図面作成を指示した。

　7月9〜11日に権令籠手田安定が学務課員を引き連れて、玄三の担当学区に入り、3日間の臨時試験を巡視した。学務課員は各校の「生徒姓名書・生徒勤惰簿・生徒卒業前後取調書」、「学校図面・絵図面」を点検した。臨時試験の場所は正崇寺本堂で、管轄下の各校生徒を集めて実施した。第1日目の9日は、各校生徒が校名入りの「小纏」を持って入場、正面に黒板2面と器械を置き、向かって左前方は試験委員が出点・失点の記入のために座り、後方は各区正副戸長・学校掛、中央の試験生徒、その後方に参観人生徒、その後ろに一般来観者、右前方には権令、学務掛員加茂伴恭・瀬戸正範、蒲生郡学区取締3人、師範学校教員

横関昂蔵が着席した。受験生徒は下等8級から3級まで50人ずつ、午前100人と午後100人の合計4組200人であった。2日目、3日目も同様に臨時試験を実施した。臨時試験は終了後すぐ採点、成績点数結果を発表、高得点者に「御賞書」「御賞詞」が渡された。賞書と賞詞を受けた生徒は7級生89人、6級生7人、5級生12人であった。玄三は連日午前6時から午後11時に臨時試験に出かけている。籠手田は生徒へ学業専念を説諭し、正副区戸長に「就学不就学生徒取調」を指示した。

3 正野玄三の地域民衆への啓蒙活動

　1876（明治9）年12月6日に、滋賀県学務課長に文部省督学局中視学奥田栄世が着任した。奥田は権令籠手田の強い要望で文部省から転任、県教育行政の振興と師範学校教育の充実化を託された。奥田は第三大学区担当の文部省時代から教育の充実発展のため地域の実情を自ら踏査して方針を策定してきた。1877（明治10）年2月21日に学務課長奥田と課員瀬戸は朝陽学校を訪れて授業を参観した。第15〜第18区各区正副戸長も参観した。奥田は22日に啓迪学校を訪問した。彼の実地調査は、不就学の実態と不就学理由を調べることを目的とした。この結果、奥田は、生活現実と結びついた内容を教えるために、地域民衆の生活に役立つ郷土地誌『滋賀県管内地理書』（1877年）を11月に発行した。

　正野玄三は、日野町域の商人から財政的支援を受けて、地域の習字手本教科書を刊行しようとした。1877年4月16日に『滋賀県蒲生上郡村名習字本』が発行され、蒲生上郡村名には、神崎郡・愛知郡の一部をふくむ3町127村の町村名が書かれた。玄三は、当初小学生徒用習字教科書を構想していたが、6〜8月になると地域住民の読み書きの入門書として使うことにした。6月14日〜7月18日に合計605冊の村々からの注文が入った。1冊5銭の値段で、『蒲生上郡村名習字本』（親和会社蔵版　37丁）は小学校と地域で使われ続けた。

　1877（明治10）年9〜10月には、学区内で連日卒業試験が行われた。午前8時から午後5時、時には午後11時の日もあり、病身の玄三には大きな負担となった。定期卒業試験では複数の学校生徒が受験し、公開試験で住民の臨席は自由、複数校の生徒が競い合う形の試験であった。試験問題は複数校の教員で作成して実施、採点は教員が自校生徒の採点はできず他校教員が採点した。14〜18区の試験結果は、8級生受験138人（落第生徒18人）、7級生163人（同60人）、6級生68人（同

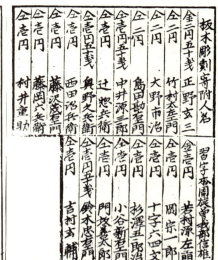

図3　『滋賀県蒲生上郡　村名習字本』扉と巻末頁

15人)、5級生88人(同22人)、4級生19人(1人)、3級生13人であった。8級〜4級の総受験生476人、落第は116人で24.4%に達した。

　前年1876(明治9)年5月12日〜8月27日に、権令籠手田安定は115日間をかけて近江国12郡43試験場の臨時試験への立会巡視を行った。籠手田は77(明治10)年も巡視を予定していたが、西南戦争勃発のため断念。官立師範学校卒業生教員や大津師範学校教員などを定期卒業試験立会教員に派遣した。彼らに地域教育の実態報告をさせ、具体的な振興策を打ち出そうとした。『明治十年九月定期卒業試験立会巡視功程』6分冊が11月に刊行された。玄三の管轄小学区は曽我部信雄(第15〜18区)と武野元房(第11〜14区)が担当した。曽我部は、生徒100人に教員1人、生徒150人に教員2人という過重負担や複数等級を担当すること、また教場をかけもちでは良質の教育ができないとして、労働条件の改善を提案した。教育振興には教員の質と量の両面の充実が重要であると指摘した。

◆参考文献
『近江日野の歴史』第8巻史料編　2010年
『近江日野の歴史』第4巻近現代編　2014年

[木全清博]

第6節

柳田かめ　寺子屋から私塾・私立学校で教えた女性教師

[やなぎだ　かめ] 弘化4 (1847) 年大津橋本町に生まれる。慶応4 (1868) 年の父死後、21歳で寺子屋を引き継ぐが、1873 (明治6) 年3月廃業。4月から弘道学校教員になるが75年6月に退く。77年11月より習字・算術を教える。80年9月16日に私塾「柳田学舎」となり、88 (明治21) 年5月に私立学校に正式認可、1911 (明治44) 年まで公立学校に通えない子どもに修身・読書・算術を教えた。12 (大正元) 年11月8日没。

柳田かめは、明治中期に私立学校を設立し、大津で奉公人子弟の教育にあたった。幕末から明治年間を通して、民衆生活の基礎となる読書・習字・算術を教え続けた。公立小学校に通えない子どもの教育に情熱を傾けた教育者で、夫雅忠の協力を得て民衆への教育を貫いた女性であった。

1　滋賀県の寺子屋の女師匠

(1)　近江の寺子屋と師匠

　柳田かめの生きた幕末から明治初年までの近江国の寺子屋は、明治4 (1871) 年に446校であった。文部省『日本教育史資料』8 (1892年) では450校だが、重複校4校があり446校である (『滋賀の教育史』)。寺子屋師匠といえば、僧侶や神職、医師、豪農や豪商、下級武士などの知識人が多い。滋賀県の師匠の内訳は、僧侶183人、農民82人、平民49人、武士47人、医師32人、神官・神職19人である。多くの寺子屋は、男師匠1人が年齢もまちまちの男女の子どもに、読み・書き・そろばんを教えていた。教科は読書・習字・算術の三科が127校、読書・習字135校、読書・算術76校、読書のみ99校で、三科を教える寺子屋は3分の1に満たなかった。生徒数の多寡や父兄・生徒の要求度にもよるが、師匠として教えられる力量によるものであろう。師匠1人で教えた寺子屋は424校であり、2人が17校、3人以上が4校 (不明1) であった。

　『日本教育史資料』8の滋賀県「寺子屋表」には、女師匠は全部で17人が確認

される。男師匠の経営者のもとで教えることが多かったが、女師匠のいる寺子屋では、裁縫、諸礼（礼式）が教えられることもあった。女師匠で寺子屋経営者は9人で、以下のようである。

表1　滋賀県下の女師匠経営の寺子屋一覧

場所	師匠名（族籍）	内容	寺子数		
			男	女	計
滋賀郡橋本町	柳田カメ（平民）	読書	82	81	163
滋賀郡膳所中庄村	広田猪尾女・斉藤リウ（士）	読書・算術	30	15	45
蒲生郡大窪町	安井チヨ（平民）	読書・習字・算術	43	47	90
蒲生郡大窪町	小倉翠女（平民）	読書・習字・算術	80	67	147
神崎郡佐野村	村田ヒサ（商）	読書・習字	0	10	10
神崎郡福堂村	美園寿香女（不明）	読書・習字	20	0	20
愛知郡小倉村	中川コト（平民）	読書・習字・算術	49	25	84
高島郡太田村	浅見恭女（農民）	読書・習字	10	15	25

（出典：『日本教育史資料』8）

　大津、膳所、日野、五個荘、能登川など商人町や近江商人の出身地の寺子屋である。これらの町は、女子生徒数も多く、商人の子女への教育が熱心であった。女師匠は膳所中庄村の士族を除くと、平民・農民・商人という民衆層に属する人びとだった。男師匠の元で働く女師匠の寺子屋は、商人町や近江商人の出身地であった。上記の他、野洲郡永原村、蒲生郡内池村・同瓜生津村、神崎郡木流村・同旧宮西村、同川並村、犬上郡高宮村、坂田郡天満村に各1人。城下町（膳所村、中庄村と彦根上魚屋町）で商人や職人子弟に教える女師匠が4人いた。

(2) 柳田かめ経営の寺子屋

　かめの経営した寺子屋は、廃業の年1873（明治6）年正月5日付の資料から、概要が明らかとなる（『日本教育史資料』8では廃業年を1872年としているが、かめ自筆の履歴書に従う）。教科は習字・算術・読書の三科、算術は珠算を教え、習字・読書の教科書には次のものを使った。

〈習字〉「いろは、数字、いろは文章、干支、請取文、大津・京町尽、日本広邑、国尽、家名尽、名字尽、名頭、商売往来、名所尽、男女状文章、千字文、男女庭訓往来」

〈読書〉「実語教、童子訓、男女今川、百人一首、女大学、六諭義、女教訓

状」

　これらを年限は「概ね六ヵ年」で順次授けるとしている。かめは、「平民にして習字・算術・読本師として専業」で、町人にして先代の父6代目仁兵衛が天保13（1842）年に開業した寺子屋を継業してきたと記している。

2　大津における幕末から明治初期の民衆教育

(1)　大津の寺子屋から小学校への変遷

　大津では1873（明治6）年2月11日に、滋賀県令松田道之、参事榊原豊、同籠手田安定、学校専務加茂伴恭、学務官員河村祐吉を迎えて、滋賀郡第3区小学（のちに打出浜学校）と第6区小学（のちに明倫学校）で開校式が行われた。開校式には当区正副総戸長、各町の正副戸長、篤志出金者、教員・生徒が出席して開校を祝した。滋賀郡第3区より第9区まで小学校が3月までに設立された。

　幕府直轄地大津町には、小学校の開校以前に柳田かめの寺子屋をふくめて、7校の寺子屋があった（『日本教育史資料』8）。いずれも寺子屋に通う男子の寺子は多数であり、女子の寺子数も滋賀県下の町村の寺子屋に比べると、圧倒的に多い。寺子屋師匠も商人町らしく、商人が多い。大津の町場では、商人の子弟を寺子屋に通わせるのは当然とする考えが生まれてきていた。

　第3区打出浜学校（南保町）、第4区開達学校（玉座町）、第5区日新学校（笹屋町）、第6区明倫学校（下栄町、1875年鶴里学校と改称）、第7区遵道学校（関寺町、1875年逢坂学校と改称）、同区潤身学校（一里町、1876年関門学校と改称）、第8区弘道学校（小川町）、第9区修道学校（東今颪町）が1873（明治6）年2〜3月に8校が開校した。小学校教員になったのは、幕末以来の寺子屋師匠たちではなく、これまで教育に携わっていなかった人たちであった。寺子屋師匠からの転職は、柳田かめただ1人であった。

　かめは第8区の弘道学校教員（校地青龍寺）になり、2年2ヵ月間勤務した。1876（明治7）年の弘道学校は、教員4人（男3女1）で、生徒数237人（男119女118）であった。大津の女性教員は、第9区修道学校の井田たつと2人だけであった。井田たつが勤務した修道学校（校地本福寺）は、教員5人（男4女1）で生徒数435人（男242女193）の県下有数の大規模小学校であった。かめと井田たつの2人は、同年2月の大津町小学校教員会議に出席、試験法の協議会に参加している（『文部省第二年報』1873年）。

(2)「柳田学舎」の教育と生徒数

　柳田かめは、寺子屋とは異なる大規模化した小学校教育に関して、教育者として考えるところがあったのではないか。小学校教育が子どもたちの生活から遊離した内容であり、教え方も一人ひとりのレベルにあわせて個別に学ぶ学習から一斉に学習する方式へと転換していった。

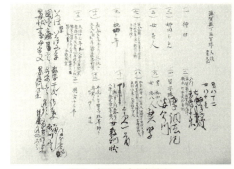

図2　柳田学舎関係資料

　さらに、小学校教員を続けていくうえで教員資格の問題も出てきた。滋賀県は1875(明治8)年6月1日に大津に滋賀県小学教員伝習所を開所させて、60日間の教員伝習を行い、卒業試験のうえ教員免許の資格を付与していった。のちに滋賀県師範学校になり100日伝習へ、さらに180日伝習となり教員養成が始まっていく。彼女は弘道学校を退職して、再び自宅で私塾を開くことを決意した。

　かめは、1880(明治13)年9月に滋賀県に「私塾開塾願」を出した。願書には習字・珠算を修業概2ヵ年で、「幼童初学、女私用文、増補寺子男状文章、新撰男状文章、書牘日用文、書牘諸證文、庭訓往来、改正世話千字文」を教えるとし、「綴手本又は折本等に写して教授し、又読方などを授ける」とした。しかし、願書下書きには、1873(明治6)年の寺子屋廃業の年とまったく同じ教科書を書いている。かめの私塾は、かつての寺子屋教育の復活にあったといえよう。年間金3円50銭、入学の際束脩金20銭として、生徒数32人(男14女18)と書いたのは、1880年段階で寺子屋教育の良さを発展させたいと考えたのではないか。

　『滋賀県学事年報』第八～十二年報(1880～84年)「私学校表」「私立学校表」から「柳田学舎」の生徒数がわかる。1880(明13)―17人(男10女7)、81(明14)―30人(男19女11)、82(明15)―22人(男14女8)、83(明16)―16人(男12女4)、84(明17)―10人(男7女3)。1881年からは修業年限5ヵ年となり、年間授業日数が287日から296日になった。

3 私立学校「柳田学舎」の教育

(1) 「柳田学舎学則」にみる設立目的

　柳田かめは、1888（明治21）年5月31日に県から私立学校「柳田学舎」の免許認可を受けて、私塾から私立学校への転換を図った。1892（明治25）年にかめは、「公立小学校ヘ就学セサル者ヲ収容及ヒ商業者ノ被雇娘僕」たちに、3年間で習字（1年楷書、2年行書、3年草書）と算術（珠算―加減乗除）を学ばせるために設立したと述べている。授業料は1年5銭、2年12銭、3年50銭であり、大津の商店で働く丁稚や奉公人、職人の子どもに対しての教育を行うとした。かめの残した1900（明治33）年「柳田学舎学則」は、「本校ハ学齢児童ニシテ　公立学校ニ就学セザルモノヲ収容シ　及商工業者ノ被雇娘僕ヘ　必須ナル習字及珠算科ヲ授ケ　優良ノ子弟ヲ教養スルヲ以テ目的トス」と書いている。

　学期は4月1日〜9月30日と10月1日〜3月30日の2学期で、休日は祝日・大祭日・日曜、冬期休暇（12月25日〜1月8日）で春・夏の休暇はなかった。授業は「手習9時に始め午後1時に至る」として、夏期7月9日〜9月10日は8時から12時とした。授業料は、1900年でも同額を記載している。この時期の公立小学校の授業料は10〜25銭なので、それほど高いとはいえない。1年目はごく安く押さえ、3年目はやや高くしたというべきか。

　職務規程に「教育ニ関スル諸法令ニ基キ生徒ヲ教授シ　或ハ修身上ノ談話ヲナシ　温和親切ヲ主トシ授業ヲ担当ス」として、かめの授業方針を示した。柳田家には「教育勅語謄本」（年代不詳）が残されている。県から私立学校へ謄本下付があり、明治中・後期からの天皇制教育が浸透していたことがわかる。

(2) 「柳田学舎」で学んだ生徒たち

　「柳田学舎」の生徒数は、かめのメモ書きから復元できるが、公式の統計資料『滋賀県統計全書』から見ていこう（同書の私立学校生徒数の記載は1889年以後）。1885〜88（明治18〜21）年の生徒数は、かめのメモでは1885（明治18）年10人、86年18人、87年20人、88年25人であった。1880年の私塾から1892年の私立学校初期は、生徒数が10〜30人を推移しており、経営的にも苦しかった時代であった。

表2　柳田学舎生徒数の変遷（明治22 ～ 43年度）

西暦	明治	生徒数（人）		
		男	女	計
1889	22	5	22	27
1892	25	3	28	31
1894	27	3	30	33
1897	30	3	35	38
1900	33	3	34	37
1903	36	2	32	34
1906	39	0	10	10
1909	42	0	5	5
1910	43	0	5	5

（『滋賀県統計全書』1889 ～ 1910年）

　「柳田学舎」の生徒は、圧倒的に女子が多いのが特色である。男子生徒は多い時で5人、しかも徐々に減少していった。これに反して、女子の生徒数は22人から35人の間で30人前後を占め、1904 ～ 05（明治37 ～ 38）年頃までは30人を超えている。かめと同じ時期に小学校教員を務めた井田たつが経営した私立学校の「井田学校」も、女子生徒が男子を上回っていた。大津の商人町で奉公人として働き、公立小学校には通えない貧しい女子生徒のために、珠算・習字・読書の基礎的な知識を授ける学校として、「柳田学舎」は大きな役割を果たしたといえよう。

　日露戦争後の1907（明治40）年に、義務教育年限が4年から6年に延長された。この時期になると、女子生徒の小学校への就学率も向上していき、「柳田学舎」の女子生徒数はわずか数名となった。

　江戸時代の幕末から明治期の全期を通じて、商人・職人の貧しい子女の教育に開いた柳田かめの私塾・私立学校の役割も終わった。かめは1912（大正元）年11月に病気によりその生涯を閉じた。

◆参考文献

『日本教育史資料』8

木全清博『滋賀の学校史』文理閣　2004年

木全清博『滋賀の教育史』文理閣　2015年

[木全清博]

第7節

大島一雄　滋賀の地における小学校教育の開拓者

[おおしま　かずお] 安政元（1854）年閏7月、備前国児島郡に生まれ天城藩校で学び、明治4（1871）年11月東京鎮台第一大隊、近衛歩兵第四大隊を経て、75（明治8）年6月官立東京師範学校入校。77年3月大津開達学校に招聘直後、西南戦争に従軍。10月大津開達学校に赴任する。86年4月大津学校校長、11月蒲生郡高等科八幡小学校に転任、21年間校長を務める。1931（昭和6）年2月没。

　大島一雄は、明治期滋賀の小学校教育に次の3点で貢献した。1つは、明治10年代に滋賀県の多数の地域版教科書を執筆・編集した。珠算・地理・作文・修身・実物問答の教科書や教科書解説書である。2つは、官立東京師範学校卒業生として滋賀県から招聘され、県下の小学校教員に近代的教授法を普及させた。3つは、大津と近江八幡の中心学校の小学校長として30余年間勤めて、近代滋賀の小学校教育の基礎を築いた。

1　青年教師大島一雄の滋賀県赴任

　大島一雄は安政元（1854）年閏7月27日、備前国児島郡藤戸村天城（現倉敷市藤戸町）の生まれ。父は岡山藩池田家分家の天城藩士大島幸雄（号協悠）、母は笹（笹の父は新見藩校教授丸川松隠）の長男として誕生。幼名新次郎。天城藩校にて万延元（1860）年より経書・歴史・儒学を、習字を宮崎有終に、珠算を平賀敦次郎に学ぶ。同時に剣術・弓術・馬術・鎗術を修行する。維新後岡山静修館で星島良平から儒学を学ぶ。明治4（1871）年11月東京鎮台歩兵、明治5年3月近衛歩兵第四大隊へ編入され、1875（明治8）年3月に満期免役。この間私塾で筆算（算数学・代数学）、英語（リーダー・地理書・歴史初歩）を学ぶ。軍人を辞めて教育者の道を歩む決意をして、75（明治8）年6月27日官立東京師範学校に入学。小学師範学科で21ヵ月間学んだ。

　数少ない師範学校時代の手記がある。1876（明治9）年4月6日付「師範学校の北窓の下に書す」という手記で、3月28日廃刀令に関する私論である。青年

大島一雄が教育者に転身した理由を知るうえで貴重なものである。彼は廃刀令に賛同した。現今に「文瞑怪化の大先生」「凶暴病人」の類の人がおり、彼らは「万国公法」「文明開化」「政府は何のために設けられるや」「人民の義務は如何なるものか」をまったく理解せず、刀剣を持ち歩いている。これは明治維新の改革を逆行させるだけなので、ただちに刀剣類を廃止すべきであり、武具類は消滅させるべきだと主張した。文明開化の政策の推進こそが、社会を近代化することができるという考えであった。

大島は、東京師範学校を1877（明治10）年3月12日に卒業、滋賀県の招聘に応じて大津の開達学校（現大津市中央小学校）に赴任した。横浜から神戸までイギリス汽船に乗り、神戸から大阪まで蒸気機関車で移動、23日夜に大阪から淀川を30石船で伏見へ、伏見から大津へはぬかるみ道を人力車に乗り、小学師範学科同級生中矢正意（長浜講習学校教員）とともに、同月24日正午過ぎ大津に到着。直ちに県庁に向うが、土曜日で閉庁。翌25日午後、報知新聞で「鹿児島県賊徒西郷隆盛等反逆」の記事を読み、自分が西郷征討軍へ招集されていることが判明。26日県庁出庁、直ちに27日大阪鎮台に向かう。遊撃歩兵第一大隊第二中隊に編入され、訓練後の4月1日夜神戸から玄海丸にて長崎へ出港、3日午後長崎に到着、以後6ヵ月間の西南戦争へ従軍した。

大島一雄は、西南戦争中のくわしい「従軍日記」を残した。肥後・大隅・日向・薩摩各地に転戦、激しい戦闘に参加したようすを克明に書いた。22〜23歳の多感な若者が戦争下の戦闘、病気と死、悩みや苦しみを書きしるした。悲惨な戦時体験が除隊後の教員生活の精力的活動のエネルギー源となっていく。

彼の『西南役出征日誌』（「大島貞氏提供資料」）の熊本県人吉付近の戦闘をみてみよう。5月の記事は、毎日変更する暗号が記載されている。「5月30日晴午前12時過、山を下り一勝地登り向かいの茂田山に登る。山険にして大いに困しむ、峰上にて賊を追う、一時勝敗不分明にして大いに敗れ山を降らんとす。峰境にして之より墜落す、高さ凡そ7・8間半死半生にて逃れ帰りたり。多くは銃器を失う。時に余峰下にて銃2挺を拾い所持せる。他の戦友に分かち山間して12時頃柘植村本部に帰るを得たり。この日長野曹長戦死す、頗る苦戦なりし（中略）、この日は第一、第三中隊も皆敗戦せり。暗号、実平、佐賀」

2 大津の開達学校教員として地域教科書を編纂する

(1) 明治10年代の小学校教科書編纂

　大島は、1877（明治10）年10月20日に大阪鎮台で除隊、22日滋賀に帰県、26日に「三等訓導開達学校在勤」の辞令を交付された（月俸金20円）。開達学校首座教員（のちに校長）として教育活動に専念できることとなる。20歳代の仕事として、彼は小学校教科書の編集に専念した。開達学校は、明治10年に教員7名（男6女1）で生徒数151名（男87女64）であった（『文部省第五年報』1877年）。

　大津には、1873（明治6）年に滋賀郡第3区から第9区まで打出浜、開達、日新、明倫（のちに鶴里）、遵道（のちに逢坂）、潤身、弘道、修道の8校が開校、遵道以外の各校は生徒数150名〜250名の大規模小学校であった。大津各小学区は競って校舎新築を行い、官立師範卒業生を招いて最新の教授法で教える教員を雇った。大津各校の招聘は、大島を除いて全員が官立大阪師範学校卒業生であった。県下の官立東京師範学校卒業生は、八幡東学校並河尚鑑、滋賀県師範学校北村礼蔵・斉藤壽蔵、長浜開知学校藤田清、神崎郡金堂村明新学校柳田昌方が着任していた。

　滋賀県は、「滋賀県小学教則校則」（1874年10月）で正則教授を実施しようとしていた。1879（明治12）年、滋賀県の地域に適合する「普通高等小学教則」（1879年教則）を布達した。翌年に「模範校則教則」（1880年教則）で修正を図り、滋賀県の地域版教科書が多数採用された。大島は校務をこなす一方、78年に2月から6月まで滋賀県大書記官酒井明の卒業試験巡視に随行し、また「小学校改正教則」（1882年教則）に採用される地域版教科書の執筆を行った。大島は78（明治11）年の『珠算教科書』を皮切りに、79（明治12）年に『作文初歩』、『小学修身編』を編集・発行した。81（明治14）年に『小学生徒心得』を刊行、作文科教科書を教則改正にあわせて『改正作文初歩』として改訂した。問答科教科書では『実物問答』を編纂、新しい教科に対応した具体的な授業イメージを提供した。

(2) 大島の『作文初歩』と『生徒心得』『小学修身編』

作文教科書

　大島一雄は、作文科と修身科の教科書編集にはとくに力を注いだ。作文教科書は、『作文初歩』1879年版が初版本で、2年後『改正作文初歩』1881年版本を刊行し、「小学校改正教則」後に全面改訂した『小学初等科作文初歩』巻1〜6（3

大島一雄──滋賀の地における小学校教育の開拓者　47

冊)、『小学中等科作文初歩』巻1～6（3冊）を刊行している。大島の作文教科書の特色は、日常的実用性の高い作文教育を重視した教科書の編纂であった。

『作文初歩』の「首巻」で、大島は「作文課」では課題を選ぶこととこれを添削することが大事だと強調し、生徒が他人の字句、大人の文章を模倣(まねをする)し剽窃(ぬすんで使う)することを厳しく批判した。教師は「生徒の学力と土地の情態とを斟酌(事情をくんでやる)して適応の課題を与え(中略)、これを添削するに注意し奇異の文章を現出せしむる事なかれ」とした。生徒がどのように生活しているか、どのような題材ならば書けるかを熟慮(よく考えをめぐらす)して指導し、「簡易に説話して作らしめば、生徒は其の真に迫るを見て、欣然(よろこんで)筆を執るに至る」。私用文には口上書類・時候往復文・誘引文、神事仏事の文・病気全快・急病その他の日常生活の手紙文を掲げた。大島は毛筆での楷書と草書の2体を示し、実際生活のなかで使える実用性に力点を置いた。

図1　大島一雄著作教科書『作文初歩』

修身教科書

大島の重視したもう1つの教科書は、修身科であった。1879年に大津の版元から『小学修身編』を、81年に『小学生徒心得』1・2を発行した。大島は、子どもの人格形成で修身科の教育が何より重要だと考えた。彼が修身教科書を執筆した時期は、1879(明治12)年の「教学聖旨」が出された時期であった。欧米思想のモラル形成から仁義忠孝を中心にした東洋道徳へ修身教育の内容が転換されていく時期と重なる。79年「教育令」で修身は独立教科となり、80年第二次「教育令」で修身科は筆頭教科となった。81年「小学校教則綱領」は、初等科で「簡易ノ格言事実」、中等科と高等科で「稍高尚ノ格言事実」を扱い、生徒の徳性涵養と作法を教えるべきとした。大島の修身教科書は、この方針に沿って編集されたのである。

『小学修身編』(1879年)は、父子(14話)、君臣(5話)、夫婦(9話)、兄弟(6話)、朋友(8話)、倹約慈愛(9話)から構成された徳目主義の教科書である。古今東西の先人の例話を豊富にあげて、子どもに徳目を理解させる形式をとっている。

48　第1章　明治期

「和気清麻呂」（君臣ノ部）、「フランスノミシエル」（朋友ノ部）、「宋ノ趙昂発」（夫婦ノ部）のように、日本・西洋・中国の例話を教師が語り、日本国民の生き方の基となる道徳性を育むことを重視した。

　『小学生徒心得』（1881年）は、初等科の子どもに個人道徳の初歩を教えようとした教科書であった。第1章巻頭で、人間としての行いや振る舞いの基礎を身につける大切さを述べた。「善き事を行い、悪しき事をせざるようにすべし、これを修身の学という、凡そ事は習い慣るるときは、むずかしい事も易く、慣れざるときは、易き事のむずかしき、覚えるものなれば、幼なき時より、習い覚え、善に移るよう、心がくべし、人として、身の行い、正しからざるときは、人というべからず、鳥獣にひとしきものというべし、故に左の箇条を、一々我身に行いて、常に忘るべからず」

　大島は、自立した人間になる道徳を日常的生活のなかのモラル（道徳）の確立に置く。生徒の本分は自覚的な生徒としての行いや振る舞いであり、学校生活での生活習慣で心がけるべき点を書いている。

3　滋賀の小学校教育の発展に力を尽くす

(1)　大津の開達学校長から大津学校長へ

　1882（明治15）年6月、滋賀郡教育会第1回会議が大津丸屋町永順寺で開催された。定期試験と教員慰労の協議会を開催した。同年11月に第2回会議を滋賀郡堅田の本福寺で開き、定期試験における習字の程度・用書の選定、体操・裁縫の設置を協議した。12月の、開達学校で主催の会議は、「模範教則以来、各校実物教授が行われ、各校実物標本を蒐集し、本年教則改正後、漸く開発教授的の教授方法を施す」とまとめた。開達学校は大津町内で唯一、女子教則を実施した学校であった。1883（明治16）年2月に滋賀県は女子生徒の就学率向上のために、「小学校女子教則」を制定し、女子向けの裁縫教授と唱歌の設置を各校に薦めた。同校では風琴（オルガン）を使って唱歌教授を行うとともに、実物教授の研究として博物標本室を校内に設け、理化学簡易器械を備えて実験授業を行った。

　85年11月に学区改編問題が起こり、12月に高等科小学校の設置問題が起こった。大津学校は1校、3支校、3教場体制へと再編されて、86（明治19）年4月、大島は「滋賀郡大津学校在勤」「当分同校々長事務取扱」の辞令を受けた。5

月1日「任滋賀県滋賀郡大津学校長」「准十二等官月俸金弐拾円給与候事」「兼任滋賀県二等訓導」の辞令交付となるが、6ヵ月後11月1日に「任滋賀県蒲生郡第一学区小学校長」の辞令を受けた。

(2) 近江八幡の小学校長に転任する

　大島は、1886年11月1日大津から近江八幡に転勤した。以後大島は、近江八幡の地で32歳から77歳までの人生を送る。1907（明治40）年まで小学校校長を務めて、地域の初等教育の発展に力をつくし、人材の育成に貢献した。大島の在任期間は、1888（明治21）年「御真影」下付、89（明治22）年「大日本帝国憲法」公布、90（明治23）年「教育勅語」公布、91（明治24）「小学校祝日大祭日儀式規程」へと続く、国家による天皇制教育が確立されていく時期であった。大島自身も、近代国家社会を形成するうえで天皇制教育の推進が必要と考えていた。

　1892（明治25）年12月に第二次「小学校令」で、校名が八幡尋常高等小学校となる。大島は毎年元旦の出校日に、「をしえのもと」というパンフレットを配布し訓示した。校長として子どもに人間としての品性、品格をみがくことを説き、自らの社会観・国家観をわかりやすい言葉で語りかけていったのである。大事な修身教育であったといえる。「恭倹自己　倹約はつねになしおけ　天災は何時おこるとも　定まりなければ」（第7号　1897年）、「公益　皇国の国民はいかなることをか努むべき　身のなりわいにいそしみて　国と民とを富ますべし」（第8号　1898年）。

　病気退職する年の1907（明治40）年元旦に、「一等国の中の第一番と世界の人々より仰がれ貴ばれるよーに、つとめるのが我々国民の本務である」、「学を修め、業を習い、以て知能を啓発し、徳器を成就」が大事とした。大島は、終始一貫して人格形成の基礎には、自らの「修学習業」の重要性を説いたのである（第17号）。

　大島は、退職後も近江八幡の地に在住し、和歌に親しみ日牟禮社同人として歌集を編む。娘の誠も1916～31（大正5～昭和6）年に八幡校教員として勤務した。大島の死は1931（昭和6）年2月13日、日牟禮神社の奥津城に眠る。

◆参考文献

『八幡小学校百年誌』1973年
木全清博『滋賀の学校史』文理閣　2004年
木全清博『滋賀の教育史』文理閣　2015年

［木全清博］

第8節

辻勝太郎　高宮の小学校沿革誌をまとめる

［つじ　かつたろう］安政5（1858）年辻平内の長男として生まれる。1876（明治9）年彦根学校に学び、77（明治10）年から神崎郡福堂学校、八幡東学校に在勤。79（明治12）年から2年間、滋賀県師範学校高等師範学科で学ぶ。日夏学校、修繕学校を経て、85（明治18）年坂田郡開文学校で訓導兼校長となる。1891～98（明治24～31）年、1901～16（明治34～大正5）年の2期22年間、高宮尋常高等小学校長を務めた。1930（昭和5）年京都にて死去。

　彦根市高宮小学校には、『高宮小学校沿革誌』上・下、『高宮小学校実現教育要領』、『雲濤文稿』の3つの貴重な資料が残されている。3資料は、明治時代に高宮校校長を務めた辻勝太郎によって作成されたものである。明治期の小学校のようすを知る上で、精密な資料収集をもとに詳細に学校沿革の記録を書き記した辻勝太郎の仕事は高く評価されるものである。

1　明治期の師範学校出身の代表的校長

　辻勝太郎は、安政5（1858）年3月29日に彦根藩士辻平内の長男として誕生した。8歳から彦根藩校弘道館で学んだが、明治5（1872）年に藩校が廃校になり、76（明治9）年から彦根学校で教授法の伝習を受けた。翌77年辻は滋賀県師範学校卒業試験で四等准訓導資格を得て、福堂学校（現東近江市能登川北小学校）、八幡東学校（現近江八幡市八幡小学校）に勤務した。79（明治12）年に滋賀県大津師範学校高等師範学科に入学、2年間学んだのち卒業した（校名は80年4月「滋賀県師範学校」に改称）。辻は、1885（明治18）年に27歳の若さで開文学校（現米原市柏原小学校）の訓導兼校長となった。明治10年代前半に滋賀県師範学校高等師範学科で2年間の正規の教員養成教育を受ける者は極めて少なく、4級生から1級生は6名から20名前後であった。辻のその後の職歴を見ると、各郡の中核校の校長や福井県や京都府の郡視学等の要職に就いている。その後、辻は明治中期から大正初期までの2期22年間、高宮尋常高等小学校（現彦根市高宮小学校）校長を務めた。辻は、

1896(明治29)年に『高宮小学校沿革誌』上・下を編纂・執筆した。

2　高宮小学校創立時の沿革を伝える

次に、『沿革誌』は、自序、緒言と16章で構成されている。

表1　『高宮小学校沿革誌』目次

自序	第八章　学校所有品
緒言	第九章　卒業児童就学形況
第一章　沿革大要	第十章　生徒素行審査法
第二章　小学校法令変革大要	第十一章　優等生徒ノ行跡
第三章　管理者ノ更迭	第十二章　官庁吏員ノ巡視
第四章　校長以下職員更迭進退	第十三章　授業料徴収ノ形況
第五章　学級編成及受持訓導	第十四章　教育上功労アル人ノ事
第六章　戸数人口学齢就学	第十五章　奨励ニ関スル会合ノ状況
第七章　経費予算及清算	第十六章　校規改廃成立

　『沿革誌』は、1891(明治24)年の滋賀県布達で指示された項目に従って編纂されている。学校の沿革だけでなく生徒の就学状況や、職員の進退、学校経費等の変遷が記録され、明治時代の小学校のようすを知る上で貴重な資料となっている。『沿革誌』の編集には、相当の苦労があった。「緒言」によると「明治八年より明治十九年までは、参考とすべき簿書日誌の類は筐底(箱の中)を払ひ、明治五年より明治七年まで及明治十九年より二十四年までは、稍参考の一部に供すべきものあるも必ず完全の材料とするにたらず」の状態で、辻自身が「当校に関係ある人々に就き疑を正し或は之を問ひ」ながら『沿革誌』を書きあげた。さらに、辻は、「本簿担当の職に従事せらるゝ人々は(中略)年々其沿革を附加せんとするものなり」とし、辻以降の担当者も学校の沿革を書き加えて残していくことを記している。ここまでして辻が『沿革誌』を書きあげようとしたのは、「自序」にある「前事之不忘、後事之師也」(前事の忘れざるは後事の師なり。『史記』秦始皇本紀の言葉)の通り、過

図1　『高宮小学校沿革誌』(上・下)

去の高宮校の沿革を記すことで将来の学校の発展を願っていたことがわかる。

次に「第一章　沿革大要」（以下、「沿革大要」）には、高宮校の創立当時のようすが詳述されている。高宮校は「明治五年壬申三月旧本陣ニ仮学校ヲ設置シ単ニ小学校ト称シ」て設立され、創立当初は就学生が少なかったことから「目下学問ノ緊要及子弟ヲ就学セシムル父兄ノ責任ヲ知ラシメンカ為」に「毎月十々ノ夜村内父兄ヲ参集セシメ」たことが記されている。高宮校は、明治政府の「学制」（明治5年8月）に先がけて同年4月に地域の力によっていち早く設立された。県下では長浜についで2番目に設立された学校であったが、設立当時の保護者は、学費がないことや働き手を失うこと等から就学に消極的であった。高宮村内では区戸長が就学勧奨会を定期的に開催して、村民に対して就学を説諭した。

また、「第七章　経費予算及精算」には、「本校経費歳出入ハ創立ノ際、恰モ私立ノ如キ体裁ヲ以テ寄附或ハ篤志人又ハ積金方法ヲ用キテ維持シ」とある。現在では、地方公共団体が公立学校を運営するのが当たり前となっているが、当時の学校費用については地域住民の寄付等に頼ることが多かった。「地域の子どもは地域で育てる」という意思が地域住民間で共有され、地域社会が学校教育を物心両面で支援していた。

3　明治期の高宮校の学校史

(1)　女子の裁縫教育と商業教育

高宮校は、設立当初「単ニ小学校ト称シ」ていたが、1873（明治6）年には、滋賀県で2番目に設立された学校として「第二小学校」を、また翌年には「先鳴学校」を称した。「沿革大要」によると「先鳴」とは「滋賀県管内率先ノ設立校ニシテ其名モ亦管内ニ鳴動スル（大きな音を立てて揺れ動く）」ことを指し、県内の小学校をリードしていく意思がこめられていた。実際「犬上郡第十三学区尋常科至熟小学校　明治十九年沿革第一年誌」には、「明治八年八月一日ヨリ各校ノ教員ヲシテ高宮村小学校ヘ集会セシメ、犬上郡村落教員伝習会ト称シ、一六ノ日ヲ以テ正則教授ノ伝習ヲ為シタル」とあり、高宮校で犬上郡内の教員が教員伝習を受けていたことが記されている。「沿革大要」にも、高宮校の上野耕一郎と竹村賢七の2人の教員が、「明治八年四月（中略）滋賀県大津伝習所ニ入リ教授法ノ伝習ヲ受ケ同年六月卒業ノ上帰校」したことが記されている。2人が高宮校で教員伝習を行い、周辺地域の教員への授業法の伝習を行っている。

また、高宮校では、実業教育を重視する傾向がみられた。たとえば、高宮校では1876（明治9）年頃より裁縫教育が実施されていた。『明治十年九月定期卒業試験立会巡視功程』には、高宮校の裁縫教育について、「裁縫科ノ景況ハ当各学区内未タ施行スルニ至ラズ、特ニ第十三区高宮村先鳴学校ニ於テ之ヲ設クルアルノミ、該校ハ裁縫科ヲ置クベキ

表2 辻勝太郎の主な学歴・職歴

西暦	明治	月	職名	郡	学校等
1876	9		彦根学校にて伝習		
1877	10	1	滋賀県師範学校卒業試験にて4等准訓導資格		
同年		4	准訓導	神崎	福堂学校
1878	11	2	准訓導	蒲生	八幡東学校
1879	12	2	滋賀県大津師範学校高等師範科入学		
1881	14	3	滋賀県師範学校高等師範科卒業		
1881	14	4	准訓導	犬上	日夏学校
1882	15	5	准訓導	犬上	修善学校
1883	16	9	助教兼訓導		滋賀県師範学校附属校
1885	18	5	訓導兼校長	坂田	開文学校
1886	19	9	訓導兼校長	坂田	顕智学校
同年		11	訓導兼校長	坂田	第1、2、6学区小学校
1887	20	1	訓導兼校長	甲賀	水口小学校
同年		7	訓導兼校長	甲賀	甲賀小学校
1888	21	2	訓導		滋賀県師範学校附属校
1889	22	1	訓導兼校長		福井県大野郡有終尋常高等小学校
1891	24	5	訓導兼校長	犬上	高宮尋常高等小学校
1898	31		滋賀県犬上郡視学		
1900	33		京都府与謝郡視学		
1901	34	11	訓導兼校長	犬上	高宮尋常高等小学校
1916	大正5年11月	同校を依願退職			

教則発令ノ以前、既ニ昨明治九年十月ヨリ之ヲ施行セリ、当時学区取締ハ該科ノ普及ヲ欲シ説諭頗ル努ム」と記している。前述したように、生徒の就学がなかなか進まない中、高宮校では、女子を対象に「教則発令ノ以前」に裁縫科を実施したことで保護者への説諭が進み、就学が促進されたことがわかる。実際『第三大学区滋賀県第六年報』によると、1878（明治11）年の滋賀県全体の女子就学率が34%であるのに対して、高宮村の女子就学率は50%となっている。また高宮村の就学率61%も、滋賀県全体の就学率52%を上回っている。

さらに、高宮校では1893（明治26）年に高等科を併置して「高宮尋常高等小学校」となっていくが、「沿革大要」には、高等小学校について「抑当高等科ハ普通一般ノ正教科ナル高等科ニ非スシテ　商家ノ実用ニ必須ナル事ヲ教授スルモノニシテ　高等科商科ト称セルモノナリ」としている。また、「高等科商科」設立の理由として「蓋シ本校尋常卒業生卒業後ノ景況ヲ調査スルニ　甚多数ハ自

54　第1章　明治期

家ノ商業ニ従事スルカ　他ノ商家ノ傭トナルモノ多キヲ以テ　当時村長校長ノ発意ニテ（中略）滋賀県下ニ商業主義ノ小学校ヲ設クルハ之ヲ嚆矢」としている。もともと高宮村は中山道の宿場町として栄え、商業が盛んな土地柄であったことから、辻らの発案により「高等科商科」が設置された。このように高宮校では、地域の教育要求に応じて実業教育も実践されていた。

(2)　高宮校の日清・日露戦争への対応

「沿革大要」には、日清・日露戦争に関わる記述もみられる。たとえば、日清戦争が始まった1894（明治27）年の９月３日には、「郡達」があり「九月五日職員生徒一同犬上郡福満村大字小泉鉄路近辺へ参集シテ　軍隊通過ノ際職員生徒一斉ニ敬礼ヲナシ　陸軍万歳ヲ三唱スレハ汽車内ノ士官ハ正シク答礼シ　各兵士ハ勇ミテ万歳ヲ返唱」したとある。また「沿革大要」には、兵士送迎の際の職員、児童の服装、頭髪、持参物に関わる詳細な「職員児童心得」もあわせて記されている。さらに日清戦争終了後の1896（明治29）年１月には、「凱旋軍人歓迎式ヲ小学校内ニ行ヒ　帰郷軍人十五名ヲ招待シ　席上校長ノ歓迎辞軍人ノ演説アリテ大ニ軍人ノ重ンスヘキコト第二国民トナルヘキ点ニツキ　大ニ児童ノ感情ヲ惹起セリ」とある。

一方、日露戦争が始まった1904（明治37）年の２月の「沿革大要」には、「在郷軍人家族ヲ学校ニ集メ　出師（軍隊をくりだすこと）ノ際ノ心得軍人家族ノ心得ヲ辻学校長ヨリ懇ニ注意セラレ今後出征中ハ軍人家族慰問会ヲ時々学校内ニ開催スベキコトヲ約セリ」とある。出征兵士の家族のために小学校で慰問会が開かれていたことがわかる。

4　辻の学校観と「誠実・忍耐・和神」の思想

次に、辻の学校観、教育観について『要領』と『文稿』から検討してみる。

『要領』は14章で構成され、辻の構想する高宮校が示されている。「第一章　教育大綱」では、「徳育要領」「知育要領」「体育要領」の「三育要領」が示されている。知・徳・体の３つの成長を重視する教育観は明治後期の小学校でもみられ、現代の教育にも通じている。

「第二章　教育ノ統一」で、辻は、学校教育が「教師」「児童」「社会家庭」の三方面から統一されることの重要性を説いている。辻によると、教師は「職員会」

（毎月各1回、毎週木曜日）、「研究会」、「輪読会」等を通じて、児童は「朝会」（毎月始業15分前）、「月並訓示」（毎月1日初限）等を通じて統一を図ることが重視されている。「社会家庭ノ統一」については、「老人会」（65歳以上）、「父兄会」（27歳以上）、「母姉会」（21歳以上）、「青年会」（15歳以上）、「処女会」（15歳以上）、「保護者会」（親権ヲ行フモノ）を地域社会にそれぞれ組織して、「社会家庭ノ統一ヲ学校ニ取リ以テ、学校教育ト家庭教育トノ疎通ヲ計リ」、「社会風俗ノ改善ヲ計ラバ、学校教育ニ資スルコト少ナカラザル」としている。学校が地域社会の中核となって社会の発展に貢献すべきとする、辻の学校観がよくあらわれている。

　一方、『文稿』には、辻が作成した、祝辞、書簡、寄稿、教育論等の草稿48点がふくまれている。なかでも、同窓会報に寄稿した「誠実忍耐和神の話」中の①「誠実以体之（せいじつをもってこれをたいす）」、②「忍耐以行之（にんたいをもってこれをおこなう）」、③「和神以養素（わしんをもってそをやしなう）」の言葉には、辻の教育思想があらわれている。辻によると、人は「どんな仕事に従事しても、誠実がどだいとならぬと何になっても世間の信用がない」ことや、「忍耐というてしんぼうをせねば何もやくにたたぬ」ことを①、②で表現している。

　一方、「誠実忍耐の二つを四角四面になって行って働くことはよいけれども、兎角命あっての物種であるから、余りその極までつまると精神がみだれてくるから、病気となる人が出来る」こともあわせて指摘している。また、③の「和神」とは「常に精神を和やかにする、即ち余裕をつくる」ことや「余裕をつくって社会の楽しきを知って苦しさを忘るる」ことであり、③を実現しながら社会貢献することを強調している。

　このように①～③の3つの言葉には、辻の教育観、人間観を知ることができる。なお、辻の「誠実・忍耐・和神」の教育観は、今も高宮小学校校歌の歌詞として受け継がれている。

◆参考文献

『高宮小学校百年史』1972年

久保田重幸「近代に日本における小学校の設立と地域社会——滋賀県犬上郡高宮村先鳴学校を
　事例として」『近江地方史研究』第38号　2006年

［久保田重幸］

第9節

浜野鉄蔵　県内外で活躍した「訓導兼校長」

［はまの　てつぞう］元治元（1864）年3月15日、彦根藩士山本大造の三男として誕生。1879（明治12）年に川口、1892（明治25）年に浜野と改姓。1888（明治21）年犬上郡尋常科尼子小学校の訓導兼校長就任以降、蒲生、野洲、滋賀、神崎各郡の小学校の訓導兼校長を歴任。1902（明治35）年三重県郡視学・校長に出向を経て1908（明治41）年に帰県後、蒲生、栗太郡の小学校の訓導兼校長。1911（明治44）年兵庫県に出向。その後帰県するが没年不詳。

　浜野鉄蔵は明治期に滋賀県下のいくつもの小学校の「訓導兼校長」を務めた彦根出身の小学校教員である。時には学務委員までも兼務しながら、県下の教育に尽力した人物であるが、浜野はこれまでほとんど注目されてこなかった。浜野の事跡を追うことによって、明治期の「訓導兼校長」の実態を明らかにする。

1　「訓導兼校長」になるまでの履歴

　浜野鉄蔵は元治元（1864）年3月15日に彦根藩士山本大造（反求斎、希曽、春沂）の三男として生まれた。父大造は彦根藩校弘道館の最後の文学教授であり、明治3（1870）年11月27日に私塾（反求斎塾）を開業し、明治に入ると長浜県、犬上県で小学校掛を務め、蒲生郡八幡東学校（現近江八幡市八幡小学校）の教員となった。長兄仙蔵は、大津欧学校で学んだ後、父と同じ八幡東学校の教員となり句読（読み方）を教えた。また、在職中に滋賀県小学教員伝習所に学び、三等准訓導となった。次兄銀蔵も彦根伝習学校で学び、八幡東学校、金田校、日野校などの教員になっている（『滋賀県教育史資料目録』1）。このように、山本家は明治初期にあっては鉄蔵をふくむ親子4人が小学校教員となるなど、滋賀県教育の近代化に大きく貢献した。

　鉄蔵は幼少期には大造から漢学や詩文を学び、その後、森幹一、中谷斉一から漢学、青木弥太郎から珠算、11歳になると並河尚鑑（官立東京師範学校卒）から「小学教課書」、13歳で甲斐治平（官立大阪師範学校卒）から「算数学全体」を学んだ。

1878（明治11）年９月～翌年10月まで蒲生郡八幡東学校の助教（月俸４円50銭）となり、同郡大林村志道学校助教、同郡多賀村喜多学校助教、1881（明治14）年12月に滋賀県師範学校から学力証明書（17歳10ヵ月）、1883（明治16）年５月には六等訓導の辞令書を受けた（月俸10円）。この間、実兄山本仙蔵方に寄留し、仙蔵から簿記・英語・支那語学の初歩を学んだ。

　1884（明治17）年７月、喜多学校在勤中の20歳の時に滋賀県外来試験を経て初等師範学科卒業証書を受けた鉄蔵は、同年11月、滋賀県師範学校中等師範学科第三級臨時補欠員の募集に応じて入学し、1886（明治19）年３月に滋賀県師範学校を卒業した。

　同年５月には六等訓導（月俸10円）として蒲生郡知実学校（現近江八幡市金田小学校）、11月には五等訓導（月俸９円）として犬上郡尋常科彦根小学校（現彦根市城東小学校）の教員となり、同月、同小学校長斎藤熊太郎から「第三、第四、仮教場及簡易科東小学校」の管理と教授監督の依頼を受けている。1887（明治20）年には月俸10円となり、翌88（明治21）年２月に犬上郡から滋賀県尋常師範学校附属校へ「授業法取調」の出張を命じられた。出張から帰った鉄蔵は、７月から犬上郡尋常科尼子小学校（現甲良町甲良西小学校）の「訓導兼校長」となった。

2　明治期の「訓導」と「校長」の仕事

　「教員」が日本の法令上にはじめて登場したのは1872（明治５）年「学制」であるが、「訓導」や「校長」はまだ存在しなかった。「訓導」は、1873（明治６）年に有資格の小学校教員の職名となり、「校長」が法令上に登場したのは1881（明治14）年であった。「校長」は当初、小学校の管理のみを担当する職員であり、教員免許などの資格は必要なかった（「明治15年７月13日「山口県伺」への文部省指令」『文部省日誌』第50号）。その職務内容は、教員の授業受持指示・教員の勤務状況監督・生徒の入退学認定・生徒への賞罰課制・校舎校具教具の管理など、校内の一切の事務の管理である（「学校長の位置と職務」）。

　このようにまったく異なる職務を担当する教員（「訓導」）と「校長」の兼務制は、1890（明治23）年の第二次「小学校令」ではじめて法制化された。しかし、鉄蔵は1888（明治21）年時点で「校長」を名乗っている。つまり、法令制定以前に、地方の小学校では兼任の実態があったのである。史料上で確認できる鉄蔵の主な職歴は表１のとおりである。

表1　浜野鉄蔵の主な職歴

始期			職名	郡	学校等
西暦	明治	月・日			
1878	11	8	助教	蒲生	八幡東学校、志道学校、喜多学校 （いずれも現近江八幡市八幡小学校）
		9	助教	蒲生	八幡東学校（同上）
1879	12	11	助教	蒲生	志道学校（同上）
1880	13	11	助教	蒲生	喜多学校（同上）
1883	16	5・28	六等訓導	蒲生	同上
1886	19	5・4	六等訓導	蒲生	知実学校（現近江八幡市金田小学校）
1886	19	11・1	五等訓導	犬上	尋常科彦根小学校（現彦根市城東小学校）
1887	20	4・1	訓導	犬上	尋常科彦根小学校（同上）
1888	21	7・11	訓導兼校長	犬上	尋常科尼子小学校（現甲良町甲良西小学校）
1892	25	7・23	訓導	蒲生	宇津呂尋常小学校（現近江八幡市八幡小学校）
		11・19	兼任校長	蒲生	同上
（1895〜96）			兼任学務委員	蒲生	
1896	29	6・12	訓導兼校長	蒲生	西大路尋常小学校（現日野町西大路小学校）
		6・19	兼任学務委員	蒲生	
1897	30	4・17	訓導	（県立）	滋賀県尋常師範学校附属校
		8・9	訓導兼校長	野洲	中里尋常高等小学校（現野洲市中主小学校）
1898	31	11・30	訓導兼校長	滋賀	堅田尋常高等小学校（現大津市堅田小学校）
1901	34	9・4	訓導兼校長	神崎	能登川尋常高等小学校（現東近江市能登川西小学校）
1902	35	3・3	郡視学	（県外）	三重県河芸郡
1905	38	10・10	郡視学	（県外）	三重県飯南郡
1906	39	12・28	郡視学	（県外）	三重県南牟婁郡
1907	40	1・19	校長事務取扱	（県外）	南牟婁郡立女子技芸学校
1908	41	4？	訓導兼校長	蒲生	鏡山尋常高等小学校（現竜王町竜王小学校）
1910	43	9・20	訓導兼校長	栗太	笠縫尋常高等小学校（現草津市笠縫小学校）
1911	44	6・16		（県外）	兵庫県へ出向（14日付辞令）

＊複数の履歴書（巻末の「参考文献・資料」参照）を参照して筆者作成

　「訓導兼校長」となった鉄蔵は、甲良校で授業を担当するかたわら、犬上郡や滋賀県私立教育会の仕事も任されるようになった。1888（明治21）年に第三区教員研究会幹事、翌年には、第十学区会務委員ならびに参事員、犬上郡甲良区学事奨励委員、11月に同郡第三区教員研究会副会長を委嘱されると、11月25日から12月１日まで、犬上郡長命によって滋賀県下の他の３郡（甲賀・栗太・野洲）の学校視察を行った。なお、鉄蔵は1879（明治12）年10月13日、15歳の時に、再興

された川口家（母親の実家）を継いでいたため、当時の氏名は「川口鉄蔵」である。

その復命書によれば、出張者は鉄蔵の他２人（犬上郡尋常科上甲良校校長三輪晃、同郡多賀校訓導岩崎栄次郎）で、視察の対象となったのは、野洲郡４校、栗太郡４校、甲賀郡８校の計16校の小学校であった（「明治22年滋賀県下小学校視察「復命書」」）。報告項目は（１）「学区内ノ状況」、（２）「学区域ノ広袤」、（３）「人口戸数及学令人員」、（４）「学校ト家庭トノ関係」、（５）「実地授業ノ批評」の５項目であったことから、この視察の主な目的は学校の経営・管理にあったことがうかがえる。なお、この復命書にも複数の「校長」名が見られるが、たとえば野洲郡の尋常科永原小学校（現野洲市祇王小学校）は、1886（明治19）年11月からの約３年間で「校長」の変更が５名におよんだとの報告もあった。

鉄蔵はその後も他郡の小学校の授業参観や、「授業法取調」のため、滋賀県尋常師範学校附属小学校ばかりか京都市や大阪市への出張もたびたび命じられている。とくに20歳代には、自身でも郡主催の教員講習会で「教育学」や「学校管理法」、三宅直温から「ペイン氏心理学」、西田敬止から「国語科」を学ぶなど、教員としての力量形成の努力もしていた。

その他にも、犬上郡小学校生徒学芸奨励会審査委員、1892（明治25）年７月に蒲生郡宇津呂尋常小学校に異動後は、蒲生郡小学生徒学芸品展覧会幹事、蒲生郡教育会第一組会務委員、宇津呂村学務委員、滋賀県私立教育会評議員、蒲生郡小学校聯合運動会第三部幹事兼審判掛、複数回の修学旅行引率など、30歳代も学校内外で滋賀県教育に貢献した。鉄蔵の自筆履歴書には、1902（明治35）年２月までに、慰労もしくは賞与の辞令を16回、褒状を４回、酬労金を１回、感謝状および記念品を２回授与されたと記述されている。

3　「訓導兼校長」の仕事

鉄蔵は1902（明治35）年２月に三重県に出向を命じられ、1908（明治41）年３月に帰県するまでの６年間に、河芸・飯南・南牟婁の郡視学や南牟婁郡立女子技芸学校長事務取扱を歴任した。三重県郡視学在職中には、河芸郡教育会の「事務格別勉励」や「特別御尽力」等によって、慰労金や褒状、銀杯等を授与されている（計14回）。

帰県した鉄蔵は蒲生郡鏡山校（現竜王町竜王小学校）の訓導兼校長になった。鏡山村（現竜王町）には当時、この学校の他に鏡山東校、鏡山西校があったが、翌

図1　鏡山校集合写真（1910年3月）

　1909（明治42）年4月から、一村一小学校の方針によって、鏡山尋常高等小学校を本校とし、東西2校の尋常小学校を廃して、それぞれ岡屋分教場、鏡分教場とした（『竜王町史』下巻）。両分教場は従来の名称を引き継いで「東校」・「西校」とも呼ばれたが、各分教場を預かる訓導（東校：多賀谷熊太、西校：広瀬捨三）は、本校の校長である浜野鉄蔵宛に複数の親展の書簡（手紙やはがき）を送っていた。

　鏡山校長在職中の鉄蔵に宛てた書簡は、現時点で144通確認できる。その内、最も多いのは東校の多賀谷熊太からの書簡である。明治5（1872）年に彦根に生まれた多賀谷は、同郷の先輩（8歳年長）でもある鉄蔵にかなり率直に自身の意見を述べ、助言を求めていた。多賀谷のような分教場の主任教員だけでなく、本校の教員や郡視学等からも送られたこれらの親展書簡から、当時の「訓導兼校長」の仕事を垣間見ることができる。

　書簡の内容は、校長会への出張費用に関する相談、学芸練習会その他の行事にあたっての備品拝借願い、口語法や音韻などの調査書類について、学務委員会・講習会・講演会の内容や費用に関すること、学校の備品や重要書類の紛失・調査について、新設される手工科などの教科について、同僚教員の生徒の取り扱いに対する不満、鏡山校の教員の怠惰問題など多岐にわたる。とくに多いのは、新

規採用候補の教員や所属教員の評価・人事に関する内容である。

この頃、全国的な傾向として就学率が90％を超える一方で教員数の不足が問題になっていた。鏡山校も、「男性教員ばかりか、女性教員もほとんど絶無」といわれるほどの深刻な教員不足であった。そのため、高等小学校卒業程度の女性の採用や、1ヵ月に12日しか出勤していない教員の進退、遅刻・物品整理の指示に従わないなど勤務態度がかなり悪い年長教員の処遇、両親が危篤のため退職を願い出た「智徳兼備の好人物」である10代の代用教員（無資格教員）に関することなどについて、何度もやり取りしていた。校長の職務は学校内の一切の管理事務であったが、なかでもとくに重視されたのは「教員ノ統轄」であったことが裏付けられる。教員不足で、退職教員の後任を得ることも難しい情勢においては、教員資格の有無よりも、長期間勤め続けてくれることの方が重要であったこともわかる。

図2　「会報」第13号（1938年）

1910（明治43）年9月、鉄蔵は栗太郡笠縫校の訓導兼校長に転任した（「教育課第一種書類」）。鏡山校の同職には、後任として栗太郡大宝校の訓導兼校長中野卯一郎が就任した。転任の申請書に付された「理由書」には、「二人とも現在の就職地の事情に適さないため、互いに転任させることが、教育上または本人の将来のためにも利益があることだと認めた」と書かれているが、詳細は不明である。

このわずか9ヵ月後の翌1911（明治44）年6月、鉄蔵は兵庫県への出向を命じられた。以後の消息は不明である。現時点で確認できるのは、1938（昭和13）年の鏡山同窓会『会報』第13号（図2）の「名誉会員」名簿に見られる「本郡八幡町　濱野鐵蔵先生」の記載までである。この時、鉄蔵74歳であった。

◆参考文献
宮坂朋幸「明治22年滋賀県下小学校視察「復命書」」『教育史フォーラム』第11号　2016年

［宮坂朋幸］

コラム 1

平山麟家 和算の私立学校創設と海津天満宮の「算額」

明治初期の和算家平山麟家

　高島市マキノ町海津に海津天神社という由緒ある神社がある。祭神は菅原道真で、別名海津天満宮ともいう。海津天神社に奉納されている2面の「算額」がある。算額には、平山麟家に教えを受けた門人たちの氏名・住所が書かれている。平山は、幕末から明治初年にかけて、旧高島郡の村々の青年たちに算術専門の私塾を開き、私立学校「平山学校」（のち「数学舎」）で和算を教えた教師であった。

　平山麟家は、本名平山治右衛門といい、天保4（1833）年4月3日に上開田村の沢田喜八家に生まれて、新保村の平山家の養子になった。年月は不詳であるが、成長してのちに学問を志して上京。京都の和算家河合麟慶の門人となり、算法を学び帰郷した。麟家は、故郷の新保村で和算の私塾を開いて、自村の青年たちや近隣の海津村、西浜村、知内村の若者たちに、算法の実用性と学ぶ楽しさを教えた。没年月日は1904（明治37）年11月16日であった（『マキノ町誌』）。

平山学校・数学舎の生徒たち

　平山麟家の私塾は、1877（明治10）年に滋賀県から私立学校として認可された。県下で学科に「算術科」を置く唯一の学校として少なくとも1884（明治17）年までは存続したことが、明治初期の『滋賀県学事年報』「滋賀県管内私学校表」から明らかである。同時期の私立学校の学科は、「支那学」や「習字」が多く、他は「修身」や「経史」であった。

　『滋賀県学事第六年報』（1878年）によれば、「平山学校」の所在地は高島郡新保村、前年の1877（明治10）年に創立され、教員は男子1人、生徒は男子97人、女子8人の合計105人である。翌年の『滋賀県学事第七年報』（1879年）では、生徒数は男子91人となっている。それにしても、算術だけの私学で90〜105人というような多数の生徒を、平山麟家1人だけでどのように指導したのだろうか。

63

『滋賀県学事第八年報』（1880年）には、校名を「数学舎」と改称しており、数学舎になって全学期の年数を4年間と定め、年間授業日も200日と決定した。1880（明治13）年から84（明治17）年までの生徒数と授業料の変遷を表1に示す。

表1　平山麟家の「数学舎」生徒数

1880（明治13）年	生徒数：男73人、授業料：18円
1881（明治14）年	生徒数：男20人、授業料：20円
1882（明治15）年	生徒数：男45人、授業料：25円
1883（明治16）年	生徒数：男25人、授業料：13円87銭5厘
1884（明治17）年	校名のみ、生徒数と授業料ともに記載なし

　「数学舎」の生徒数が減少した背景には、明治初期の小学校では算術科に「洋算」が採用されて、小学校教育では江戸時代以来の伝統的な「和算」が使われなくなったことがあげられる。

海津天神社の「算額」と平山麟家への献辞

　海津天神社には平山麟家の門弟たちが、難問に挑戦して解答を出せたことを感謝して奉納した算額が現在も掲げられている。同神社の算額は2面あり、1面は1875（明治8）年1月奉納の22人の氏名、もう1面は81（明治14）年3月奉納の5人の名前が記されている。算額には、同神社のように難問奇問への解答を掲げるだけでなく、奉納者が問題を作成して掲げたり、学んだ算題のなかから選んで額にすることもあったといわれる。

　桑原秀夫は、海津天神社の算額を「拝殿に走り寄って仰ぎ見る算額は、図形の色もまだ鮮やかで、22問題、長さ3間（5ｍ77㎝）というものは、まことに豪華けんらんであり、壮観の一言につきる。（中略）この海津天神社のものは、横5.77ｍ、縦90.8㎝、枠13.5㎝ある」と記している（『マキノ町誌』）。

　1875年の算額は、冒頭部分に「それ数学は諸学の大本にして、凡そ諸術この学問に関わらざるはなし」と書き、数学の学問性について「その用、最も広大という、ひそかに思うに西洋諸術は近世以来、学者が競ってその蘊奥（学問、技芸の奥深いところ）を求めてきた」とつづけている。さらに「現下では諸学の基礎である数学を学ぶ必要が大いにあるが、残念ながら書物も乏しく学ぶ者も少ない」とつづけて、最後を「願わくは大勢の者が大本となる数学を競って学ぶように、自然の勢いをつけて行かねばならない。自分たちは

64　第1章　明治期

図1　高島市マキノ町海津天神社の算額（明治8年1月奉納）

拙い者ではあるが、平山先生について数学を学んできた。その一術をあげてここに奉納したい」と結んでいる。

明治維新後の文明開化の時期にあたり、滋賀県の湖西の村で青年たちが意気軒昂に数学の切り開く世界から、新しい知識や科学・技術を学ぼうとする姿勢をうかがうことができる。伝統的な「和算」の世界を踏み台にして、1人の地道な和算師匠から若者たちは西洋文明の世界を学びとろうとしたのである。

上の写真の算額は、1875（明治8）年1月に奉納された算法である。最初に問題を掲げて、その解答を書き、最後に「術」を述べている。全部で23問あり、掲額した門人の氏名も書いている。

「今有如図直ノ内隔ニ斜容大円壱個ニ及小円二個ヲ只云長五寸平四寸大円径二寸二分問得小円径術

　答曰　二寸

　　　　　　　　　　　高島郡新保村　　　平山治良助

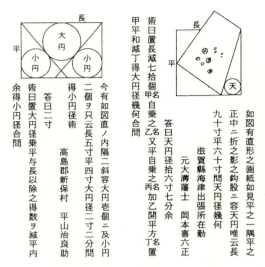

図2 平山治良助と岡本喜六正の算法

術曰、置大円径乗平与長以除之得数ヲ減平内余得小円径合問」

　掲額した門人の氏名22人の名前が記されている。近江国内の者が21人、美濃国海津出張所と書く者1人。近江国門人では、地元の新保村10人は当然のことながら、海津町6人、知内村2人、滋賀県海津出張所(旧大溝藩士2、旧郡山藩士1)3人の姓名が書かれている。氏名順序は定まっておらず、算額の前段中にある平山治良助は新保村門人である。海津は、近世初期に幕府直轄領であったが、明治元(1868)年から海津東が金沢藩領、海津中小路と海津中村は郡山藩領となっており、3村が合併して海津町となった。美濃国出張所の由来は不明である。

　1875(明治8)年の算額の末尾に、平山麟家の言葉が記されている。

「予、幼年よりこの道に志し、河合家の門に入り、年久しく学ぶといえども、浅陋(浅い所)にしていまだその蘊奥(奥深い所)をつまびらかにせず、しかるに諸生あげて予に教授を請う、固辞すれども肯んぜず(以下略)」。

◆参考文献
桑原秀夫・山口正・吉田柳二『滋賀の算額』近畿数学史学会　1977年
『マキノ町誌』　1987年

[木全清博]

コラム 2

松田勝子　滋賀県の女子教員養成の礎を築く

園城寺の『松田孺人之碑』

　大津市の園城寺(三井寺)観音堂の近くの御幸山に建立されている『松田孺人之碑』は、明治初期の女子教育の礎を築いた松田勝子の顕彰碑であり、教え子たちが寄付を募り、建立したものである。

図1　松田孺人之碑

幕末明治維新期の松田勝子の歩み

　松田勝子は文政9(1826)年7月に、江戸伝馬町(現東京都中央区日本橋大伝馬町)の酒屋森田利八の長女として生まれた。12歳の時に鳥取藩第9代藩主池田斉訓の奥詰に奉仕、のちに徳川家斉の娘で斉訓夫人泰姫の祐筆(公文書や記録の作成などを行う)となる。天保12(1841)年に池田斉訓が死去、2年後に泰姫も亡くなった。その後、勝子は岡山藩の書史(秘書官的な書記)となるが、23歳の時、代官多羅尾純門の家臣松田宗英(通称：篤三郎)と結婚、多羅尾家の江戸屋敷に居住した。

　勝子は旗本の家臣の子女を対象に私塾を開き、その束脩(入門時の謝礼)で宗英を助けた。私塾で習字・礼節を教授、女子に門戸を広くして「栄林堂かつ子」と呼ばれた。文久2(1862)年には、江戸麹町の平河天満宮(東京都千代田区平河町)に菅原道真の詠歌「有明の月」10万首3巻を書し、献納している。

　明治維新により多羅尾家の江戸屋敷が上地(政府が土地を接収)となった。勝子は息子宗寿とともに、宗英の故郷の上総国武射郡小堤村(現千葉県山武郡横芝光町小堤)に移った。一方、夫の宗英は近江の多羅尾村(現甲賀市信楽町多羅尾)の陣屋に単身赴任した。江戸を去る際、宗英が挿芽から育て成長した柳の木を見て、勝子は教え子たちと惜別の涙を流し、「朝夕に　なれし柳

を この春は みとりもまたで あかぬ別れ路」と詠んだ。宗英も、「つつがなく 伸びよ門辺の さし柳」とこれに和した。私塾「栄林堂」で勝子は、毎年3月に席書(習字の成果発表会)を行っていたが、この年は席書ができず柳のように教え子たちが育つことを祈って詠んだと、後年語っている。

　慶応3(1867)年6月に代官多羅尾純門が病となり、養嗣子織之助(のちの光弼)に24代目の家督が譲られた。多羅尾家には代官家とは別に神山多羅尾家があり、当主は多羅尾光応であった。明治元(1868)年、宗英は江戸を離れた光応を神山村(現甲賀市信楽町)に迎え、光応の補佐役となった。宗英は神山村に在住し、上総から勝子と宗寿を迎えた。勝子は宗英とともに村民に習字と礼節を教えるようになった。40代半ばとなった勝子は、多羅尾雛子(純門の母)や藤子(純門夫人)、佐々木弘綱(純門の師)らと和歌の交流を行った。明治4(1871)年に夫の宗英が急逝するが、光応の勧めもあり勝子は村民への教育を続けた。

私塾教師から信啓学校教員への道

　明治5(1872)年8月、「学制」が頒布された。信楽地域では長野村が1873(明治6)年11月5日に小学校設立を出願して、12月15日に認可され開校した。1874(明治7)年9月5日に新校舎の落成を契機に、校名を「長学校」とする「校名御届書」を提出、滋賀県からは10月10日、「書面校名之義者長野ト可相定事」と返事があり、長野学校(現甲賀市信楽小学校)と呼ぶようになった。1875(明治8)年8月6日、滋賀県から県吏員の中村庄太郎に臨場してもらい、開業式を開催した。「生徒を列立せしめ、中席に中村、左席は教員、右席は村役人等列席す。祝辞終わりて生徒には結び昆布、巻鯣を賜る。尋ねて太政官の学制および万国地図と日本地図を下付せらる。村長を始め一座感悦す」というようであった(『長野尋常小学校沿革誌』)。

　1875(明治8)年、神山村堀畑に信啓学校(現甲賀市信楽小学校)が設立された。松田勝子は同校の教員になった。1877(明治10)年当時、滋賀県内681校に1387人の教員がいたが、女性は20校に23人だけで

図2　信啓学校跡

あった。甲賀郡でも敬業学校(現甲賀市大野小学校)2人、柞郷学校(現甲賀市小原小学校)、開導学校(現甲賀市小原小学校)、信啓学校、三雲学校(現湖南市三雲東小学校)、大成学校(現湖南市下田小学校)は各1人、計7人であった。学校に通ってくる女子生徒は男子に比べるととても少なく、女性教員もわずかであった。

　滋賀県は県下の小学校の普及状況の調査のために、師範学校教員や官立師範学校出身教員を各地に派遣し、卒業試験の巡視を行わせた。甲賀地域には大津師範学校三等訓導中川昌訓が派遣され、1877(明治10)年9月から1ヵ月間、8ヵ所の試験場で定期卒業試験を巡視した。9月10日の深川村の明要学校(現甲賀市甲南第一小学校)を皮切りに、356人の生徒が受験した。勝子が教えた信啓学校の生徒は長野学校で受験して、8級生4人全員が合格、「日本略史」他の賞品を手にした。中川は教員が日々努力していることを認めながらも、授業方法に拙劣なる者や誤ったことを教えている教員がいることを指摘し、臨時の授業法伝習所を開くことを提案した。甲賀地域36校の試験結果について、生徒の学業進歩が優であるのは14校、劣であるのは22校と、厳しい評価をしている。受験生徒も第8・7級生(現在の1年生前・後期)が圧倒的に多く、第4級生(現在の3年生前期)44人と第3級生(現在の3年生後期)12人できわめて少なかった。

滋賀県の女子教員養成の指導者となる

　1875(明治8)年6月1日に大津上堅田町(現大津市島の関)に滋賀県小学教員伝習所が開設された。10月に滋賀県師範学校と改称され、77年3月には滋賀県大津師範学校と変わっていった。しかし、女子生徒の就学率は低いままであり、女子就学率の向上のためには実用生活に役立つ裁縫や礼法の教育を行う女子教員の養成が必要になってきた。

　1880(明治13)年3月13日、滋賀県は女子師範学科の設置を決定、4月1日に大津師範学校に附属女学科を発足させた。勝子は女生徒取締兼四等助教として任用され大津に赴任したが(月俸金6円)、わずか2ヵ月後の5月31日に附属女学科は廃止されてしまった。しかし、女子教員の養成を求める声も多く、滋賀県は同年9月23日に「女子師範学科」を滋賀県師範学校に設置した(4月23日に大津師範学校から改称)。寄宿舎を兼ねた教場は、大工町(現大津市中央2丁目)の民家を借りた狭隘なものであった。1881(明治14)年、勝子は助教兼授業補になり、初めての卒業生11人が巣立っていった。ところが、1882(明治15)年6月30日になり、突然女子師範学科が廃止され、勝子は女子生徒21人

とともに滋賀県師範学校を去らねばならなかった。

　しかし、女子教育の必要性を叫ぶ声は多く、翌月の7月に大津葭原町（現大津市京町3丁目）の民家を借りて、「滋賀県女子師範学校」が開設されていく。女子就学率向上のために、小学校の授業科目に裁縫科を設置する動きがあり、同校では裁縫科教員を養成するための附属裁縫科と、師範学科が設けられた。師範学科の学科においても、女子修身、裁縫、礼法、家政、唱歌が重視された。開校3年目の1884（明治17）年の生徒数は、師範学科10人、裁縫科67人、不明1人の計78人であり、前年より16人増加した（『滋賀県女子師範学校第3年報』）。勝子は、女子師範学校に「生徒取締」として委嘱され雇用された（月俸金5円）。

　3年後の1885（明治18）年11月、滋賀県女子師範学校は滋賀県師範学校と合併されて、師範学校女子部となった。勝子は「助教諭試補兼生徒掛」に任命された。86年9月に滋賀県尋常師範学校女子部と再度校名が変更となる。87年1月に勝子は「雇兼舎監心得」として、寄宿生活の生徒たちと寝起きをともにし、相談相手になった。

　1888（明治21）年3月、滋賀県尋常師範学校女子部がまた廃止された。しかし、滋賀県私立教育会は女子部廃止に関して臨時総集会を開催し、その決議を受けて1889（明治22）年4月に滋賀県私立高等女学校（のちの大津高等女学校）を開校した。滋賀県私立教育会の支援により、女子教育の基礎が確立した。勝子は舎監として8年間にわたり女子教員養成に尽力するが、1897（明治30）年4月1日、勝子は脳溢血で倒れ帰らぬ人となった。

※松田勝子の名前については、かつ子、勝子、加都子、克子、加寿子、嘉津とさまざまな表記がある。位牌や善通寺（大津市京町）の葬儀の記録、息子で甲賀郡長の松田宗寿が著した『鹿深遺芳録』をもとに、勝子とした。

◆参考文献
松田宗寿『鹿深遺芳録』甲賀郡教育会　1907年
『滋賀県師範学校六十年史』1935年
『信楽小学校百年誌』1973年

［坂尾昭彦］

第2章

大正期・昭和初期の教師たち
子どもの個性を伸ばす大正新教育

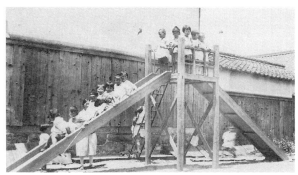

概説　大正・昭和初期の滋賀の教育史

1　滋賀県教育会の活動と『滋賀県教育会雑誌』・『近江教育』

滋賀県教育会の位置——明治後期・大正期の教科研究の場づくり

　　滋賀県教育会の前身の滋賀県私立教育会は、1887（明治20）年2月27日に滋賀県尋常師範学校で創立総会を開催した（総裁に中井弘知事）。学務課長兼師範学校長浜野虎吉が、県の教育向上を目的として学務課員、師範学校教職員、学校教員に呼びかけて設立したもので、会員586人、出席300余人であった。同会は戦前の滋賀県教育界に大きな位置を占める組織となっていく。各郡には支部組織が作られて、教員はほぼ全員加入して教育関係者や地域の有力者も入会した。4月に機関誌『滋賀県私立教育会雑誌』第1号が創刊された。92（明治25）年に一旦廃刊となり、その後何度か誌名を変えて発行され続けた。99（明治32）年に滋賀県私立教育会は滋賀県教育会と改称、誌名は『滋賀県教育会雑誌』となり、06（明治39）年5月より月刊となった。

　　『滋賀県教育会雑誌』発刊の趣旨は、県下の「教育の実況を報道する」とされ、教員による研究調査、教育実践の交流、研修会の企画を積極的にとりあげて掲載した。小学校の制度的基盤が固まりつつあった明治後期から大正期にかけて、同誌には教員たちが教科研究の成果を発表することが多くなる。執筆する教員には師範学校附属校教員が多いのは当然であったが、県下各地域の小学校教員が自分の教材研究や指導法の実践を報告をするようになっていった。

　　1919（大正8）年1月より『近江教育』に誌名を変更、40（昭和15）年12月まで月刊誌として刊行された。翌41（昭和16）年1月より『滋賀教育』に誌名を変えたが、43（昭和18）年10月の第572号で休刊した。戦前の滋賀県教育史を研究するときに、滋賀県教育会の機関誌はきわめて重要な資料となる。明治後期から大正期・昭和初期へ、さらに日中十五年戦争・第二次世界大戦の各時期における教員たちの教育思想や教育実践が、機関誌の紙面から浮かびあがってくるからである（『滋賀県教育会五十年史』1936年11月）。

　　国語教育の河村豊吉、地理教育の柚木勝久、手工教育の平木吉治郎は、いずれも、滋賀県内の地域の小学校や師範学校附属校で教科研究に取りくみ、のちに多くの後輩を育てた教員であった。明治中・後期に師範学校を卒業して、大正期に

72　　第2章　大正期・昭和初期の教師たち

小学校で研鑽を重ねた教員は、『近江教育』誌に教育実践を報告し、他の教員たちに研究成果を伝えていったのである。

検定制から国定制教科書への転換——教育内容の国家統制

　1903（明治36）年4月に「小学校令」が改正され、小学校教科書の国定制度が確立され、翌04（明治37）年4月から国定教科書が使用された。この年2月に日露戦争が勃発しており、国民意識の一体性を図る意図があった。検定制から国定制への転換は、国家による教育内容の統制政策であった。02（明治35）年12月の教科書疑獄事件が発生して、明治政府はこれを利用して短期間のうちに国定教科書制度を確立した。1904年に修身・国語読本「書キ方手本」・日本歴史・地理、05年に算術・図画、11年に理科が国定教科書となった。以後、戦前日本では文部省の編集・発行した教科書しか使われなかった。

　検定制の時代には、複数の教科書会社が各教科の多彩な教科書を発行していた。滋賀県では明治20～30年代には郷土史や郷土地理の教科書が使用され、歴史で『近江史談』、『小学校用近江史談』、地理で『小学近江地誌』、『近江地誌』、『新撰近江地誌』が使用された。国定制になると、郷土史は排除され、歴史は神話から始まり天皇や忠誠を尽くす人物中心の日本歴史に、地理は関東地方（首都東京）から八地方におよぼす日本地誌となった。1911（明治44）年2月に前年改訂されたばかりの第2期国定日本歴史教科書は、南北朝両立から南朝のみに変えられた（「南北朝正閏問題」）。大正期の第3期国定から日本歴史は「国史」とされた。

2　滋賀の勤労青少年の教育と中等教育の普及

小学校高等科と実業補習学校の教育の広がり

　1907（明治40）年3月「小学校令」改正があり、義務教育年限が4年から6年に延長され、尋常科6年制は翌年08年4月より実施された。全国の就学率は、02（明治35）年に90％を超え、05（明治37）年に96％となり、滋賀県も同年に96％（男子98.2％、女子92.7％）となっていた（『明治41年滋賀県統計要覧』）。女子就学率の急上昇が、就学率を引きあげたのであった。

　滋賀県では、尋常科卒業者が順調に増大して、明治30～40年代には各校で高等科（2年間）が設置されていった。高等科を併置して、校名を「尋常高等小学校」と改称していく学校が増えている。1907（明治40）年の小学校の設置別学科を見

大正・昭和初期の滋賀の教育史　　73

ると、尋常高等は本校148・分教場48、尋常は本校172・分教場36、高等は本校12・分教場6であった。大正期に入ると、1919（大正8）年は尋常高等174校、尋常59校、高等2校であり、22（大正11）年は尋常高等182校、尋常46校、高等1校となった（『大正11年滋賀県勢要覧』）。しかしながら、尋常科から高等科へ進む児童数は、3分の1程度にとどまっていた。

　小学校の尋常科6年間で卒業後に職業生活に入った青年のために、小学校校舎を借用して日曜や夜間、農繁期以外の季節に開設されたのが、実業補習学校であった。明治後期から大正期にかけて勤労青少年の教育機関として、実業補習学校が普及した。教科は、修身・読書・習字・算術と実業科目（農業・商業・水産・工業）で、あくまで実業に関する知識・技能の習得をめざす職業教育に位置づけられた。全国の多くは農業補習学校であった。滋賀県では、1920（大正9）年には農業139校、商業5校、工業1校、水産1校、その他10校の計156校が設置されている。実業補習学校は、小学校に附設なので小学校教員が兼務して教えた。滋賀県教育会は、実業補習学校向けの国語読本と農業科の教科書を発行している。

滋賀県の中学校・女学校・実業学校の普及

　明治期でみたように、滋賀県の中等教育機関は県立中学校（彦根中学・膳所中学）、県立高等女学校（彦根高女・大津高女）および実業教育の諸学校があった。中学校と高等女学校ともいずれも大津と彦根の地域だけであった。甲種実業学校では、県立八幡商業学校、同長浜農学校、同水口農林学校の3校であり、乙種実業学校は郡立伊香農学校、同神崎商業学校、同愛知実業学校、市立大津商業学校など8校があった。しかも、1919（大正8）年3月で、中学校生徒数は彦根・膳所の2校で1091人、高等女学校も彦根高女・大津高女2校で約782人、八幡商業学校の生徒数は437人、長浜農学校が226人と超難関の学校であった（『滋賀県都市教育概況』1920年）。学力もさることながら経済力がないと進学は困難であった。

　大正期にはいると、中等学校への進学希望が増え、第一次世界大戦の好況にも支えられて中等教育をめざす者が増大した。滋賀県は県立中学校設置を決め、1919（大正8）年水口、20（大正9）年八日市、虎姫、今津の4校を開校させて地域バランスを図った。高等女学校では、明治末年から大正期に設立された市町村立の女子手芸学校や実科高等女学校を発展させ、1920（大正9）年に校名を滋賀県○○高等女学校としていった。女子就学率が上昇して進学志望者も増大してきたので、22（大正11）年に日野・長浜・愛知の3校を県立に移管して、県立日野、

長浜、愛知高等女学校（4年間）とした。市立大津実科高等女学校は6学級の増加、組合立寺庄実科高等女学校は寺庄高等女学校と改称、1915年水口、17年八幡、19年木之本の実科高等女学校が開校した（『近江教育　学制頒布50年記念号』第326号　1922年）。1918（大正7）年度の実科高等女学校の生徒数は、八幡（156人）・日野（180人）・長浜（242人）・大津（139人）・水口（72人）・寺庄（75人）で、裁縫と家事の技能の取得と普通教育の両方を学びたいとする教育要求が強まったからであった（『滋賀県都市教育概況』1920年）。

私立女学校の創設——塚本さとと中野冨美

　大正期には、滋賀県に女子のための私立学校が創設された。女子教育は裁縫教授中心の学校からしだいに普通教育もめざす中等学校へと変わっていった。1919（大正8）年4月に、塚本さとは神崎郡北五個荘村竜田に淡海女子実務学校を創設した。生徒数は初年度46人であったが、21年には98人となった。前年18（大正7）年4月に大津市下北国町で、中野冨美は松村裁縫速進教授所を開設しており、19年に大津裁縫速進教授所と改称、昭和に入り28（昭和3）年に大津裁縫女学校として私立学校の認可を受けた。女子の婦徳の育成をめざした学校創設であった。

3　滋賀の盲学校・聾啞学校の先駆者——山本清一郎と西川吉之助

　滋賀県の障害児教育の始まりは、山本清一郎の盲学校と西川吉之助の聾啞学校の創立である。山本清一郎は、網膜剥離による視覚障害で若くして京都盲啞院に入学、同校で助手をした。病気退職して帰郷、1908（明治41）年5月に私立彦根訓盲院を開設し、中島宗達や篤志家の協力を得ながら困難な学校経営と格闘した。私立から県立学校への移管は、切実な課題であったが容易に実現しなかった。

　1923（大正12）年8月に宿願の「盲学校及聾啞学校令」が制定され、盲者・聾啞者に普通教育を行い生活に必要な知識・技能を授けること、各道府県に盲啞学校の設置を義務づけることが定められた。滋賀県は法令を受けて、1925（大正14）年に滋賀県は代用校として、改称した彦根盲学校を指定した。3年後の1928（昭和3）年4月に滋賀県立盲学校となり、34（昭和9）年に彦根尾末町に校舎を建設した。山本は、明治期の私立学校経営の苦難の時代から大正・昭和期にも引き続いて、校長として生徒たちに生活自立への道を教えつづけた。

西川吉之助は、聾者の三女はま子のためアメリカからテキストを取りよせて、口話法による聾教育を自ら通信教育で学んだ。彼は手話法による教育に疑問をもって、1921（大正10）年頃より八幡の自宅で、はま子に口話法によるコミュニケーションを教えはじめた。彼は、はま子の教育を公立小学校ではなく、私立昭和学園に入学させて谷騰に託した。また、はま子を連れて全国各地を回り口話法の成果を実演し、『口話式聾教育』を発刊して宣伝に努めた。

　1928（昭和3）年4月に、滋賀県は草津町に滋賀県立聾話学校を開校した。吉之助自らが校長事務取扱に就任し5年後に校長になった。校舎・設備は貧弱きわまりなく、彼は自費を持ち出して同校の財政を支えた。年々生徒は増えて28年開校時の生徒16人から、36（昭和11）年には101人に増大した。県からの財政的援助は少なく、吉之助の持ち出しは増えるばかりで苦難の道を歩んだのである。

　山本清一郎と西川吉之助の2人の教育にかけた情熱から教えられることは多い。明治期から大正期の時代にあって、身体に障害のある子どもの育つ環境は現代に比べて格段に厳しかった。社会的な制度保証が十分に整備されていない中で、個人の努力で道を切り開いていき、壮絶な人生を生きた先達者であった。

4　滋賀の大正新教育運動の受容と展開

子どもの個性を伸ばす教育——県下の動的教育法、学習法の受容

　19世紀末から20世紀初頭に、欧米では子どもの自由と個性を伸ばす新教育の思想や実践がつぎつぎと発表された。20世紀の教育思潮として旧教育から新教育への流れが明確になった。日本の学校にも、子どもの個性尊重の教育や自学主義の教育が広がり始めた。明治期には子どもを受動的存在としていたが、大正期には子どもを自発的な活動主体と位置づけ、活動のなかで学ぶ学習者にする教授法が実践されるようになった。大正新教育運動と呼ばれる運動であり、関西では及川平治（兵庫県明石女子師範学校附属校主事）の分団式動的教育法や、木下竹次（奈良女子高等師範学校附属校主事）の学習法や合科学習が広まった。

　滋賀県下の小学校教員は、両校の授業参観にでかけ、両校の教員を招き新しい教授法改革から積極的に学ぼうとした。1914〜17（大正3〜6）年には、蒲生郡、愛知郡、犬上郡、神崎郡では及川の動的教育法による教授法改革が受容され、講習会や研修会が開催され多くの学校で実践された。大正期後半になると、木下竹次の学習法の研修会に教員が多数参加し、自学主義による学習法や合科学習が受

け入れられていった。師範学校附属校と女子師範学校附属校の両校では、低学年から合科学習を取り入れて、「直観科」の実践を行っており、教育方法の改善・改革から教育内容の改革への道を踏み出しはじめたのである（『滋賀の教育史』）。

午前は学習、午後は労作のダルトン・プランによる新教育——谷騰

　新教育運動で知られる東京の私立成城小学校で、理科教師として数年間勤務した谷騰は、蒲生郡宇津呂村土田（現近江八幡市）で私立昭和学園を開校した。西川吉之助や小野元澄らの財政的援助で、1926（大正15）年3月にわずか13人の寺子屋風私塾で出発した。翌27（昭和2）年1月に県から私立学校の認可を受けた1～6年の単級小学校だった。学習計画を自分で立てさせ、自学主義を貫いた教育を行った。午前は学習、午後は労作という日課で、障害児と健常児が科学・芸術・労作を学びあい、協同自治の生活教育が行われた。子どもの文集『こまどり』に掲載された綴方、児童詩、絵の作品から谷の指導の成果がうかがわれる。1938（昭和13）年4月の谷の急逝で昭和学園は閉校、13年間の短い歴史であったが、滋賀の地に大正新教育運動を体現した学校として大きな足跡を残した。

『赤い鳥』に投稿指導した教員——前川仲三郎

　1918（大正7）年に児童雑誌『赤い鳥』が創刊されるや、児童の綴方・児童詩・絵などの作品を同誌に積極的に投稿させ、全国の子どもと交流を図った教員たちがいた。彼らは、鈴木三重吉、北原白秋、山本鼎の選評を受けて励まされ、子どもの作品指導をつみ重ねた。その1人が高島郡百瀬校（現マキノ南小学校）の前川仲三郎であるが、蒲生郡の桜川校、南比都佐校、必佐校、神崎郡御園東校、愛知郡愛知川校などにも、子どもの感性と表現力を耕すことに努力した多数の教員がいた。

キリスト教精神に基づく幼稚園の開園——一柳満喜子

　滋賀の幼稚園は、1888（明治21）年に尋常科大津小学校に附設で設立され、90（明治23）年に私立彦根幼稚園が開園したのが、その始まりである。彦根幼稚園は遅れて開園した私立彦根西幼稚園と1913（大正2）年に統合して町立彦根幼稚園となった。少し遅れて、1902（明治35）年長浜で、06（明治39）年八幡で尋常高等小学校附設幼稚園が開園し、のちに町立幼稚園となった。

　近江八幡で一柳満喜子は、1920（大正9）年プレイグラウンドを発展させて、

22(大正11)年に清友園幼稚園(のちに近江兄弟社幼稚園)を開園した。満喜子は、アメリカ留学中に人間教育の最初の幼児教育が人格形成の原点との考えに共感して、キリスト教精神による幼稚園を設立した。幼稚園教育の広がりは、草津で同年11月に日本キリスト教教団草津教会の信愛幼稚園、大津で清心、聖愛、愛光のキリスト教教会が私立幼稚園を続々開園させていき、幼児教育の充実が図られた。

[木全清博]

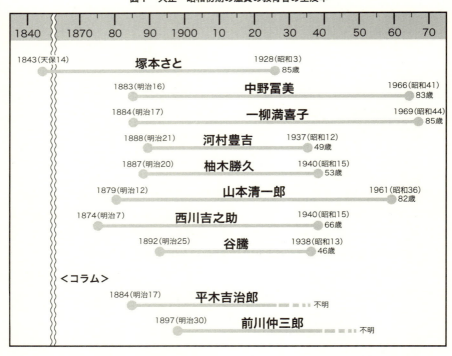

図1　大正・昭和初期の滋賀の教育者の生没年

第 1 節

塚本さと　五個荘で淡海女子実務学校を開校する

［つかもと　さと］天保14（1843）年8月、神崎郡川並村（現東近江市五個荘川並町）にて、豪商紅屋初代塚本定右衛門定悦の五女として誕生。20歳の時に、奉公人である原三を婿とし、分家塚本源三郎家を立て、五男三女をもうけた。明治に入り、新しい時代の商家の妻として、女子教育の大切さを痛感し、1919（大正8）年に淡海女子実務学校（現学校法人淡海文化学園）を設立。1928（昭和3）年1月4日に没。

　塚本さとは、現在の東近江市五個荘において、1919（大正8）年に淡海女子実務学校を設立したことで知られている。商家の娘として生まれた彼女が、なぜ私立女学校を設立したのかをあとづけてみたい。

1　近江商人の娘・妻として

　塚本さとは、神崎郡川並村（現東近江市五個荘川並町）において、天保14（1843）年8月に豪商紅屋初代塚本定右衛門定悦の五女として誕生した。父定悦は、18歳になった文化4（1807）年から、金5両を元手に小町紅を仕入れて行商に従事し、文化9（1812）年に甲府（現山梨県）に店舗を構えた。さとは満7歳の時に母まさを亡くしたが、8歳から村内の川島数右衛門の寺子屋で手習いなどを学び、10代になると針や琴を学ぶなど、父や兄姉に見守られ、近江商人の娘として不自由なく育った。さとが署名した『女庭訓往来』のテキストが残されている。17歳（1860年）の時に父が亡くなり、実家は兄の定右衛門定次が継いで京都で仕入れを、そして次兄の正之が分家し、初代塚本粂右衛門となって関東の販売を担当した。兄定次は当時の知識人である勝海舟や福沢諭吉と交流した文化人でもあった。

　文久3（1863）年、さとは20歳で父が目をかけていた奉公人の原三と結婚し、分家塚本源三郎家をたてた。その後、さとは五男三女（長男と三男は早世）をもうけた。1875（明治8）年になると、次兄正之に代わり、夫の原三が東京支店の主任となった。近江商人は商いのために一年のほとんどを他国で過ごしたため、さ

79

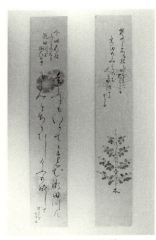

図1 さとの和歌
〈月の影 上〉

とは商家の妻として、日々の家政や育児に多忙な日々を過ごしていた。そのなかで、さとは、長兄定次の命で、京都の儒者である西谷淇水を家に呼び、一家の子弟の教育を託すということもあった。さとは自ら子弟の模範となるべく、読書し、知見を広げていった。読書は、経典や『太平記』、『義経記』から各所の名所図会、『輿地誌略』や福沢諭吉の『世界国尽』など多岐にわたった。同じ頃、店員に算盤を習わせるかたわら、さとも算盤を学んだ。もちろん、嗣子久七の教育に厳しくあたったことは言うまでもない。

子育てが一段落した1887 (明治20) 年頃になると、さとは和歌を始める。当時、「女には学問はいらぬもの、詩を作るより田作れ」(『塚本家譜さと子伝』) という風潮があったため、初めの10年程は本名を使わずに添削を受けていたが、この和歌との出会いは、さとの交友の範囲を広げた。なかでも、当時一流歌人で女子教育者として知られた下田歌子との出会いは、その後のさとの運命を変えるものとなった。

下田歌子は、1879 (明治12) 年に宮中を一旦辞し、1881年には東京麹町に私塾を開き、女子教育にあたっていた。また、1884 (明治17) 年には宮内省御用掛となり、華族女学校 (のちの学習院女学部) の設立に参画した。さらには、さととの出会いの後の1893 (明治26) 年に、下田歌子は明治天皇の皇女ご教育係の内命を受け、2年間にわたって、欧米諸国における先進的な女子教育の状況を視察した。帰国後は、日本人女性も知識や技能、品性を向上させ、自活の道を開き、生活を改善すべきだと訴え、帝国婦人会を設立、1899 (明治32) 年にはその教育部門として実践女学校 (現学校法人実践女子学園) を開設した。

2　商業教育、良妻賢母の教育とさとの交友

さとに話をもどそう。1891 (明治24) 年、嗣子の源三郎久七が妻はなを迎えた。その前年1890年に、さとは『姑の餞別』という家政の手引書を著した (この年、夫原三は引退)。主婦であるさとの経験をまとめたもので、年中行事や惣菜の作り方、

家事向きの心得、病人介抱の心得、家具衣服の手入れなど、新妻が日常生活で実際に必要となるであろうことを具体的に記している。近江商人は全国を行脚し、地元には番頭や妻だけが残るのがこれまでの常であったため、さとは、母や自らの経験により、近江商人の成功は「内助の功」によると痛感していた。また、鉄道が開業し、商人たちが行商で全国を旅するということがなくなった新しい時代においては、女子は以前よりももっと世の中をよく知り、商業などの知識を身に付けることが必要不可欠であると考えていた。さとは母を早くに亡くし、自ら学び、習うしかなかったが、次の世代を担う新妻のはなには、自分のできる限りを伝えたかった。さと、47歳のことであった。（この本は、のちにさとの教え子たちにも読まれ、さとの没後、1931年に刊行されている。）また、この頃から、さとはさらに交友を広げている。杉浦重剛（近江国膳所藩儒者の子で教育者）、伊庭貞剛（元衆議院議員、住友財閥重役）、河上謹一（日本初の法学士、外交官、日本銀行取締役、住友財閥重役などを歴任）、佐藤昌介（北海道帝国大学初代総長）などと交友した。

　1916（大正5）年には、夫原三が亡くなった。夫亡きあとも、さとは孫の進路など、一族を見守り続けるが、東京の孫を訪ねるかたわら、下田歌子をはじめ嘉悦孝子（1903年に日本初の女子商業教育校、私立女子商業学校を創立）、棚橋絢子（1903年に東京高等女学校を創立）、岡野敬次郎（法学者、法制局長官や文部大臣など官僚を歴任）ら多くの教育者と面会している。また、京都にも荒木寅三郎（医者で当時の京都帝国大学総長）、大島徹水（浄土宗の僧侶、女子教育家、1912年京都の家政女学校主幹、1930年同校校長、あらゆる収入をその経営に当てた）などを訪ねている。後年さとは、自分は50余歳になるまで世間知らずであったが、「孫たちには、夫に先立たれても独立して、子どもを教育するだけの知識と職業を授けておきたい」と語っている（『塚本家譜さと子伝』）。このように、さとは新しい時代の女性には女子教育が欠かせないものと痛感していた。それで、多くの教育者との門をたたき、女学校の設立に向けて活動していたようである。

3　淡海女子実務学校の設立

　1919（大正8年）4月、76歳となったさとは私財を投じ、下田歌子、嘉悦孝子などの教育者の後援を得て、神崎郡北五個荘村竜田（現東近江市五個荘竜田町）に淡海女子実務学校を開設し、校長に就任した。淡海女子実務学校の名は、杉浦重剛（淡海女子実務学校の顧問。塚本本家では1895年に「塚本本家家憲」を杉浦により制定。

図2　淡海女子実務学校

同年の「塚本家家法」は福沢諭吉の手に成る)の命名による。当初は第1期生46名を迎え、小杉宇右衛門邸(嗣子源三郎久七の妻はなの実家)を校舎として授業が行われたが、翌年4月にはその隣に校舎を移し、5月2日に改めて開校式を行っている。

1919(大正8年)に書かれた一紙「はじめて入学生を迎へて」には、女学校の方針として、「家庭にありては富家育児の良妻賢母となり、社会にありては常識に富み辛抱のよい一心に働く婦人となり、(中略)近江商人否な日本商人の内助者となって恥ぢざらんことを切にお頼み申します」と記している。また、『淡海女子実務学校学則』には、「本校ハ女子ニ須要ナル高等普通教育ヲ施シ、特ニ商業思想ノ涵養ニ力メ、家庭ノ実務ニ習熟セシムルヲ以テ目的トス」と定められている。つまりこの学校は、女子の技芸中心の裁縫学校でなく、中等レベルの普通教育を施す女子商業教育をめざしていた。定員は200名、本科を4ヵ年、家事裁縫専攻科を2ヵ年としている。本科の科目は、修身、国語、英語、歴史、地理、数学、理科、図書、家事、裁縫、音楽、体操、商業となっていた。一方、家事裁縫専攻の科目は、修身、国語、家事、裁縫、体操となっていた。

1922(大正11)年に行われた第1回卒業式においては卒業生14人、翌年の第2回卒業式では13人を送り出した。この年の訓示においてさとは、「家庭の実務に当たるのを低級の女子の仕事の如く思ひ、男子の如く社会の表面に立ちて活動することのみを優れたる女子の如く思ふのも、亦大いなる誤りであります」と職業婦人として生きるのと同じように良妻賢母の価値を強調している。淡海女子実務学校は、基本的には下田歌子の実践女学校と同じく「賢母良妻と自営の道」をめざしていた。

『本校沿革紀要』の1924(大正13)年によると、生徒の出身地は神崎郡が74人、ついで蒲生郡が8人、その他、野洲郡・甲賀郡・滋賀郡・高島郡・犬上郡・坂田郡、京都が各1人となっていた。しかし、この頃の女子教育熱の高まりによって、より上級の学校に入学したいと願う者が増えたが、淡海女子実務学校にはその連絡路が用意されておらず、1924年末には学校の経営が行き詰まる。

4 淡海女子実務学校の授業の一端

『近江と人』第37号(1924年2月)には、淡海女子実務学校の授業内容が取りあげられている。

第4学年の修身科で結婚問題に各自がいかなる理想を持っているか探りたくて作文を課したというのである。編集者はこれを評して、「一二の賛成し難い点もあるけれども概しては穏健着実な思想を有して居ることは頼しく感じた」という。「特に財産程度に於いて」19名中18名が「中産階級」がよいと作文に書いたようで、編集者は「自己の力に依りて運命を開拓せんとする健な健な覚悟であることは享楽気分の濃厚な現代の傾向に対して最も嬉しく感じた」と記している。女中についても、「絶対に其の必要を認めない」だとか「自身に思ふ存分家政を切り廻して働いて見たい」という意見が多かったようで、これは編集者によって「「怒るな働け」の校訓をよく理解して実行せんとする覚悟が表れて頼母しい」と述べられており、その他にも舅姑は在る方が良いとは多数の一致する所である」「其理由も至極同感でスウィートホームなどを喋々する現代女学生間の傾向に対照して心強く感じた」などと書かれている。また、「其他の条件として約半数の理想とせることは都会生活である」、「現今の田舎の状態の下に於ては止むを得ざることと思ふ」などとまとめられている。編集者の意図を感じる面も大いにあるが、全体としては当時の五個荘における女学生の率直な結婚観が垣間見られて興味深い。また、同号には同校校友会歌道部の和歌もいくつか紹介されている。

翌年1月発行の『近江と人』第46号においては、1923(大正12)年9月1日に起きた関東大震災ののち、さとが滋賀の地において、あらゆるところを奔走し、困った人たちの救済を行ったこと、また、主婦の大半が修養がないのを憂えて、「人格の修養」、すなわちこのような異変時に「主婦としての任務を全うするための女性不断の心得」の模範を身をもって示し、嗣子源三郎の妻はなに3年間のたすき掛けを命じたことが記されている。

当時、塚本本家は東京日本橋区伊勢町(現日本橋本町)に呉服屋の大店を有して、200名ほどの従業員がいたが、震災とともに全焼となり、バラックで事業を続けていたという。それを聞いたさとは自分ばかり安穏と暮らしていられないと板の間に3畳ばかりの部屋を自ら作って、女中も多数解雇し、老躯の身で妻女を督励し、たすき掛けで日々の炊事を行った。

生徒たちにもさとは玄米の握り飯とすいとんを作って、その惨苦をわけあった

塚本さと――五個荘で淡海女子実務学校を開校する 83

という。これによって、生徒だけでなく卒業生もふくめて、「震災地気分といふか緊張した気分をもって」教育が行われていた。このような実地的教育により、淡海女子実務学校の校風をつくり、一校すべて姉妹の観があると述べられている。

5　淡海女子実務学校とその後

　さて、学校経営の危機に再び目を移してみよう。この危機に際して、閉校を考えていたさとに手を差し伸べたのは下田歌子であった。1925(大正14)年4月1日、学校の経営は下田歌子の手に移され、校名は「淡海実践女学校」と改められた。この後、1930(昭和5)年までの5年間、下田歌子が校長を務めた。翌1926年、淡海実践女学校は県の認可を受け、高等女学校となった。そして、さらに校名を「淡海高等女学校」と改めた。この時、五個荘の有志20名の出資により、経営の危機を脱し、1927(昭和2)年には滋賀県から県立神崎商業学校の旧校舎を無償で交付された。校舎修繕には本家の塚本定治からの寄贈を受け、現在の淡海書道文化専門学校の建物に移転した。また、廃校の危機に心を痛め、協力的であった有志により、後援会「財団法人淡海教育会」が組織された。このように、さとの交友した多くの人びとの力によって、女学校の危機はまぬがれた。

　さとは、女学校の学生たちの相談相手となり、「おばあさま」と慕われ、1928(昭和3)年1月4日に85歳で亡くなった。遺言には、「女子は女子らしく、国や家を思い、何事にも励み、世間に恥じない女子になってください」とあったという。また、葬儀の費用をできるだけ節約して、残部は人を育てる費用にあててほしいとの要望もあった。

　さとの著作は、『姑の餞別』や歌集『月の影』などが、さとの死後に刊行された。また嗣子源三郎は1935(昭和10)年に、『紅屋二媼』という母さと、さとの姉ゆきの伝記を出版した。

◆参考文献

塚本源三郎『紅屋二媼』私家版　1935年
渡辺千治郎・太田誠一郎『近江商人の内助 湖国名婦伝』社会教育会　1935年
『五個荘町史』第2巻　1994年

［浅井　雅］

第2節

中野冨美　裁縫を通して人間をつくる

［なかの　ふみ］1883（明治16）年3月、栗太郡大路井村に生まれる。東京裁縫女学校（現東京家政大学）卒業。1918（大正7）年、大津市に松村裁縫速進教授所を開設。1931（昭和6）年、「実業学校令」に基づく大津高等裁縫女学校に昇格。和裁の技術指導と良妻賢母の人格教育に努めた。1944（昭和19）年、純美禮学園を設立。戦後、女子高校となり、1961（昭和36）年、滋賀女子高校（現滋賀短期大学附属高校）と改称。1966（昭和41）年2月死去。

中野冨美は、塾生わずか7名の小さな裁縫塾を、文部省が認可する学校にまで発展させ、戦後も女子高校の校長として、私学女子教育に尽力した。ここでは、大津高等裁縫女学校時代までの「信念の人」中野冨美の取りくみをみていく。

1　裁縫の道へ

　中野冨美は、1883（明治16）年3月8日、栗太郡大路井村（現草津市大路）に、薪炭雑貨を商う石田徳治郎の次女として生まれた。「文」と名付けられたが、誤って戸籍に「ふん」と記載され、これを嫌い、のちに「冨美」と改名した。裁縫のできないのは「女の恥」と母に教わりながら裁縫を始め、高等小学校に入った頃には、裁縫塾に通い、「指から血の出るまで」裁縫にうちこむようになった。また、1890（明治23）年に発布された「教育勅語」は冨美に強い影響を与えた。

　1895（明治28）年3月、冨美は栗太高等小学校（現草津市草津小学校）を卒業し、翌96年4月、京都裁縫専門学校に入学、1900（明治33）年3月、首席で卒業した。さらに裁縫理論を学ぶために、1901（明治34）年4月、東京裁縫女学校（現東京家政大学）に入学した。多くの裁縫教科書を著し、裁縫の世界では、令名（よい評判）が高かった渡辺辰五郎校長から指導され、大きな影響を受けた。1903（明治36）年3月卒業し、実地研究のために東京三越呉服店に入所したが、この年の暮、松村末吉と結婚、京都に居住することになった。翌年、長男信蔵が誕生した。

　京都では、高島屋呉服店の注文を受け、商品の呉服を仕立てていたが、高い評

価を受けたことから、1905（明治38）年、松村塾という裁縫専門教授所を開設した。塾の運営は軌道に乗り始めたが、1912（明治45）年、夫が病死して、冨美は過労のために倒れ、塾を閉鎖し郷里の草津に帰った。1914（大正3）年、保田広吉と再婚、冨美の姉の婚家である中野家の家督を継ぐことになった。広吉は、終生、裏方に徹して、冨美を支えた。1916（大正5）年、大津市下北国町（現三井寺町）に居を移し、1918（大正7）年3月、次男真一郎が誕生した。

2　裁縫速進教授所を開く

　健康が回復した冨美は、1918（大正7）年4月3日、大津市下北国町に松村裁縫速進教授所を開設した。生徒はわずか7名からの出発であった。冨美が所名に「松村」を使ったのは、長男松村信蔵に対する心づかいからで、大正年間は旧姓「松村」で通した。翌1919（大正8）年4月、大津裁縫速進教授所と改称した。生徒数は38名になり、大津市を中心に栗太郡・野洲郡などからも通学し、寄宿する生徒もいた。この頃、近所の人から「ここはお針子さんの場所だ」と言われたことに対し、冨美が「人間を育てる立派な場所です」と激怒したことがあった。

　裁縫教授所の評判がしだいにあがり、生徒数も増加して、下北国町の仮住まいでは不便をきたすようになった。そこで、1926（大正15）年3月、県議北村重之助の紹介で、大津市蔵橋町（現浜大津）の元琵琶湖水産物販売購買組合事務所の敷地、建物を買収して、裁縫教授所を移転した。その資金は、のちに大津裁縫女学校の設立者となる西村光四郎を連帯保証人として、滋賀県農工銀行から8000円を借り、1936（昭和11）年に完済している。冨美の裁縫教育も評価されるようになり、1926（大正15）年8月、滋賀県女子師範学校講師を嘱託され、和裁を指導した（1930年4月まで）。

　以下、1927（昭和2）年1月の『大津裁縫速進教授所案内』により裁縫速進教授所の教育をみていく。入所資格は、「十六歳以上従順にして多少素養ある方、即ち綿布一通り位の心得ある人」で、生徒のほとんどは高等女学校卒業者であった。「趣意書」で、「当裁縫所は品性と能力と

図1　裁縫教授風景（下北国町）

は車の両輪の如くであるとの信念に基づき」、単に裁縫の技能だけを指導するのではなく、裁縫の技術の練磨を通して、婦人の人格を養成することを教育方針とした。「すべて外面にあらはるゝ動作は内なる精神のあらはれであるから、裁縫に於ての一針一針の運びもそこに全人格の精神が閃かねばならぬ」として、人格の陶冶を重視した。冨美自身が、女性の心得、日常の礼儀作法を教えるとともに、外部の講師に修養講話を依頼した。裁縫技術については、冨美が長年の研究によって案出した絶対に着くずれしない、しかも簡単で理解の早い独特の縫い方を教授した。年に2回の通常試験を行い、評点は時間の長短、運針の巧拙、全体の出来ばえなどを総合して、60点以上を及第とし、及第者には証書を授けた。皆伝に達するのは、2年を標準としたが、熱心な人では、1年半で皆伝を受けた人も少なくなかった。裁縫材料は、当時大津で一流の古谷呉服店から援助を受けた。冨美は、裁縫のほか、手芸も教授した。また、講師を委嘱して、茶の湯、生け花の稽古をした。

　1927（昭和2）年の生徒の納付金は、束脩2円、授業料は予科2円50銭、本科3円、研究科3円50銭であった。1日の学習時間は、始業時刻午前8時20分、終業時刻、冬季午後4時30分、夏季午後5時30分、昼休み1時間で途中休憩は1回もなかった。日曜、祭日を休日とし、8月20日から1週間、12月18日から1月8日までを休暇とした。毎年春、秋には近郊の山野に遠足で出かけ、京都の神社仏閣巡りや奈良旅行のレクリエーションも行われ、生徒の楽しみであった。裁縫に関わる年中行事として、12月8日には、針に対する感謝の思いをささげる針供養が営まれ、現在も伝統行事として続いている。同窓会の名称「純美禮会」は、貞明皇后の歌「花すみれ」からとり、「純美禮」の3字をあてた。

3　大津に裁縫女学校をつくる

(1)　大津裁縫女学校の設立

　1928（昭和3）年3月12日、大津裁縫速進教授所の組織を改め、「私立学校令」により滋賀県知事の認可を得て各種学校として私立大津裁縫女学校が設立された。各種学校とは、正規の学校以外の学校で、認可は正規の学校のように文部大臣ではなく、知事が行った。3月30日、31日、入学試験を行い、4月1日、第1回の入学式を挙行し、73名の生徒が入学した。中野冨美が校長に、卒業生5人が職員となった（ほかに嘱託2人）。4月15日、開校式が挙行され、学校設立者西村

中野冨美──裁縫を通して人間をつくる　87

光四郎が挨拶し、知事が祝辞を寄せた（県視学が代理出席）。

　大津裁縫女学校の教育目的は、学則第1条に、「本校ハ女子ノ徳性ヲ涵養シ家政上必須ナル家事裁縫其他ノ技芸ヲ研究練磨シ堅実ナル婦女ヲ養成スル」とあるように、「女子ノ徳性ヲ涵養」することを重視した。これは裁縫教授所時代から一貫した教育目的であった。学科は、当初、本科（3ヵ年）、師範科（3ヵ年）、高等専門科（2ヵ年）及び選科（2ヵ年）に分けられ、開校翌年に選科は裁縫科に変更された。生徒定員は、各科各学年20名であったが、高等女学校卒業者が入学する高等専門科以外は定員に満たなかった。教授時間は毎週36時間で、毎日午前8時から午後4時までとした。入学金は2円、授業料は月3円であった。

　校舎は、前述の大津市蔵橋町の裁縫速進教授所の校舎で、校地総面積126.5坪、部屋数は、講堂兼教室1、普通教室5、家事教室1、割烹教室1、事務室1であった。大津裁縫女学校は、これまでの教育実績が認められ、滋賀県から実業補習学校女子教員の養成を委託された。養成者は毎年約10名で、高等専門科第2学年在学者のなかから校長が推薦して知事の承認を受け、その生徒に1年以上県の指定した学科を履修させた。卒業の際、臨時検定を行い小学校専科（裁縫）正教員の免許状授与の特典が与えられた。この養成費として県から500円が交付された（翌年度400円に減額）。1931（昭和6）年3月卒業の第1回実業補習学校教員養成部の生徒12名のうち、4名が小学校裁縫専科正教員の免許状が授与された。

　裁縫速進教授所時代より家から通学できない生徒を寄宿させていた。寄宿といっても別の建物があるわけではなく、教室と兼用で使用された。大津裁縫女学校でも、約10名が寄宿していたが、冨美も生活をともにして生活全般を指導した。

⑵　大津高等裁縫女学校に昇格

　1931（昭和6）年3月31日、大津高等裁縫女学校（校長中野冨美）が文部大臣から認可され、4月1日、「実業学校令」による職業学校に昇格・開校した。職業学校は、工業学校、農業学校、商業学校と同じ「実業学校令」による実業学校で、大津高等裁縫女学校は、滋賀県における最初の職業学校であった。大津裁縫女学校に引き続き設立者となった西村光四郎は、高額納税者で、1944（昭和19）年に財団法人純美禮学園が設立されるまで、多額の援助を続けた。大津高等裁縫女学校の教育目的は、大津裁縫女学校を踏襲した。

　「実業学校令」に基づく職業学校規定により、各科の組織を系統的に改めた。すなわち、尋常小学校卒業者を入学資格とする本科第一部は修業年限を4ヵ年

とし、高等小学校卒業者を入学資格とする修業2ヵ年の本科第二部を新設した。修業2ヵ年の専攻科は高等女学校卒業者だけでなく、本科卒業者が進学できるようにした。専攻科は、一部（家庭婦人養成部）と二部（教員養成部）に分けた。その二部卒業者に対し県から小学校裁縫専科正教員無試験検定出願の資格が与えられた。ほか、修業年限2ヵ年の選科は、17歳以上の尋常小学校卒業者を入学資格とした。毎週の総教授時数は36時間で、大津裁縫女学校と同じであった。生徒定員は、各学年20名であったが、本科第一部の入学志願者が初年度2名と極めて少なかったのに対し、実績のある専攻科は、初年度40名と多く、この傾向はその後も続いた。専任の職員は、校長中野冨美のほか、教諭2人、助教諭3人で、教諭は東京女子高等師範学校、助教諭は大津裁縫女学校出身者であった。助教諭は実習を担当し、冨美も修身・裁縫を担当した。校歌、校旗、校訓も定められた。「明るく、やさしく、睦まじく」の標語をもとに、「一　明朗、快活　二　温良、貞淑　三　寛容、和親」を校訓とした。

　生徒数が140名に増加して分教場を設けたが、さらに生徒数が増加し200名を超え、授業にも支障がでるようになった。そこで、1935（昭和10）年、大津市梅林の滋賀県農工銀行の分譲地を買収して、校舎を新築することにした。買収費は、西村光四郎らを連帯保証人として滋賀県農工銀行から2万円を借りた。借入金の償還期限は、2年間の契約であったが、7年後にようやく皆済した。校舎（木造瓦葺2階建）の新築工事は、1937（昭和12）年7月20日に完成した。新築費は、滋賀県と大津市から各500円の補助金の交付を受け、同窓会の募金のほか元大津市長奥野英太郎を会長とする新築後援会の協力により寄付金を集めた。冨美は教室の割り当てなど設計の下書きを行い、建築会社とも自ら交渉した。

　梅林校舎完成に先立ち、1937年3月31日に文部大臣の認可を得て、4月1日、学科組織などを変更した。尋常小学校卒業者の志願者が皆無になったので、本科第一部を廃止し、高等小学校卒業者の志願者が増加したため、本科第二部を本科と改めた。さらに家庭婦人養成部を専攻科とし、高等科を特設して、裁縫教員養成部を高等科とした。校舎の新築により

図2　梅林校舎

中野冨美——裁縫を通して人間をつくる　89

生徒定員を300名に増やし、本科100名、専攻科80名、高等科80名、選科40名とした。1941（昭和16）年３月、高等科卒業者に、県から無試験検定出願の資格を受け、尋常小学校本科正教員の免許状が授与され、37名の卒業者のうち、17名が小学校に就職した。翌42年３月の高等科卒業者に、国民学校家事専科訓導の無試験検定出願の資格が与えられた。

　1938（昭和13）年11月、純美禮会誌『純美禮』創刊記念号が、校舎新築と創立20周年を記念して発行され、大津高等裁縫女学校の教育方針が掲載されている。それによると、良妻賢母たることが女子天与の職責である、日本女性の根本精神の教養には裁縫が唯一無二の精神的実用的教科である、「家政上必須ナル家事裁縫ノ実技ヲ練磨研究シ真ニ堅実有為ナル日本女子ヲ教養スルヲ目的」とうたった。この『純美禮』創刊号によると、大津高等裁縫女学校では、講演会が「生徒の思想を練り、発表の練習を為すと同時に自治訓練」として行われていた。これは、教員志望の生徒に発表させるもので、「家庭の母」、「針供養」、「言葉を正しく」のほかに、「日本は全世界に広がる国である」と論ずる者もいた。

　冨美は、「教えるということは大へんむつかしいことで、自分の勉強はいうに及ばず相手の生徒がよく理解するよう、まず指導の工夫が大切だ、自分がいくらわかっていても、生徒がのみ込めないようでは指導ではない」と生徒（教生）にアドバイスし、女子師範附属校へ連れていき、「授業の参観を熱心にせられて、教案のたて方や授業の進め方につき質問、研究の在り方を生徒に身をもって」示した。教員には、「生徒を平等に愛せよ」「生徒の心の中に溶けこむ」ことを求め、毎週土曜日の午後、職員裁縫研究会をもち、「裁縫科受持教員ハ輪番ニテ他ノ同僚教員ヲ生徒ト見做シ、模範教授ヲナシ、裁縫及其教授法ノ研究」をさせた。また自らも東京で行われた裁縫の講習会を受講するなど、つねに努力を惜しまなかった。喜田村光雄（冨美の幼友達の子）が述べるように「彼女の前進をバックアップする人が始めからあったわけではない。彼女は全く単独に、自分自身でいばらの道を切り開いて行ったのである」（『合掌の人』）。

◆参考文献
純美礼学園編『合掌の人——初代校長中野冨美追悼録』　1966年
『純美禮学園七〇年史』　1992年

　　　　　　　　　　　　　　　　　　　　　　　　　　　　　　［八耳文之］

第3節

一柳満喜子　近江八幡でキリスト教精神に基づく幼児教育

［ひとつやなぎ　まきこ］1884（明治17）年、子爵一柳末徳の娘として東京で出生。1908（明治41）年、神戸女学院音楽部を卒業し、1909年に渡米。ブリンマーカレッジに入学。その後、アリス・ベーコン宅に寄寓。帰国後の1919（大正8）年6月、ウィリアム・ヴォーリズと結婚し、蒲生郡八幡町（現近江八幡市）に移り住む。1920年、私立清友園を開き、1922年、清友園幼稚園（のちの近江兄弟社幼稚園・現近江兄弟社ひかり園）とする。1969（昭和44）年没。

　子爵の娘として生まれた一柳満喜子。彼女がなぜ、近江八幡の地で近江兄弟社学園を開設するに至ったのか、その軌跡をたどってみる。

1　幼児の教育に目覚める

　一柳満喜子は、旧小野藩藩主一柳末徳と栄子の娘として、1884（明治17）年3月に東京で出生した。父末徳は福沢諭吉の慶應義塾において英学やキリスト教文化を学び、母栄子は「華族で、はじめてキリスト教を受け入れた2人の1人であった」（『失敗者の自叙伝』）。満喜子は、1889（明治22）年にミッション幼稚園に入園、翌年から東京女子高等師範学校（現お茶の水女子大学）附属小学校に学び、その後、同校附属女学校、同校補習科へ進む。満喜子が9歳の1893（明治26）年には母が他界している。

　満喜子は、1902（明治35）年の補習科卒業を契機に、父のもとを離れ、兄恵三の養子先であった大阪の広岡家（豪商加島屋の一族）に暮らし、3歳から5歳の3人の姪の家庭教師をしながら生活していく。この時の経験から、満喜子は「何でも自分の事は自分でする自主性」を幼い姪の教育のなかに発見した。これが、後年の幼稚園教育の大きな土台となったようである。

　また、兄嫁の母である広岡浅子との出会いも、こののち満喜子を教育の道へ大きく突き動かしていくものとなった。浅子は、明治維新にともなう加島屋の危機を自らの商才によって乗り越え、加島銀行を創設、満喜子が広岡家に移り住む前

年には、成瀬仁蔵らとともに日本女子大学校（現日本女子大学）を設立している。

　満喜子は、このような出会いのなかで、1906（明治39）年には神戸女学院音楽部の１期生として入学する。この神戸女学院を1908年に卒業した満喜子は、先述の日本女子大学校で助手として「半ば生徒、半ば教師」の生活をはじめた。神戸女学院は、現在ではのちに満喜子の夫となる　W・メレル・ヴォーリズが設計した校舎（西宮市岡田山）によって有名だが、その前身となる女子寄宿学校（神戸市中央区山本通、通称「神戸ホーム」）の設立には、満喜子の伯父であり、福沢諭吉とも懇意であった旧摂津三田藩最後の藩主九鬼隆義がかかわっていた。

2　アメリカ留学中にアリス・ベーコンと出会う

　24歳となり、当時の婚期を過ぎた満喜子に、父は渡米を勧めた。そして、1909年（明治42）年、満喜子は神戸から出港した。当初は、ハワイのオアフ・カレッジ（Oahu College）へ留学する予定であったが、船中で出会ったアメリカ人にペンシルバニア州のブリンマーカレッジ（Bryn Mawr College）への留学を勧められ、結局、満喜子はブリンマーカレッジに入学すべく、その予備学校で３年間学んだ。また、寮での生活において、満喜子は脳性小児麻痺などの障害がある友人とともに過ごした。ここでも、満喜子は、この友人たちの自立を支援するべく、彼女たち自身でできることを行うよう「自主」を促したのである。そして、満喜子はこの予備学校在学中の1910年12月４日に洗礼を受けている。

　ブリンマーカレッジへは、女子英学塾（現津田塾大学）創立者の津田梅子や恵泉女学園創立者の河井道らも留学している。満喜子も、３年の予備学校在学ののち、ブリンマーカレッジへ入学した。しかし、３年の時、腸チフスにかかり、半年を病床で過ごすことになる。一旦大学にもどるが、その後、満喜子は大学をやめ、アリス・ベーコンの事業を支えることとした。

　アリス・ベーコンの父は、エール大学神学校の教授であり、1872（明治５）年、日本からの女子留学生の下宿先を探していた森有礼の依頼に応じて山川捨松を受け入れた。アリスはともに暮らした捨松の招聘により、華族女学校（現学習院）、東京女子師範学校、女子英学塾の英語教師としてたびたび来日している。アリスは、1902（明治35）年にアメリカへ帰国後も教育に身をささげ、生涯独身であった。

　満喜子は、アリスの主催するサマーキャンプなどの事業を助け、そのなかで、「人間の平等性」「平和で民主的な社会の形成」について学んでいった。そして、満

92　　第２章　大正期・昭和初期の教師たち

喜子はアリスのもとで生涯働くことを心に誓っていた。アリスの遺産処理を任され、養女となるほど、アリスからも信頼を寄せられていた。しかし、1917（大正6）年、父の老衰により帰国せよという手紙が日本から届き、アリスの勧めにより、再びアメリカにもどると約束し、やむなく帰国する（翌年にアリス没）。

　満喜子はアリスとの関係からか帰国後しばらく、女子英学塾の講師を務めた。当時、津田梅子は病気により後継者を探しており、1918年2月17日付の山川捨松からアリスに宛てた手紙には、梅子の後継を満喜子に説得してくれるよう願う内容が記されている。しかし、満喜子には再びアリスの元へ渡米し、アリスの事業を継ぐ決意があったため、これを承諾しなかった。

3　ヴォーリズとの結婚と幼児教育の開始

　帰国後、広岡家は自宅や大阪の大同生命ビル、東京の別邸などの設計を建築技師であったW・メレル・ヴォーリズに依頼していた。この折、兄恵三は、英語が堪能でアメリカで多くの西洋建築を目にしてきた満喜子に、通訳兼邸宅設計のアドバイザーを依頼した。こうして満喜子とメレルは出会い、すぐに意気投合し、結婚を願った。しかし、満喜子は華族出身の令嬢であり、華族の女性と外国人の結婚は過去に例がなかった。したがって当初、周囲は彼らの結婚を認めなかった。1919（大正8）年、ようやく満喜子は宮内省の許可を受け、子爵一柳家から分家し、平民一柳満喜子として結婚した。新婚旅行先には広岡家の別荘のある軽井沢が選ばれた。その後、メレルと満喜子は毎年の避暑を軽井沢で行っている。

　結婚後、満喜子は蒲生郡八幡町（現近江八幡市）に移り住んだ。そこには、1917年からヴォーリズ合名会社の創立者の夫人たちの手でブランコなどの遊具を置いた「プレイグラウンド」があった。満喜子はこれを1920（大正9）年4月に引き継ぎ、本格的に運営を始めた。満喜子に運営が任された際に、「プレイグラウンド」は、池田町五丁目内で少し場所を移した。そして、放課後に集まる子どもたちを対象とし、子どものため

図1　開園当初の清友園幼稚園

一柳満喜子——近江八幡でキリスト教精神に基づく幼児教育

の建設的遊び場の提供と生活指導を行う教育事業と定められ、清友園と名づけられた。

1922（大正11）年の『湖畔の声』（近江兄弟社から発刊されている月刊誌）11月号所収の「清友園便り」には、月・水・金曜の午後3時から5時までプレイグラウンドが開園されたことや、園児は1ヵ月会費2銭を納めること（当初は満喜子の小遣いによって賄われていた）、記章をつけることなどの約束が定められたことが掲載されている。清友園には男子部と女子部があり、特別クラスの男子部ではヴォーリズ宅において、満喜子を講師として月曜は雑誌部、水曜は英語クラス、金曜は討論会を行い、木曜はロビア氏夫妻が運動を指導した。女子部は清友園において、月曜は読書および編み物、第2・3水曜は料理会、その他の水曜日は遊戯、金曜日は運動およびお話会を行った。いずれも出席平均数は30名であった。この「プレイグラウンド」は、少なくとも1941（昭和16）年まで存続した。

1922（大正11）年6月30日に幼稚園の認可願を滋賀県に提出し、8月23日に県から認可された。同時に、満喜子と富永操に保姆の認可もあり、満喜子を園長として、富永操、加藤ふじなどが保育にあたり、9月、清友園幼稚園が園児4名で開園した。11月には園児8名となっており、日曜以外毎日午前9時から正午まで保育にあたった。

1929（昭和4）年に満喜子は、1927年から渡米していた浪川岩次郎（近江兄弟社社員）の妹かつとともに、アメリカの幼児教育をはじめとする公衆衛生（ニューヨークの国立児童保健協会と国立保健協会）、視覚障害をはじめとする障害児教育（ホレイスマン学校、パーキンス研究所、デトロイトの養護学校やメリル・パーマ学校）、黒人教育（ハンプトン研究所）、女子教育（リンカーン学校）のほかワシントンの児童調査センター、イェール大学の教育実験所、コロンビア大学のデューイの実験学校の夏期大学などの視察を行っている。

このアメリカ滞在中、アイーダ・ハイド（メンソレータムの創始者アルバータ・アレクサンダー・ハイド夫人）より、3万ドルの寄付を受け、この資金を元に、八幡町郊外市井に敷地1607坪、建物407坪の新園舎と体育館（現ハイド記念館・教育会館）を建築。幼稚園は、1931年

図2　新園舎の遊戯室（A組保育室）

にプレイグラウンドとともに新園舎に移った。

　幼児教育を展開する一方で、満喜子は幼稚園教員の本格的養成を構想・実行し、1939（昭和14）年4月に近江兄弟社教育研究所（幼稚園保姆養成所）を開所した。ここでは、組織的な幼児教育者の養成が3ヵ年の計画で行われた。全額給費制・寄宿制で、朝から晩まで修養・研究・訓練が行われ、高等女学校やそれと同程度の学校を卒業した者には無試験で免許状が取れるようになっていた。この第1回の卒業生には西川はま子という聴覚障害者もいた。また、教育研究所から当時最先端の神戸の頌栄保育専攻学校（現頌栄短期大学）に学び、のち清友園に勤めるという例もあった。

4　満喜子の学園構想とその展開

　満喜子は、幼稚園教育を始める際に、教育対象となる目の前の幼児だけでなく、成人の世界や身の回りの社会を考え、その内に人間社会の負の部分「人間共通の弱点」を見出し、これを補うことを人間教育の理想とし、幼稚園の目的とした。そして、幼い頃から親しんだキリスト教、神のなかにその答えを求めた。

　まず、満喜子は人間発達の道程を、①自己中心（自己防護の本能）、②自己統制力（教育により自我を支配し、自由にこれを働かす力を持たせること）、③境遇を処する力（教育により社会良心を得させること）と考え、幼児にみる自己中心は我がままではないので、これが我がままになる前に教育を施し、自己統制力を身に付けさせなければならないとした。その方法として、満3歳には幼児はすでに少し我がままになっているので、集団環境を与え、「愉快な生活を味わわせることが大切」であると述べている。また、4歳児にはもっと広い世界、幼稚園全体とか国とか他の国とかの話を徐々にして、人類世界の観念に進める準備をするとしている。このようにして、「キリストを模範とする」「3年保育」（満喜子の理想は4年保育）を行ったのである。

　以上のように、満喜子は、人生における幼児教育の重要性を見出し、アメリカにおいてデューイの実験学校など当時最新の教育（新教育運動）を研究し、ちょうど日本にも大正自由教育運動が起こった同時期に、近江八幡の地にキリスト教を模範とする幼児の「自己統制力」に注目した幼稚園を設立したのである。大正自由教育は、全国的には主に小学校を中心として行われたが、満喜子はこれを幼児にも成し得ると考え、幼稚園に導入したことに独自性が見られる。

一柳満喜子――近江八幡でキリスト教精神に基づく幼児教育　　95

上のような幼児教育に加えて、メレルの滋賀県立八幡商業学校英語教師解職（1907年）後も生活をともにし、メレルを支えた吉田悦蔵により、1933（昭和8）年には、近江勤労女学校が新入生16名で開校している。この女学校では、女学生に対して、学業の一方で一定時間のメンソレータム製造工場（現在の株式会社近江兄弟社）での勤労を課し、授業料を免除した。また、同年5月、メンソレータム製造工場の女子従業員（約50名）を対象として、企業内にも吉田悦蔵により「向上学園」が設立された。これら、近江勤労女学校や「向上学園」の事業が、のちの近江兄弟社中学校・高等学校・高等学校定時制部の前身となる。

　1935年には、満喜子が責任者となった「大林子供の家」が幼稚園の分園事業として大林公衆浴場2階に設けられ、保健衛生指導が行われた（1939年には清友園幼稚園に合流）。さらに、近江兄弟社の戦前の社会教育活動として、米原・堅田・今津・水口にも幼稚園が設立され、その他にも幼児から成人を対象とする多数の学校等も設けられたが、これらに満喜子がどの程度かかわったかは不明である。

　このように、順調に拡大していった満喜子と近江兄弟社の教育実践だが、戦争の激化とともに、1942（昭和17）年には向上学園を閉鎖、一柳夫妻は軽井沢への滞在を余儀なくされた。メレルはその前年である1941年に帰化し、一柳米来留と名乗ったが、アメリカ出身のためにスパイの容疑がかけられたこともあった。

　軽井沢滞在中、米来留は東京帝国大学に英語講師として招聘され、週に1度東京まで訪れた。一方、満喜子は軽井沢合同教会の附属幼稚園において、カナダに帰国した園長の空席を満たした。このように、満喜子は近江八幡を離れても教育の場を離れることはなかった。

　戦後、近江八幡にもどった満喜子は近江兄弟社の教育事業の再出発に取りくんだ。すなわち、従来からの幼稚園事業に加え、1947年4月以降の近江兄弟社小学校・中学校・高等学校・高等学校定時制部（1978年廃部）の整備である。1951（昭和26）年には、学校法人近江兄弟社学園（2015年よりヴォーリズ学園と改称）を設立し、初代理事長を一柳米来留とし、満喜子は学園長となる。その後も満喜子は、1969（昭和44）年9月の死去まで様々な教育・社会活動に携わった。

◆参考文献
一柳満喜子『教育随想』近江兄弟社学園　1959年（1966年第2増訂版）
Grace N Fletcher『メレル・ヴォーリズと一柳満喜子──愛が架ける橋』水曜社　2010年
木村晟『近江兄弟社学園をつくった女性 一柳満喜子』港の人　2012年

［浅井　雅］

第4節

河村豊吉　国語教育を究める

［かわむら　とよきち］1888（明治21）年、愛知郡東押立村中里で生誕。1909（明治42）年に滋賀県師範学校を卒業。愛知郡の八木荘校、稲村校を経て1916（大正5）年、滋賀県女子師範学校訓導となり、滋賀県師範学校附属校で秋田喜三郎と国語教育を研究。1920（大正9）年、滋賀県男子師範学校首席訓導となり、その後、金田校校長、31年に愛知川校校長となる。1937（昭和12）年に死去。

　河村豊吉は秋田喜三郎とともに滋賀県における国語教育のすぐれた実践者として知られていた。とくに鈴木三重吉との交流から『赤い鳥』運動の滋賀県における中心的存在であり、また、読方教育を中心に『国語読本学習書』16冊、『国語学習読本』3冊、『学習指導読方教育の実践』などの著述がある。

1　国語教育の革新をめざす

(1)　八木荘校・稲村校で「読方教育」を深める

　河村豊吉は1888（明治21）年7月、愛知郡東押立村（現東近江市）中里で生まれた。1909（明治42）年に滋賀県師範学校を卒業、最初の赴任地は愛知郡八木荘校（現愛荘町秦荘西小学校）であり、7年間の在任中、河村は読方教育に力を入れた。

　河村は、「読方教授の目的より観て大意把握の方法を論ず」（『滋賀県教育会雑誌』第232号）のなかで、のちに河村の国語教育に大きな影響を与えた芦田恵之助や読方教育で知られた広島高等師範学校の友納友次郎、リンデの『言語教育論』の考え方を丁寧に紹介している。当時、読方教授に関わる多くの教師は一字一語の解釈にだけ力を入れ、訓話的説明に終始してしまい、文章全体から子どもたち自身に意味をとらえさせるということがほとんどできていなかった。そこで、作者の思想感情を正確に把握させるため、段落ごとに文意を子どもたちに考えさせ、それらをもとに文章全体の意味をとらえさせるべきだと提言した。

　河村は、尋常科5年の「保安林」の授業で、子どもたちに一段一段の意味を確認させたうえで、全6段落で作者が何を言おうとしているかを考えさせている。

第1段の森林の利益が薪炭材木以外に何があるかという疑問提示をもとに、第2段から第5段において、災害防止、保水、漁業の利益といった理由を確認し、第6段において、だから保安林が必要であるとする作者の意図をとらえさせている。

1916（大正5）年、河村は愛知郡稲村校（現彦根市稲枝北小学校）に転任するが、この年9月には、滋賀県女子師範学校附属校に異動した。

(2) 尋常小学読本を研究する

河村は、秋田喜三郎滋賀県師範学校附属校訓導と共同で、滋賀県教育会の機関誌に「尋常小学読本各教材の努力点と其の取扱方」を投稿した。『滋賀県教育会雑誌』第270号から『近江教育』第291号まで19回にわたる連載であった（第279号から『近江教育』に改題）。

国語読本の教材の扱い方として、河村は、「導入」の話題例や、「段落」の把握の仕方、「読方」の注意、「文字練習」「語句練習」について詳述した。とくに文章の把握において、「いつ」「どこで」「だれが」「だれと」「どうした」ということを丁寧に確認し、各段落を総合して、文全体で作者が何を言おうとしているかを把握させるべきだと主張した。なお、「読方」だけでなく、「綴方」についても留意し、日常の生活で注意深く見たり聞いたりするように指導して、何をどう書けば相手に自分の思いが伝わるか、を考えさせた。

(3) 国語の入学試験問題をめぐる提案と綴方教育

河村は新聞『近江新報』（1919年2月21日〜3月29日）に「県立中学校の国語科入学試験問題を批評して其の革新を論ず」を断続的に投稿した。「問題は児童の生活に触れたもの、平易なもの普通にして応用広きものから採択」し、文語文の出題や日常語でない語句の出題を排することを提案した。また、「綴方の文体は児童の随意とすること」や「口頭試問」を要請するなど、20点の改革案を提示している。

この改革案に対し、中学側も難易な発問を減らすなど工夫を凝らした点もあったが、全体的には従前と変わらなかった。このため、河村は「再び入学試験の革新を論ず」（『近江教育』第292号・第293号）を寄稿し、以下の4点を提案した。

①入試制度について、中学校入学希望者を全員受け入れる。

②中学校の受け入れ数が少し増加したとはいえ、現実的に全員受け入れが当面は困難なことから、入学試験ではなく「小学校教師の推薦」によって入学生

を選ぶ。

③数学重視の入試や国語科の暗記的入試ではなく、口頭試問と綴方の出題をすること。とくに国語力を正しくつかむため、長文記述出題にする。

④綴方や口頭試問による解答では、文意把握の理解力を重要視する。

1920（大正9）年4月、秋田喜三郎は奈良女子高等師範学校附属校に転任、河村も滋賀県師範学校附属校首席訓導となった。当時、男子・女子両方の師範学校附属校勤務となるのは極めて稀であった。直観を重視した低学年教育や裁縫などの女子教育に力点を置いていた女子師範学校附属校での経験と、上級学校への進学を意識した教科中心主義の師範学校附属校での経験は、その後の河村にとって、尋常科1年生から高等科2年生までの8年間を見通した国語教育の指導方法展開に大きな影響を与えた。

2　金田校で村民と子どもに図書館教育を行う

1923（大正12）年4月30日、河村は蒲生郡の金田校（現近江八幡市金田小学校）校長として赴任する。この年12月、河村は村費150円、青年団と処女会からの拠出金250円、村民の寄付金600円、合計1000円を集めて青年文庫（225冊）処女文庫（162冊）児童文庫（400冊）の計787冊を購入、小学校校舎の一部を利用して村立金田図書館を開設した。河村が図書館長を兼任し、児童に週1時間の自由読書の時間を特設した。また、小学校尋常科卒業後、やむなく進学できなかった青年に学習する機会として、「青年文庫」と「処女文庫」の巡回文庫を実施した。毎年1月から4月まで各字の集会所や寺院、理髪店を巡回した。さらに、図書館を住民に開放し、各種団体の集会で読書について講演を行った。

河村は、「もっと学べ、もっと利益を得給え、諸君の図書館だ、用い給え、今から始め給え、幾度も反復し給え、諸君の友人を誘い給え」と図書館に掲示し、図書館の有用性と活用を訴えた（『滋賀の図書館』）。

1926（大正15）年、河村の師範学校3年後輩の谷騰が昭和学園を開校した。大正新教育運動における「新学校」として、県内で唯一開校したのが昭和学園であった。谷は、先輩である河村のもとを訪問し、多くの助言や支援を受けた。昭和学園の国語教育では、河村が編纂した『国語読本学習書』を活用していた。

3　自学自習のための国語教材集づくり

(1) 『国語読本学習書』の編集と発行

1925（大正14）年から1928（昭和3）年にかけて、河村は「読方学習指導案の研究」を『近江教育』に投稿した。このなかで河村は「自学自習」について、八波則吉や西田幾多郎の文章を引用しながら、画一的教授法と「放漫な自由教育論」「児童一点張りの学習教育論」を否定している。児童とともに歌い、舞い、遊ぶ心を持ちながら、教師として教えるべきことを教えきる大切さを唱えた。また、読方の自学自習についても、字引を活用するだけの活動学習は自学自習ではなく、教師が作品のねらいや留意点をあらかじめ例話などを語ることで、児童の学習意欲と学習の方向性を与えることが大切であるとしている。

河村は自ら学び調べる自律的学習をめざし、国語読本の「自学自習」用に『国語読本学習書』16冊と、副読本『国語学習読本』3冊を西濃印刷から出版した。河村は尋常科6年間と高等科2年間の各2冊を刊行、最終刊は1939（昭和14）に発行されている。それは河村の死後2年後のことであった。

図1　『国語読本学習書』

表1　『国語読本学習書』巻6　目次

○秋が来た	水谷まさる
○小鳥の先達	島崎藤村
○焼栗と渋柿	島崎藤村
○アンテナ	川路柳虹
○牧神と羊の群れ	秋田雨雀
○靴屋さん	北原白秋
○葭切	三浦喜雄

『国語読本学習書』は、県内はもとより、岐阜・東京・福井・群馬・広島など他府県でも活用され、巻頭に元滋賀師範学校校長山路一遊、奈良女子高等師範学校附属校の秋田喜三郎、成城小学校の奥野庄太郎が推薦文を寄せている。同書には、野口雨情や島崎藤村、西条八十、北原白秋らの作品が掲載された。漢字の書き取りや読み方の練習、語句の使用についての説明、熟語構成や文の読み取り方、速読のテストのポイントなどが書かれ、1部10銭で販売された。

1931（昭和6）年、河村は芦田恵之助を研究会講師として金田校に招いた。芦

田は「芦田教式（七変化の教式）」で知られ、「一　よむ　二　とく　三　よむ　四　かく　五　よむ　六　とく　七　よむ」という1単位時間の構成を通して「自ら学び、自ら考える」授業の大切さを訴えた。

　同年、河村は鈴木三重吉との交流を通して、近隣の学校に『赤い鳥』を配布し、自由詩や綴方の有用性について積極的に推奨していく。

(2)　愛知川校を国語教育のメッカとする

　1931（昭和6）年4月、河村は愛知郡愛知川校（現愛荘町愛知川小学校）校長として赴任した。ここでも河村は自ら編纂した『国語読本学習書』と『国語学習読本』を使った授業研究会を頻繁に開催した。また、愛知川の宝満寺本堂裏の部屋を借り、毎月1回土曜日午後に近隣の小学校教員有志を集めて「田楽会」と名付けた国語教育研究会を開催した。ここで河村は味噌田楽を食べながら、「芦田教式」や『赤い鳥』運動、読方教育について意見交換し、『和光』という同人誌を発行、河村は、道明やを、清水よね、藤居彰子ら女子教員のリーダーを育てていく。1932（昭和7）年度の学校日誌からは、ほぼ毎月河村が示範授業を行っており、国語の授業研究会も頻繁に行ったことがわかる。「国語教育の愛知川」として知られるようになり、県内外から参観者が絶えなかったという。

　河村は愛知川校において「回覧試験」と呼んだ期末考査を夏休み前に実施し、採点したクラス全員の答案を、夏休み中に各家庭へ回覧した。勉強はできなくても俊足であるとか、当番の仕事は確実にする子であるとか、自由詩に優しい視点があるといったコメントが書かれており、一人ひとりの長所を地域で知り、支えていくことを大切にしたという。また、大きな声で感情をこめて教科書を読む練習をくり返し、学校の行き帰りに暗唱したとふり返る卒業生も多かった。毎週月曜日の全校集会では、各クラスの代表者が、暗唱した教科書の朗読を発表させる機会も作っていた（『近江愛知川町の歴史』第2巻）。

(3)　愛知川校と『赤い鳥』への投稿

　河村は『赤い鳥』を購読する学校を増やすとともに、子どもの作品の指導者として藤居貞之助、大塚泰三、太田貞治郎らを愛知川校に招いた。とくに藤居は、八日市の御園校において河村から贈られた『赤い鳥』を見て、子どもたちに自由詩を多数投稿させていた教師であった。その内容も高い評価を得ていたことから、河村は藤居を愛知川校へ招き、国語教育の指導者の中心的存在として位置づけて

いく。

　河村らは子どもの自由詩の指導に力を入れ、北原白秋や鈴木三重吉から特選、推薦、推奨などの評価を得ている。

　1919（大正8）年の第3巻第4号から、1936（昭和11）年の復刊第12巻第2号までの『赤い鳥』101冊に掲載された滋賀県24校の自由詩425点の内、愛知川校の作品は196点もあった。1936（昭和11）年に出された鈴木三重吉追悼号には10点もの愛知川校児童の作品が掲載されている。

　1937（昭和12）年3月31日、愛知川校の大講堂建設などに尽力をしていた河村であったが、体調を崩して退職。

　同年6月12日、病のために亡くなった。

図2　『赤い鳥』復刊第10巻第2号

◆参考文献
池野北堂編『教育に親しむ人々』その二　江州公論社　1934年
河村豊吉『学習指導読方教育の実践』　玄文社　1935年
山本稔・仲谷冨美夫・西川暢也『『赤い鳥』6つの物語──滋賀児童文化探訪の旅』サンライズ出版　1999年
『近江愛知川町の歴史』第2巻　愛荘町　2010年

　　　　　　　　　　　　　　　　　　　　　　　　　　　［坂尾昭彦］

第5節

柚木勝久　地理教育の革新と提案

［ゆのき かつひさ］　1887（明治20）年生まれ。1906（明治39）年に滋賀県師範学校男子部を卒業。1911（明治44）年に滋賀県師範学校附属校訓導となり、14（大正3）年から甲賀郡の佐山校、雲井校、北杣校を経て、東浅井郡視学、愛知郡視学となる。のち甲賀郡佐山校、伊香郡木之本校、栗太郡草津校の訓導兼校長。柚木は訓導時代に地理教育や、書方教育の実践者として知られた。1940（昭和15）年、在任中に死去。

　滋賀県教育会の機関誌上に、国語教育や地理教育に関する論稿を発表して、教科研究を発展させた大正期から昭和戦前期の新教育運動のすぐれた教員がいた。その1人である柚木勝久の書方教育と地理教育の実践、昭和戦前期の校長としての学校経営の取りくみを見ていく。

1　地理教育の革新をめざす

(1)　師範学校で書方教育を研究

　柚木勝久は1906（明治39）年3月に滋賀県師範学校男子部を卒業した。旧姓は山川。同期の卒業生に綴方教育の板橋弁治、感化教育で知られる下司雄太郎らがいた。柚木は24歳で滋賀県師範学校附属校訓導として赴任し、1911（明治44）年8月29日から14（大正3）年3月31日まで、2年7ヵ月間、在勤した（『滋賀県師範学校六十年史』）。当時の滋賀県師範学校附属校には、国語教育の秋田喜三郎、国史教育の佛性誠太郎といった若手が活躍していた。

　秋田や板橋、鳥谷尾友次郎、岡田重治郎らは、滋賀県教育会の機関誌『滋賀県教育会雑誌』に、綴方や書方、読方について積極的に投稿し、県内の教師たちと実践を交流していた。柚木が初めて同誌に投稿したのは1911（明治44）年であった。当時、柚木は初歩の書方について研究していた。1900（明治33）年の「小学校令」改正（第三次「小学校令」）で習字は教科でなくなり、新設された「国語科」のなかに書方として位置づけられた。1903（明治36）年頃、書方は行書先習から楷書先習に変化、子どもたちの筆記具は毛筆ではなく鉛筆による硬筆が主流と

103

なっていた。しかし、硬筆による筆記の基礎として、運筆の上から毛筆を重要とする考え方が生まれてきていた。柚木は「初歩書き方教授の研究」で、小学校の書方初歩では毛筆による運筆習得が必要である、と主張した（第212号　1911年）。

(2)　佐山校で始めた地理教育における「準備教育」

　柚木が滋賀県師範学校在学中の1903（明治36）年、国定教科書制度が導入された。国定教科書第1期『小学地理』では、旧来の八道85ヵ国の地域区分から、八地方区分に台湾を加えた地域区分が採用された。また、京都からはじめて日本の各地方を学ぶのではなく、東京から順に各府県を学ぶ日本地誌に変化した。

　1907（明治40）年、義務教育年限が4ヵ年から6ヵ年に延長された。これにともない、それまで高等科配置の地理科と日本歴史科は、尋常科5・6年の教科となった。10（明治43）年、国定教科書も日露戦争後に新領土となった南樺太と朝鮮を加えた11地方区分となり、「本州中部地方」としていた呼称は「中部地方」と改められた。このような制度面の変化と国定教科書の改訂にともない、尋常科5・6年でどのように地理科を教えていくべきかが当時、大きな課題となった。

図1　『滋賀県教育会雑誌』第223号

　14（大正3）年、滋賀県師範学校附属校から甲賀郡佐山校（現甲賀市佐山小学校）に転任した柚木は、地理科の教授法に困惑していた教員のために、『滋賀県教育会雑誌』第223～233号に「地理教授毎月資料」を連載した。

　1907（明治40）年に明石女子師範学校附属校主事及川平治は「準備教育」を提唱した。及川は、教員が事象や用語を説明するだけの授業ではなく、子どもたちに資料を調べさせ、発見させる学び方の準備として、基礎基本の説明が重要であるとした。

　柚木は及川の提唱をふまえて「地理教授毎月資料（4月分）」（第223号）の最初に「準備教授」について次のように述べている。

「読本教授並に校外観察等により地理的基礎知識の教授と実地の踏査とはなさしめたるも、更に尋常第5学年の最初3時間を以て想像地理に移る準備として、所謂整理的の準備教授をなすを可とせん。」と書き、その具体的方法として郷土の模型と郷土地図を利用し、通学路の学校までの距離や方位、高低について直観をもとに調べさせたり、地図を見て他県との面積比較をしたり、地図記号の確認や箱庭を活用した縮尺観念を養成するなど、「準備教授」の名で子どもを主体とした教育の必要性を説いた。

1920（大正9）年、甲賀地域の小学校教員35人により子どもたちが本来持っている力を引き出す教育をめざして、明正倶楽部が結成された。新教育を提言していた水口高等女学校校長岩谷良蔵らの指導のもとで、子どもたちを主体とした学習方法について教員の自己研修の場であった。

明正倶楽部で活動した柚木の友人の稲岡澄瑞（甲賀郡長野校田代分教場訓導）は、明正倶楽部の講演会に招いた谷本富の「自学輔導」や、及川の分団式動的教育を長野校で実践し、同校の『教育実施案』を作成した。また稲岡は、分教場から隣接する田代天満宮までの距離を子どもたちに実地に歩かせて距離感覚を体感させる学習をした。

「地理教授毎月資料」では、柚木は新出用語を説明もなく使用することは、学習者にとって何の力にもならず、用語自体を忘却するだけだと批判するとともに、地元滋賀県の地理については、統計資料や最新情報を盛りこむなど、教科書記述以上の時間を授業のなかで取りいれることで、子どもたちの興味関心を高めさせるべきだと主張した。

柚木は1916（大正5）年に、雲井校（現甲賀市雲井小学校）訓導兼校長として異動する。翌17（大正6）年には北杣校（現甲賀市貴生川小学校）に転任、20（大正9）年に東浅井郡視学となり、翌21（大正10）年には愛知郡視学となっている。

1923（大正12）年、柚木は愛知川校を訪れ、授業を参観、図画・算術・地理・歴史・読方について批評をしている。地理と歴史では「人文」という言葉を使い、教科書の言葉を教えるのではなく、観察や背景について考えることも求めている。

1925（大正14）年、柚木は佐山校へ再び訓導兼校長として赴任している。

2 柚木の教育観「吾道」と木之本校の学校経営

(1) 柚木の教育観「吾道」

1927（昭和2）年4月、柚木は伊香郡の木之本校（現長浜市木之本小学校）校長として赴任、その後10年間、同校の教育に携わった。柚木が赴任した時の木之本校は生徒数811人、教員15人という伊香郡で一番の大規模校であった。賤ヶ岳トンネルが開通（8月）し、自動車が走るようになり、木之本は北国街道と北国脇往還の結節点の場所として栄えていた。

木之本校では、柚木はラジオ体操を始めたり（1928年）、夏季に短期休校を実施したり、字別の保護者懇談会を行うようにした（1929年）。音楽会の開催（1932年）や運動場の拡幅工事（1934年）にも尽力している。

1933（昭和8）年、柚木は『近江教育』第451号に「吾道」を投稿した。さらに「吾道への復帰之れ新興教育（二）」（第452号）を、翌年兼任した木之本実科高等女学校長として「我校教育概要」（第463号）を書いて、自身の教育観について述べている。

口腔衛生の必要性を唱え、自ら毎朝歯磨きに取りくんだ。心身を鍛えるためには健康の保持が大切であり、なかでも虫歯を減らすことが重要であると考えた。歯磨きは学校だけでなく、家庭の協力も必要であり、家庭訪問による呼びかけを行い、毎週5日間、クラスごとに生活寮で寝食をともにする（実現はしなかったが）健康的な体力づくりを試みようと考えていた。運動については、選手制による勝利主義よりも、だれもが運動に親しむことを大切にした。そのために施設や校具の充実と整理を求めるとともに、プールで鮎を飼ってみるとどうなるかなど、観察に必要な施設利用の工夫にも力を入れた。

また、教員の「雑務的負担」軽減を目的に「統制教育暦（年間指導計画）」の編纂に意気ごみを示し、効果的な教育能率について着目していた。思いつきによる授業展開を批判し、指導案を作成し、実践を残して記録するとともに保存していくことで、次年度以降も計画的に授業展開ができるとした。そのためには、授業研究の時間確保をするべく、教育上無駄な外部からの要望を拒否することを求めた。

子どもに良書を薦めるためには、教員自らが「良書の精読」をすることが必要であり、西田幾多郎の『善の研究』、西周の『国民道徳講話』や『実践哲学概論』の精読を求めた。

また、随意の家庭訪問の重要性を説き、観察記録の徹底と弱者に配慮した指導案の立案を求めるなど、生徒を主体とした教育を重要視した。とくに遠足などに参加ができない子どもと保護者に配慮していくことを教員に強く求めた。さらに、多感な子どもたちの心に寄りそうために、話と運動が上手な教員になることを勧めている。

(2)　木之本校での学校給食の実践

　木之本校の柚木実践で注目すべき内容に、学校給食の実施がある。『近江教育』（第479号）に、木之本校での「学校給食実施状況と将来の計画」を寄稿した。学校給食臨時施設方法（1932年）により、木之本校でも国庫補助による貧困児童救済のための学校給食を1933（昭和8）年から実施した経緯とその結果、課題点の分析をしている。昭和恐慌（1930年）の影響は木之本にもおよんでおり、経済的に困窮する家庭が多く存在した。木之本町の給食開始直前の職業別人口を見ると、農業人口が半数を占めていた。経済的に不安定な日雇労働者と無職者の人口は、全体の27％を占めていた。

　学校給食は全校生徒を対象としたが、欠食児童には主食と副食を、その他の昼食持参生徒には副食を給食するというも

表1　給食の献立（1934年9月〜35年3月）

	欠食児童	栄養不良児童	偏食児童
月曜日	雑魚	黄粉	卵と漬物
火曜日	煮豆	昆布	肉
水曜日	味噌胡麻	鰹雑魚	豆と味噌汁
木曜日	塩鱒		豆腐と海川魚乾物
金曜日	煮豆		生の海魚
土曜日	雑魚		生の川魚

のであった。父兄会で説明後、欠食児童宅（9人）を家庭訪問し、給食について説明を行い、実施した。しかし、約1年間の実施のなかで、昼食持参生徒のなかにも、栄養不足（106人）や偏食（168人）の課題が見つかった。そこで、偏食矯正もふくめて、副食の量や質に工夫をこらして実施した。柚木は給食担当教員と一緒に木之本実科高等女学校の割烹室（調理室）で会食し、食事の大切さについて話すとともに、ふだんの食事状況調査も継続的に実施した。

　学校給食の調理は高等科女子生徒に協力させ、小学校の女性教員と一緒に、毎週月曜日の放課後、材料の準備を行わせた。欠食児童の弁当は、翌日早朝に準備をして弁当に詰め、小使室に並べ、手渡した。児童は昼食後、小使室に返却をし、実科高女の生徒たちが洗い物などをした。

　木之本校では最大150名分の給食を準備する形ができあがり、栄養士の雇入

れも計画、女子生徒以外にも有志者の奉仕を呼びかけている。また、身体測定や校医の診察、給食座談会の実施など、積極的な取りくみがなされていた。

3　日中戦争下の草津校における学校経営

　1937（昭和12）年4月、柚木勝久は木之本校から栗太郡の草津校（現草津市草津小学校）校長に転任した。郷土教育の実践者として知られた小西菊之助の後任であった。赴任当時の草津校の児童数は1246人、栗太郡では瀬田校に次ぐ大規模校であった。

　同年7月7日、盧溝橋事件をきっかけに日中戦争が始まり、草津校をめぐる環境も、日に日に戦時下の様相を示していった。草津町では、町長と柚木が応召者の家を訪問、出発の当日には草津校の児童とともに草津駅まで歓送、7月29日には立木神社で国威宣揚、武運長久の祈願祭に参列している。南京陥落では提灯行列が行われ、戦意高揚の集会が各地で開催された。防空法が10月1日に施行され、自衛防護を目的とする特設防護団が組織化されると、草津校でも防空演習や消防訓練が実施されていった。戦線の拡大とともに、戦死者に対する町葬が草津校でも行われるようになった。

　草津校は1学年3学級編成で、クラスは智、仁、勇と呼称され、智組は男女混成、仁組は女子、勇組は男子学級となった。愛国貯金が始まり、前庭にサツキを100本植樹し、低鉄棒を校庭に設置したりした（1938年）。衛生寮、家庭寮、青年寮からなる第五校舎の上棟式と、土俵場修祓式を挙行（1939年）するなど、学校整備にも努めていた。

　1940（昭和15）年1月、柚木は病に倒れ、在任途中でこの世を去った。

◆参考文献
『滋賀県師範学校六十年史』　1935年
『草津市史』第4巻　1988年
『甲賀市史』第4巻　2015年

［坂尾昭彦］

第6節

山本清一郎　滋賀盲教育の先達

［やまもと　せいいちろう］1879（明治12）年山本清兵衛の長男として生まれる。97（明治30）年網膜剥離で失明。99（明治32）年京都市立盲啞院鍼按科に入学。1908（明治41）年5月私立彦根訓盲院を開院。09（明治42）年長谷川たいと結婚。26（大正15）年4月滋賀県盲人会を発足。28（昭和3）年3月私立彦根訓盲院が滋賀県立盲学校として県立移管。48（昭和23）年盲学校長を退職。60（昭和35）年まで講師として指導。61（昭和36）年死去。

　滋賀県では、視覚障害者のための学校として、1908（明治41）年に山本清一郎が私立彦根訓盲院（以下彦根訓盲院）を設立し、1928（昭和3）年に滋賀県立盲学校に移管された。山本清一郎に着目しながら、近代滋賀の盲教育（視覚障害教育）草創期について振り返りたい。

1　失明経験と清一郎の決意

　山本清一郎は、1879（明治12）年11月15日、滋賀県甲賀郡寺庄村（現甲賀市甲南町）にて山本清兵衛の長男として誕生した。山本家は、江戸時代より庄屋を務める家柄で、父も寺庄村村長や滋賀県会議員を務める等、名望家として活動した。社会的、経済的に不自由のない少年時代を過ごしていた清一郎に予期せぬ転機が訪れたのは、清一郎17歳の1896（明治29）年のことであった。以前より患っていた網膜剥離により、清一郎の視力が著しく低下したのである。両親は治療のために清一郎を京都や東京の病院に通院させたり、一家で神仏に祈禱したりしたが、その甲斐なく、清一郎は同年左眼を、翌年右眼をそれぞれ失明した。失明直後には自殺も考えた清一郎であったが、周囲の支えもあり、「大いに知識を欲求し」「書籍さへ読れば自由に精神界に活動が出来る」（『近江教育』第314号）ことを自覚し、1899（明治32）年に、京都市立盲啞院（以下、京都盲啞院）鍼按科に入学した。

　京都盲啞院は、古河太四郎が1878（明治11）年5月に中京区御池東洞院に設立した日本最初の盲啞学校である。京都盲啞院は、明治中期には財政不足により廃

109

院の危機に瀕したが、2代院長（1889～1915年）鳥居嘉三郎によって再興された。清一郎の在学期（1899～1903年）は鳥居院長在任期に相当し、清一郎自身、鳥居から「君は滋賀から来ているのだから本院を卒業したら、郷里滋賀県の彦根あたりで、本院の出張所のようにして盲人の教育所を、開設してはどうかね」と、滋賀での盲学校設立をもちかけられたことを記している。ただ当時の清一郎には盲学校設立の意思はなかったが、後々「あの時院長の云われた言葉が縁となって、それがいつとはなしに私の耳底深く残り追々芽生え、遂に実現した」と記し、鳥居の影響を受けて滋賀での盲学校設立を決意したことを明かしている。明治後期は、盲聾唖児童の増加に対して盲唖学校の設置が十分でなかった時期に相当する。

『明治大正国勢総覧』（1927年）によると、1903（明治36）年度の全国の学齢児童（満6歳以上満14歳以下の者）中の盲児童は4587人、聾唖児童は6729人となっているが、そのうち盲学校に修業できた盲児童は85人（通学率1.8％）、聾唖学校に修業できた聾唖児童は391人（通学率5.8％）に過ぎない。鳥居にとって各地に盲唖学校を設立することは喫緊（さしせまって大切なこと）の課題であり、京都盲唖院の卒業生を盲教育の指導者にしたい意思があったことがうかがえる。

実際、彦根訓盲院が設立された1908（明治41）年前後に、富山、日向、奈良にそれぞれ盲学校等が設立されているが、いずれの学校も京都盲唖院鍼按科を卒業した、舘井文治郎、関本健治、小林卯三郎らによって設立されている。山本をふくめた4人の卒業生は鳥居院長期に在学し、鳥居の影響を受けたことが考えられる。なお、清一郎は、熱心なキリスト教徒であった鳥居の影響から在学中に洗礼を受け、キリスト教徒となっている。

2　彦根訓盲院の設立

1903（明治36）年に京都盲唖院を卒業した清一郎は、その後も引き続き、同校の普通科助手として職を得た。しかし、2年後の1905（明治38）年には、「神経衰弱症」により退職し実家で静養することとなる。滋賀にもどった清一郎は「周囲にいる盲人達が如何にも不びんな日を送っている現状を見て同情の念押えがたく彼等を救済して、明るい世界に導いてやるのは先輩としてのつとめであると痛感し」、盲学校設立を決意することとなる（『開けゆく盲教育』第7集）。

盲学校設立に向けて、まず清一郎が考えたのが訓盲院設立地の選定である。清一郎は大津等の複数の候補地を検討した結果、彦根を選択する。清一郎は、「見

110　　第2章　大正期・昭和初期の教師たち

ず知らずの土地」であった彦根を選択した理由として、①彦根が地理的に県の中央に位置すること、②彦根の人の「盲人に対する態度は(中略)全く親切と慈愛と尊敬の念をもって遇してくれた」ことをあげている。とくに、②の背景として「井伊家は常に盲人を寵愛して何かにつけて援護の手をのばしてくれた」(『開けゆく盲教育』第6集)ことを指摘している。実際、「彦根市史稿」には、彦根藩主・

図1　創立1周年記念写真
(1909年5月)

井伊直興が元禄8 (1695) 年に「城下の町医者に絹衣着用を許すと同時に座頭にも古着の絹布着用」を許すなど、井伊家が盲人を保護したことが記されている。清一郎自身も盲人に対する「親切と慈愛と尊敬の念」を感じとり、彦根での盲学校設立を決意した。その後、清一郎は母校の鳥居院長をはじめ、京都、大阪、滋賀の篤志家200名余りの署名を集めるとともに、武田豊蔵犬上郡長や鯰江与惣次郎彦根町長、彦根基督教会の中島宗達や速水正伯らの支援もうけながら、1908(明治41)年5月4日、彦根町外馬場町(現彦根市京町2丁目)の民家を借りうけて4名の生徒で「私立彦根訓盲院」を開院した。開院時に作成された「私立彦根訓盲院設立趣意書・規則」によると、同院には普通科(5年)と鍼按科(3年)の2科が設けられ、「専ラ盲人ノ子弟ヲシテ其品性ヲ陶冶シ、併セテ独立自活ニ須要ナル鍼按ノ職業教育ヲ授ル」ことがめざされた。同月5日には、犬上郡長をはじめ40名以上の来賓を招いて開院式が盛大に挙行された。

ただ、開院当初の経営状況は厳しく、1918(大正7)年の卒業生は当時のようすについて、「生徒は私を含めて、僅か四名、畳敷の部屋の真中に小学校の古机が四脚並べられて、事務室といおうか、職員室というのか、小さなテーブルと桂[ママ]時計があるだけで、何一つ学校らしい道具はない」と記している。開院当初は、近隣の東小学校(現彦根市城東小学校)から机や椅子を借りうけ、教具は京都盲啞院から借用するという有様で、卒業生の回想からも十分な学習環境でなかったことがうかがわれる。清一郎の手記にも「毎日午后三時授業終了後、事務員を伴って有志、慈善家を訪門[ママ間]し、寄附を依頼」して歩いた。清一郎自身「もとより覚悟の上とは云えずい分、困難なこともあった」と述懐している(『開けゆく盲教育』第7集)。

そのような清一郎に心強いパートナーが現れる。1909（明治42）年6月に結婚したたいである。1880（明治13）年、甲賀郡大野村（現甲賀市土山町）に誕生したたいは、幼い頃に両親をなくし父方の祖母に養育された。縁あって清一郎と結婚したものの、たいにとっても訓盲院経営の苦労は大きかった。たいの手記には、「授業が終わると清一郎は、寄附金の募集に東奔西走、町内はおろか高宮、多賀近住へお願いにあるきました。（中略）私も寄附募集など一生けんめい手伝いました」と記している。また「寄附を頂きに行きますと、まるでこじきが来たように言われて涙が出た事」やたいが娘と心中を図ろうとしたこと等も記されている。設立当初の2人の苦労は私たちの想像を越えるものがある（『開けゆく盲教育』第12集）。

　山本夫妻のこうした苦労は、生徒たちにも理解されていたようで、1924（大正13）年の卒業生は、「校長山本先生は幾つかの授業を受持ち、放課後では有志者の訪門[ママ]や、寄附金の募集の為、東奔西走せられ席の暖まるまもない有様でした。又校長夫人は二人の愛児を育て乍ら、先生の秘書となり、又寄宿舎の舎監も兼ね、まかない、炊事万端の世話、小使や女中の仕事まで一身にひき受け赤ちゃんを背おい乍ら盲生徒のやさしい母として行き届いた世話をして下さいました。（中略）私達生徒の感謝の思いは拙い筆やことばでは云い現すことは出来ません」と記している。また、生徒自らが、「先生御夫婦の御苦労を察し休みの日には近郡や、近村の有志を訪門[ママ]し寄附金をたのみに行つたこともあり又月々の寄付金の集金に出た」こともあった。師弟協同で学校資金が回収されていたことがわかる（『開けゆく盲教育』第7集）。

3　「県立移管」とヘレン・ケラーの来校

　このような2人の苦労にも限界があり、早晩「県立移管」することが望まれた。こうした中、県立移管の追い風となったのが、盲唖学校にかかわる法整備である。1906（明治39）年、全国の盲唖学校から400名余りの教員、生徒が東京に集まり、第1回全国聾唖教育大会が開催された。大会後、鳥居京都市立盲唖院長、古河私立大阪盲唖院長、小西東京盲唖学校長の3者は牧野文部大臣と面会し、盲唖学校の義務化を定める「盲唖学校教育令」の制定を要望し、大臣の賛同を得た。要望のなかには、「各府県下ニ府県立盲人学校、聾唖学校各一校ヲ設クルモノトス」ることがふくまれていた。同年以降も政府に対して継続的に建議がなされた結果、ついに1923（大正12）年8月に「盲学校及聾唖学校令」が制定された。法の制定

により、各道府県は盲学校・聾唖学校を設置すべきことや、盲人や聾唖者に普通教育を施して生活に須要な特殊な知識、技能を授けることが定められた。各道府県においては盲学校や聾唖学校の設置が急がれることとなるが、国からの予算措置は十分とは言えず、完全な義務化は第二次

図2　ヘレン・ケラー来校記念（1937年）
前列左5番めが清一郎、右端がたい

世界大戦後のこととなる。滋賀県では、法の制定を受けて、「私立彦根盲学校」（1924年に改称）を1925（大正14）年に「滋賀県代用校」に指定し、1928（昭和3）年4月には「滋賀県立盲学校」として県立移管した。県立移管したことで盲学校の財政面における不安は一旦解消され、1934（昭和9）年には彦根尾末町に本校舎、講堂宿舎等が移築、新築され、盲教育の充実が図られた。

　また1937（昭和12）年には、ヘレン・ケラーが盲学校を訪問した。ヘレン・ケラーは視覚と聴覚の重複障害者でありながら世界各地を訪問し、障害者教育、障害者福祉の発展に寄与した人物として知られ、同校の玄関横に記念の松を植樹し、「この松がすくすくと伸びて枝葉を出し緑の陰を宿して繁るように、この学校も生徒も栄えるように」と述べ、同校生徒を励ました（『開けゆく盲教育』第7集）。

　さらに清一郎は、「盲人相互ノ地位及品性ノ向上」や「盲人職業ノ進歩発展」等のために、1926（大正15）年4月に滋賀県盲人会を発足させた。清一郎が初代会長を務め、盲学校内に事務局を設置した。滋賀県盲人会はその後再編をくり返し、現在「社会福祉法人滋賀県視覚障害者福祉協会」（彦根市松原1丁目）として活動を行っている。その後、清一郎は、1948（昭和23）年9月に校長職を西原正則に譲り、講師として1960（昭和35）年まで教壇に立った。

4　清一郎のめざした「美の教育」

　一方、清一郎は、盲教育の目的について「高尚なる品性と堅実なる常識とを養ひ、且彼等をして独立自活をなさしめんが為め」とし、盲人の社会的自立を重視した。そのうえで、「知、徳、体、及美の適切なる教育」の重要性を説いている。清一郎によれば、触覚や臭覚等の「各器官の感能を適当に訓練するときは、其等の聯合作用により盲人の知能は驚くべき発達をなし、やがて明瞭なる心眼を

具備するに至るべし」とし、盲人も人間としての品格と常識を円満に発達させ、「日常普通人と伍して生活するに、何等不自由なき迄に至る」ことを指摘している。そして「盲教育は全然其の方針を明者の教育と同一にし、苟も不具者なればとて特殊扱ひをなすが如きは、未だ以て真正の盲教育と云うべからざるなり」と断じている(『盲教育一班』)。

図3 「山本清一郎先生 たい夫人」の像

さらに、清一郎は自身の経験から「美の教育」について、「私は此間[ママ]生徒を引卒して永源寺へ観楓にに出かけた。ちと滑稽に聞えるだらうが、そんな事を云つてたら盲教育は出来るものぢやない。宜しく第六感も第七感も働かすのさ。そこに心身鍛練があり、目あきの到底味ひ得ぬ趣味と価値とを獲得する。澄み切つた空気、鳥の声、水の流、風の音、我等盲人の心魂に流れ込んで来る。天与の美を思ふ存分味ふのである。目あきには触覚美の経験は恐らくなからうが、我等には其がある。花や鳥の羽や木の新芽を探つて美を感ずる」と述べている。清一郎にとって、「美の教育」とは「天与の美」を味わうことであり、盲人の感じる美的感覚は「目あきの到底味ひ得ぬ趣味と価値」につながるものであると断言している。ここには晴眼者を対象とした教育をも凌駕しようとする、清一郎の描く盲教育の理想がよくあらわれている(『滋賀教育』第562号)。

清一郎は1961(昭和36)年に、たいは1967(昭和42)年にそれぞれ亡くなるが、今でも盲学校の前庭には、「山本清一郎先生　たい夫人」と記された2人の像が残されている。本像は、盲学校設立にかかわる山本夫妻の苦労を知る卒業生や教職員らの求めによって設置された。そして、2人の像は、今も、毎朝通学してくる児童生徒の姿を温かく見守っている。

◆参考文献
文部省編『盲・聾教育八十年史』 1958年
盲聾教育開学百周年記念事業実行委員会編『京都府盲聾教育百年史』 1978年
岡本稲丸『近代盲聾教育の成立と発展──古河太四郎の生涯から』日本放送出版協会　1997年

[久保田重幸]

第7節

西川吉之助　口話法聾教育の父

［にしかわ　よしのすけ］1874（明治7）年蒲生郡八幡町の西川善六家に生まれる。1898（明治31）年西川伝右衛門家の養子となる。1919（大正8）年三女はま子が聾者とわかり、翌年から自らの手で口話法による教育を開始。1925（大正14）年西川聾口話教育研究所を設立し、月刊誌『口話式聾教育』を発行。また、口話法普及のために全国を行脚。1928（昭和3）年滋賀県立聾話学校校長事務取扱に就任（のち校長）。1940（昭和15）年自死。

　聾教育の方法としては手話法と口話法がある。日本においては大正中期から昭和期にかけて口話法が主流であった。このなかで、私財を投げ打って口話法を強力に推進したのが滋賀県立聾話学校初代校長西川吉之助であった。

1　教育者の芽生え

　西川吉之助は1874（明治7）年9月3日、蒲生郡八幡町魚屋町元（現近江八幡市）の肥料商西川善六家に生まれた。祖父吉輔は商人としてよりも国学者として有名で、幕末の尊王攘夷運動に奔走し、江戸幕府から幽閉処分を受けている。明治維新後は神道による国民教化運動に従事したのち、現在の大津市坂本にある日吉大社の大宮司に就任し、滋賀県神道事務分局長も務めた。
　吉之助は祖父の影響を強く受けて成長し、八幡西学校を経て、東京の私立商業素修学校に学んだ。卒業後は北海道に渡り、農場の開墾をしていたが、1895（明治28）年、私立小樽商業高校を創設し、校長に就任した（「西川吉之助：教育に目覚め、しかし、思い砕けた小樽時代」）。この学校は商家で働く青少年に夜間に勉学の場を提供したもので、わずか2年で廃校となるが、21歳の若さで学校を創設したことは、後年口話法聾教育に没頭する教育者の芽生えが見られる。
　1898（明治31）年、吉之助は西川善六家の本家にあたる西川伝右衛門家の養子となり、翌年養父貞二郎の娘の君と結婚した。伝右衛門家は近江八幡でも一、二を競う商家であった。吉之助はすぐには家業を継がず、国内の外国資本の会社

などで働いたのち、1907（明治40）年アメリカ合衆国に渡る。サンフランシスコやシアトルなどで雑貨商、銀行員、郵便局員、野菜の仲買人などをした。

　養父が老年になったため、吉之助は1915（大正4）年帰国し、長女と次女の通学の関係から京都市中京区麩屋町の借家に住んだ。そして、翌年1月26日に、吉之助の人生を大きく変える三女はま子が誕生する。

2　はま子の父から口話法聾教育の父へ

(1)　はま子の教育

　はま子は3歳になっても、なかなか言葉を発することができなかった。そこで1919（大正8）年京都府立医学専門学校（現京都府立医科大学）耳鼻科を受診した結果、聾と診断された。鉗子分娩で出産の際に両耳の鼓膜がくぼんだことが原因とされており、当時治療法は皆無であった。

　絶望の底に落とされた吉之助はわずかな望みを抱いて京都盲唖院聾唖部（現京都府立聾学校）を見学した。しかし、同院で行われていた手話法による授業のようすに奇異感を覚えた。その後手話法以外の教育方法を模索していたが、再び京都盲唖院を訪れた際に、教頭岡正文からヴォルター・レビュー誌など、アメリカの口話法聾教育の文献の紹介を受けた。これを契機に、吉之助はアメリカやドイツから多くの文献を取り寄せて、口話法の猛勉強を始めた。のちにはアメリカのライト・オーラル・スクールの通信講義録も購読している。

　1920（大正9）年、吉之助は京都の借家で自己の研究成果をもとに、はま子の教育を開始した。翌年近江八幡にもどり、仲屋町上の自宅で、はま子の教育に専念することになった。まず五十音の発音指導から始め、1つの発音ができるまで粘り強く教えた。続いて読話の練習も重ねるようになった。このなかで、手製の教材として、はま子の成長過程に応じた絵入りのドリルやカードを作っている。総計50冊あり、ドリルの裏にははま子の健康状態や学習状況が記されていて、ほとんど休むことなく教育が続けられていたことがわかる。この教材は吉之助が外国から取り寄せた口話法の研究文献とともに、今も滋賀県立聾話学校図書館内の西川文庫に保管されている。吉之助の教育によって、はま子の言語理解能力はめざましく向上し、5歳の頃読話・発語できる言葉が250語に達し、発声もできるようになった。8歳の頃には発音練習に早口言葉を取り入れるほどだったという。

　また、吉之助は近江兄弟社の創設者　W・メレル・ヴォーリズの夫人一

116　第2章　大正期・昭和初期の教師たち

柳満喜子に、はま子の家庭教師の斡旋を依頼した。1923（大正12）年4月から三谷芳子による尋常科2年の教科指導が開始され、のちには益田米子と交代して、教育が続けられた（「はま子の女学校入学」）。一柳満喜子もアメリカ留学中に口話法の知識を吸収しており、発語や読話・英語・作法を教えている。こうしたことやすでに入信していた姉の昌子らの影響もあって、はま子は1934（昭和9）年にキリスト教徒となった。

一方、吉之助は1926（大正15）年蒲生郡宇津呂村土田（現近江八幡市）に開校し、翌年滋賀県の認可を受けた私立昭和学園の創設にも関係している。東京の成城小学校教員であった谷騰を学園の創設者として招くことに尽力し、開校後は経済的援助も行った。はま子も昭和学園に入学している。その時期については、第二次世界大戦後のはま子の講演録「ことばを求めて四十年」（『西川はま子集』）などに依拠して、1927（昭和2）年とする研究が多いが、吉之助は前年の1926年4月としている（「はま子の女学校入学」）。なお、昭和学園に関しては、本書の「谷騰」で詳述されているが、1938（昭和13）年谷の死とともに廃校となった。

以上のような教育の結果、はま子は1928（昭和3）年八幡町立高等女学校の入試に合格した。吉之助は「口話で教育された聾児が普通の高等女学校へ入学したのは我国でも初めての事」と述べている（「同前」）。

(2) 口話法教育普及のために父娘で全国行脚

1925（大正14）年は吉之助にとって転機の年となり、はま子の教育成果を他の聾児にも広めていくことを決意した。2月に自費で月刊誌『口話式聾教育』を発行し、全国の盲唖学校や耳鼻科医、新聞社、雑誌社、聾児を持つ家庭に無料で送付した。4月には自宅に西川聾口話教育研究所を開設している。教員は吉之助ら4名、生徒ははま子をふくむ7名であった。遠方からの生徒は研究所に寄宿させたが、授業料も寄宿代も取らず、すべて自費で運営した。

また、この年に吉之助は東京市立聾学校教員川本宇之介や名古屋市立盲唖学校校長橋村徳一と意気投合し、以後口話法を強く推進していく。川本は文部省から聾者や盲人への教育の研究員として欧米諸国に派遣され、口話法の知識を吸収して、前年に帰国して

図1 『口話式聾教育』第2輯

いた。橋村も大正初め頃から口話法の研究を始め、1920（大正9）年から教育実践をしていた。

　1925（大正14）年7月、吉之助は名古屋市立盲啞学校で開かれた文部省主催の口話法による聾教育講習会に講師として招かれ、「口話式聾教育と聾児の家庭との連絡について」と題して講義した。その際はま子も登壇し、口話法の実演をしている。さらに、吉之助の提案により、日本聾口話普及会の設立が決議され、同年11月に東京で発会式が行われた。吉之助は副会長に選ばれ、これまで自費で発行していた『口話式聾教育』は日本聾口話普及会の機関誌となった（のち誌名を『聾口話教育』に変更）。

　吉之助は口話法普及のために、はま子をともなって全国を旅行した。一例を示すと、1925（大正14）年8月、大阪医科大学（現大阪大学医学部）教授会で口話法の実演、9月には18日福井盲啞学校、19日金沢市兼六会館で講演・実演をした。21日には上京して文部大臣岡田良平と面会し、日本聾口話普及会顧問就任の承諾を得たあと、日比谷小学校で講演・実演を行っている。翌年にかけて、2人の旅行は近畿、東海、北陸、関東のほか、中国、九州地方にもおよんだ。1926（大正15）年3月14日夕刻には、大阪中央放送局のラジオ放送で、はま子の新聞記事と日記の朗読が流されて、大きな反響を呼んだ。また、吉之助は自己の活動に刺激を受けて設立された私立大阪聾口話学校や私立京都聾口話学園、私立新潟聾口話学校の顧問を引き受けるなど、その創設や運営に助力を惜しまなかった。

　こうしたなか、政府はすでに1923（大正12）年に「盲学校及聾啞学校令」を制定して、道府県に設置義務を課し、入学料・授業料は無料と規定していた。ただし、当時の不況もあって7年間の設置猶予期間が認められていた。

　1926（大正15）年11月15日、吉之助の講演とはま子の実演が八幡町八幡尋常高等小学校で開かれ、多くの聴衆に感銘を与えて、県立聾話学校設立の動きが加速することになった。1927（昭和2）年12月8日、滋賀県議会に県立盲学校と県立聾話学校の設置議案が提出された。その際吉之助は議事堂で講演を行うとともに、はま子ら数名の聾児に口話法の実演をさせている。県会議員は聾児の実演に感激し、議案はすんなりと可決された。

3 滋賀県立聾話学校校長になる

(1) 聾話学校の運営

　1928（昭和3）年4月1日、滋賀県立聾話学校が栗太郡草津町大路井（現草津市）に開校し、吉之助は校長事務取扱に就任した（5年後校長となる）。当時「盲唖学校」、「聾唖学校」という校名が多いなかで、吉之助の口話法普及活動を反映して、「聾話学校」の名称を付けた全国最初の公立学校となった。

図2　創設時の校舎

　しかし、開校したとはいっても、滋賀県が用意した校舎は廃屋同然の栗太郡農会の元養蚕室で、机や椅子さえもない状態であった。近くの栗太農学校の生徒の協力を得て校地整備をして、5月16日に入学式を行った。

　初年度の入学生は16名（初等部4名、予科12名）で、翌日から2学級で授業を始めた。正規の教員は吉之助以下6名であった。滋賀県より与えられた1年間の費用はわずか3000円で、とても運営できなかった。そこで、吉之助は滋賀県立聾話学校の運営に家財を惜しげもなく注ぎこんだ。教員の研修費や出張旅費の大部分を自費で出したほか、定員外の教員の給料も負担した。また、毎年多数の教具、校具、図書類のほか、寄宿舎で使用する布団や仏壇、雛人形などまで八幡町の自宅から持ちこんでいる。

　吉之助は開校に際して、①口話法教育に徹する、②寄宿舎教育を重視する、③生徒教育への地域社会の理解と協力を求める、④労作教育の実施、という教育方針を掲げた。このうち②は西川聾口話教育研究所での教育実践を受け継いだものであった。④は前述した昭和学園の影響を受けたもので、職業教育として草津地域の地場産業だった竹細工の授業を1930（昭和5）年から放課後に開始した。のちには学校内に印刷所を設置し、職人も雇用して技術を学ばせた。ほかには洋裁も学ばせていたようである。

　開校後滋賀県立聾話学校の生徒数は順次増加した。滋賀県外からも入学者があり、1934（昭和9）年に中等部を設置し、その2年後には生徒数101名、教員19名、学級数11を数えるようになった（『創立四十周年』）。このため、同年草津町大路井の現JR草津駅前に新校舎を建設して移転した。さらに、1969（昭和44）年1月には栗東町川辺（現栗東市）に移転している。

(2) 自家の破産と自死

　吉之助は全力で滋賀県立聾話学校の経営にあたるとともに、依然として口話法普及のための活動も続けていた。先に触れた日本聾口話普及会も貴族院議員侯爵 徳川義親の尽力もあって、1931（昭和6）年財団法人聾 教 育振興会に改組され、吉之助は理事に就任している。

　しかし、この頃西川伝右衛門家の莫大な資産はつきようとしていた。同家は江戸時代北海道の漁場経営で隆盛を誇ったが、明治期に入って衰退の傾向をたどった（『近江商人の経営史』）。こうしたなかで、昭和初期の北海道におけるニシン不漁と、吉之助の滋賀県立聾話学校への家財の注ぎこみが止めを刺した。

　吉之助の熱心な聾教育活動に対して親族からも批判の声があがり、何度か親族会議が開かれて対応策が協議されたようである。早くは1931（昭和6）年8月2日に親族会議があり、吉之助に対して「聾教育と関係をたつ事」、「草津の竹事業即時閉鎖廃業のコト」など5項目を決議している（『西川家文書』）。だが、吉之助の口話法教育に対する情熱、滋賀県立聾話学校の経営姿勢は変わらなかった（「聾者の情操と其教育」）。

　ついに、1936（昭和11）年秋、伝右衛門家は破産し、吉之助は八幡町から草津町の聾話学校門前の借家に家族とともに移り住み、「咿唔軒」と名付けた。しかし、吉之助に平穏な日々は長くは続かなかった。次女の病死、自分自身や長男の病気もあって、著しく気力が衰え、1940（昭和15）年7月18日未明に自死した。その原因について、従来の諸研究では、滋賀県立聾話学校での教育が吉之助の思うようには進まなかったことなどが指摘されているが、どれも推測の域を出ない。ただ、雑誌『太湖』第175号（1940年8月）に、吉之助が2年前に書いた遺言が掲載されており、自家の借金と長男の病気を気にしていたことだけは判明する。

　こうして、吉之助は突然人生を終えたのであるが、全国を舞台とした口話法普及のための精力的な活動とともに、滋賀県立聾話学校の運営に自家の資産まで注ぎこみ、口話法で聾者に話せる力を育み、職業教育を通して彼らの社会参加を図った情熱と献身は高く評価されるだろう。

◆参考文献

『西川吉之助・はま子氏の業績の今日的評価』滋賀大学教育学部特殊教育研究室　1981年
高山弘房『口話教育の父　西川吉之助伝』湘南出版社　1982年

[池田　宏]

第 8 節

谷　騰　滋賀の子どもの個性を伸ばす教育を開拓する

［たに　のぼる］1892 (明治25) 年甲賀郡下田村 (現湖南市下田) に生まれる。1912 (明治45) 年滋賀県師範学校を卒業、甲賀郡内の小学校に勤務後、21 (大正10) 年に私立成城小学校の教員となる。26 (大正15) 年に帰郷して昭和学園を設立、滋賀では唯一の新教育の学校を創る。翌27 (昭和2) 年県から私立小学校の正式認可を受け4月に開校した。1938 (昭和13) 年4月の急逝まで個性を伸ばす教育に精魂を傾けた。

　谷騰は、近江八幡市土田の昭和学園で、子どもが学習課題を見つけ、学習計画を立て、自学による学習を進め、個性を伸ばす教育を実践した。彼の教育信念は「読書、観察、労働は人格形成の3要素なり。読書の中に思索あり、観察の中に思考あり、労働の中に自覚あり」であった。

1　成城時代の理科教育実践とドルトン・プランの受容

　谷騰は、1912 (明治45) 年3月に滋賀県師範学校を卒業した。同級生には、池野茂 (雑誌『教育陣営』創刊)、田中庄治郎 (坂田郡六荘校〈現長浜市六荘小〉で勤労教育)、尾田鶴次郎 (師範附属校で唱歌教育) らがいた。1年上級の11 (明治44) 年卒業生に神田次郎 (蒲生郡島校〈現近江八幡市島小〉で郷土教育)、栗原寅次郎 (地理教育)、2年上級の10 (明治43) 年卒業生に秋田喜三郎 (師範附属校で国語教育)、3年上級に河村豊吉 (師範附属校・女子師範附属校で国語教育) がいた。彼らは大正末から昭和初期の欧米や日本の新しい教育思潮に敏感に反応して、新教育の実践に取りくんだ教師たちであった。彼らの学んだ明治40年代の滋賀県師範学校長は山路一遊で、山路のもとで自由闊達な師範教育を受けたといわれる。

　谷は、甲賀郡の岩根校4年、伴谷校3年、水口校1年の勤務後、1921 (大正10) 年に沢柳政太郎校長、小原国芳主事の東京の私立成城小学校に転じた。成城小へは小原の招聘があり理科専科教員となった (西川吉之助「谷騰先生」『太湖』第11号)。1920 (大正9) 年度の成城小のカリキュラムは、尋常1～2年に自然科、尋常3～6年に理科が配置され、3年で博物、4・5年で博物・物理・化学、6

年で物理・化学の内容を教えた。小原国芳は同校機関誌『教育問題研究』(1920年4月創刊)に成城教育の基本理念を掲載している。

1　個性尊重の教育　附、効率の高き教育
2　自然と親しむ教育　附、剛健不撓の意志の教育
3　心情の教育　附、鑑賞の教育
4　科学研究を基とする教育

　成城小学校は、尋常1年から3年まで学級担任制で、4年以上は教科担任制であった。谷が着任した時期はちょうど教育理念が定められた時であった。沢柳校長は「毎日の授業の跡を精細(念入りにこまかく)に記録して置き、それから認知され得る子供の自然の要求を、厳密に吟味し、早くとも開校1ヵ月後にしっかりとしたものを作り上げる」よう指示を出した。自然科は週2時間、理科は週3時間が配当された。谷は着任した1921(大正10)年に早くも『教育問題研究』に3本の理科教育論文を発表した。尋常1年から自然科ではなく、自然研究の初歩の理科を課すべきだとして、「野外観察並に実験室作業による学習過程の重視」や「飼育・栽培・制作・見学にまで児童の学習を延長」すべきだと主張した。

　成城小では、22年7月からドルトン・プラン(Dalton laboratory plan)研究会が、毎週水曜日に校内で開催された。欧米の教育視察から帰った沢柳校長や教育学者小西重直・長田新らがドルトン・プランの資料を持ち帰り、11月より「ダルトン式研究授業」(成城小はダルトン式と翻訳)が始まった。各教科の実験授業を実施して批評会が行われ、谷騰の理科授業は、成城小で最初のドルトン・プランの研究授業だった。

2　昭和学園の設立・開校と子どもの自主的な学び

(1)　近江八幡土田での昭和学園の創設

　昭和学園は、1926(大正15)年4月に近江八幡の実業家西川吉之助、医師小野元澄による土地・建物の提供と財政的支援を受けて、宇津呂村土田で設立された。設立当初は、谷騰と妻、谷の母と子ども3人の谷家6人、西川吉之助の子弟2人、小野元澄の子弟3人、他に児童2人の合計13人の寺子屋風私塾として出発した。入学金1円、授業料1ヵ月1円であった。

　翌1927(昭和2)年1月12日に滋賀県から正式認可を受け、4月から私立小学

校として開校した。発足時の児童は西川家２人、小野家３人、竹田家２人に加え、八幡町内の２人の女子児童、合計児童数９人であった。翌28年の児童数は18人に増えた。募集要項に「家庭の事情により授業料の全部又は一部を免除す」と書き、第１学年５人、第２学年数人を募集した。入学時期は４月だが、希望者は随時受け入れた。谷と妻が教員として全児童を教えた。時には年長児童が下学年児童を教え、「日本一小さい尋常小学校の谷塾」と呼ばれる小学校であった。昭和学園の教育理念は、谷騰が「昭和学園の教育」で教育綱領10ヵ条として掲げたように高邁（けだかくすぐれていること）であった（『近江教育』第458号）。

昭和学園教育綱領10ヵ条

1 魂を磨き上げる教育

2 元気旺盛なる身体の教育

3 個性尊重の教育

4 自然と親しむ教育

5 科学的訓練を重んずる教育

6 創作性を伸ばす芸術の教育

7 働くことを体験させる教育

8 家庭主義の教育

9 人道愛を体現する教育

10 剛健不撓の意志の教育

谷の教育理念の独自性は、何よりも「１　魂を磨き上げる教育」と「２　元気旺盛なる身体の教育」にあった。谷は「腹の据わった真個の人間、美しい魂の輝き渡る真実の日本人を作り上げる」と述べた。２番目に元気旺盛な身体を強固にする教育をあげた理由は、開校当初から病弱児や、聾唖児など身体的ハンディキャップをかかえる児童が入学していたからである。公立小学校に入学できないか、入学しても学業継続が困難な子どもを積極的に受けいれて、健常児童とともに学ぶ協同学習を行った。谷は「遊戯は彼等の作業であり、心身鍛練の機会であり、且つ将来生活の準備である」と語り、校外学習の遠足・旅行・登山を重視した。

(2)　「朝からは勉強で、昼からは働き」の教育

1933（昭和８）年度は１年から６年まで男女12人（２人は寄宿舎生）で、谷は子どもの１日の生活を「午前中は教科の学習を労作化し、午後は労働作業に魂を磨いていく」と述べ、午前を各個人の修養の時間、午後を社会奉仕の時間とした。

谷　騰──滋賀の子どもの個性を伸ばす教育を開拓する　123

子どもたちは、「朝からは勉強で、昼からは働き」と語りあい、午前の学習は個別的に行い、午後の労作は協力的に働くこととした。

昭和学園では、1週間分の予定や毎日の仕事の順序・分量、すなわち時間割は子ども自身が作っていくしくみをとり、毎週土曜日午前11時から次週の学習予定案が作られた。学習は次の手順で進められた。まさにドルトン・プランの実施であった。

①各児童が自分で次の1週間に学習する教科や題目、分量の学習予定を作成。
②1人ずつ順番に、谷に示して相談する。2人で合議（ごうぎ）して翌週の仕事予定を決定して、予定案は谷の手元に保管する。
③翌週初めから自分で科目や仕事を計画に従って学習。時間割表を各自が案配。
④勉強と休憩（きゅうけい）の時間配分も各自で決める。ある子どもは教室で学習、ある子どもは外で遊ぶ。学習の区切りをつけて10～15分ぐらい外で遊び、教室にもどる。時間を区切るチャイムは昭和学園にはなかった。

3　子ども文集『こまどり』の創刊と昭和学園の労作教育

⑴　子ども文集『こまどり』の創刊

谷は、1928（昭和3）年1月に子ども文集『こまどり』創刊号を発刊させた。初代編集主任西川はま子（吉之助三女）は、冒頭（ぼうとう）に「皆（みな）さんの綴方（つづりかた）、童謡（どうよう）、童話（どうわ）、自由詩など出して戴（いただ）きまして発表する」と書いた。はま子は父吉之助から「口話式聾教育（わしきろうきょういく）」を受けていたが、26（大正15）年4月に入園し谷から「勤労、芸術、理科方面の教育」を学ぶ。姉美和子（吉之助次女）が10月京都府立第一高等女学校を卒業して帰郷したので、他の学科は姉から学んだ。はま子は2年間学んだ後、28年4月町立八幡高等女学校に進学、同校初めての聾生徒（ろうせいと）の入学だった。『こまどり』の2代目編集主任には、池野君子（いけのきみこ）（池野茂娘）がなった。

谷は「創作や生活記録を発表するための、この社会に於ける機関雑誌であり、又（また）子供が編輯（へんしゅう）、装幀（そうてい）、印刷、製本、発行等の仕事を経験する共同労作である」と説明して、子どもたちの自由な発想と創造力を発揮させる場とした。『こまどり』は毎号特集を組み、童謡号（どうよう）、労作号、遠足号、旅行号などを刊行、時には版画集の附録（ふろく）をつけて発行した。

(2) 労作教育の実践「ロバの馬車づくり」

『こまどり』第13〜18号(1929年3〜10月号)までに、労作教育の「ロバの馬車づくり」記録が掲載されている。購入してきたロバの話、小屋づくりの経緯、曳かせる馬車の製作の協議内容、4〜5人乗れる馬車づくりの過程を報告している。製作過程で子どもたちの「ロバの詩」や「ロバのお話」の綴方や自由詩をつくり、「ロバの童謡」を全員で歌っている。

図1　ロバの馬車(『太湖』第43号)

1　2月に豚を売ってまとまったお金が手に入ったので、有効な使い方を協議した。草津の獣医吉田さんに相談、宇治にいたロバが見つかり、正美君が出かけていき実物にふれ、背中に乗り4・5町歩いてから購入を決定。70円支払う。
2　馬小屋の建築………間口2m、奥行3m、棟梁高さ3mの掘立小屋、コンクリート床、総費用20円予算を決める。簡単な設計図を書いて運動場の日当りの良い一角に、馬小屋を建設することとした。馬小屋づくりは、子どもたちだけでは到底できない作業も多くふくまれている。谷の実践記録には子どもの労作体験作業の活躍する姿だけが描かれている。
3　ロバの飼育方法と乗馬………吉田獣医より飼料を教えてもらい、米ぬかとふすま、豆腐滓を1日2食与え、子どもが交代で運動させた。
　乗馬鞍は中古を購入して、学園の子どもだけでなく日曜日には村の子どもも乗馬させた。1ヵ月に1度はロバの蹄鉄を打ちに連れていった(以下略)。

　労作教育に関して、谷は子どもに多くの体験学習を行わせている。A　園芸—面積畠2段で花卉と蔬菜を栽培、B　動物飼育—肉豚、鶏、兎、七面鳥など。C　建築—物置や動物小屋づくり、D　スケッチ画・パステル画・木彫り・手芸など、E　科学的な製作製品—百色眼鏡、インキ消し、ラジオセット組立、石鹸、香水など、F　総合的製作—「馬車づくり」など、G　『こまどり』の出版。

(3) 谷騰のめざした昭和学園の理想
　開校当初から昭和学園を支え続けた西川吉之助は、谷の人柄について「人を仕

立てるのを楽しみにして居られる先生は、寧ろ世に知られるのを厭われている。先生は学園の教育を広く発表する事を好まれません」(『太湖』第45号附録)と書き、教育実践の求道者としての孤高の姿勢をみている。

　谷の教育信条は、冒頭に書いた「読書、観察、労働は人格形成の３要素なり」である。また、「団結自治協同生活の裡に個性の光を発揮せしむべし」との言葉も残している。彼の信念は、学校のなかに自治協同生活を実現していくことと、ひとりひとりの個人の人格を磨きあげていくことであった。

　西川は1929(昭和４)年９月、父兄との教育座談会で谷が講演した「新旧学校観の比較」を『太湖』第45号附録に発表した。谷は新教育運動の学校のあるべき姿を父兄に語りかけた。欧米での新旧学校を比較してていねいに説明し、「労作教育論とは子どもの自己活動から発する精神的なものであり、社会的にも価値を生み出す」ものであって、しかも社会的広がりを持つものであるとした。そこでは労作するもの同士の協同生活が強く意識化されるようになるとし、新教育の学校においては協同体のなかでの活動を重視していくと語った。

　谷は、次のようなわかりやすい言葉で、自らの信念を述べた。

　「平易な読み書きソロバンさえ出来ればそれでよろしい。それ以上のことは子供の天分次第。広く知っているに越したことはありませぬが、知らぬにしてもあまり心にかけない積もりであります。私の希望してやまないのは、為すべき力であります。強き責任感であります。協同生活力であります。想像力であります。創造力であります。万巻の書物を教え込んで物知りにするよりも、正しく、強く、美しく生きて行こうとする力を養い度いのであります。」

◆参考文献

木全清博「昭和学園における谷騰の教育実践」(Ⅰ)～(Ⅳ)『滋賀大学教育学部紀要　Ⅰ　教育科学』第54号～57号　2004～07年　(Ⅰ)「成城小学校時代の理科教育の実践」、(Ⅱ)「ドルトン・プランと昭和学園の教育」、(Ⅲ)「労作教育と文集『こまどり』の中の子ども」、(Ⅳ)「子どもの協同自治生活」
木全清博『滋賀の学校史』文理閣　2004年

[木全清博]

コラム 3

平木吉治郎　滋賀の手工教育と水口細工

平木吉治郎と手工科

　技術科教育の源流で、ものづくりに関する教科である手工科が誕生したのは1886(明治19)年であった。手工科は「小学校令」に基づいて設置され、当初高等小学校の加設科目、1890(明治23)年から尋常小学校の加設科目となった。翌91年の「小学校教則大綱」で「眼及手ヲ練習シテ簡易ナル物品ヲ製作スル能ヲ養ヒ勤労ヲ好ムノ習慣ヲ長スル」ことを目的とした。具体的には、折紙、粘土細工、厚紙細工や図1のような作品製作を学習内容としていた。

　平木吉治郎は、1884(明治17)年1月10日、蒲生郡八幡町(現近江八幡市)

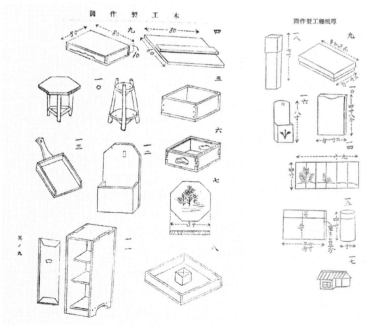

図1　手工作品製作図

で生まれた。1905(明治38年)に滋賀県師範学校を卒業し、蒲生郡鏡山校(現竜王町竜王小学校)、蒲生郡八幡校(現近江八幡市八幡小学校)訓導を務めた。その後東京高等師範学校図画手工専修科に進学、1911(明治44)年に卒業し、山口県師範学校教諭となり、1915(大正4)年から滋賀県師範学校で手工科を担当し、小学校教員の養成に携わった。1918(大正7)年に滋賀県農業技手などを務めた。1920(大正9)年には広島県の実業補習学校長に転じて、その後京都府社会課主任、愛媛県の実業学校長、農業学校長を歴任した。

　甲賀郡水口校(現甲賀市水口小学校)は、滋賀県内で最も早く手工科が設置された小学校である。1905(明治38)年から訓導細木善一が手工科を担当していた。細木は、当時地元の産業として行われていた水口細工の製作を授業に取り入れた。水口細工は、江戸時代に東海道水口宿の名産品として知られ、葛や藤、棕櫚の繊維を使って編んだ籠、文箱、帽子などの工芸品である。水口では、工程ごとに分業化され、各家々で異なる工程を担当していた。授業では分業方式ではなく全工程を行わせた。1906(明治39)年には、日本の手工教育の先覚者の東京高等師範学校教授岡山秀吉が水口尋常小学校を視察に訪れ、手工科のすぐれた教材として水口細工を評価した。

平木吉治郎と水口細工

　1915(大正4)年、平木吉治郎は滋賀県師範学校に教諭として赴任した。平木は郷里である滋賀で、母校の教壇に立つことになった。平木は滋賀県師範学校時代の1901〜05(明治34〜38)年および東京高等師範学校図画手工専修科時代の1909〜11(明治42〜44)年に、水口細工の実地調査と研究を続け、赴任した山口県師範学校でも水口細工の教材化に取りくんだ。滋賀県師範学校に転勤してからも実践を続けた。平木は教材としての水口細工を次のようにとらえていた。

図2　水口細工の製品

水口細工とは「竹細工を応用し、厚紙細工の変形したるものにして、是に縫取細工を加へ、更に簡易なる木金工の一部、及針金細工を加味したるものと見做」し、「換言すれば、紙、竹、木、金、細工を総括して是を応用した様なもの」であり、「応用的総括的」で「地方的手工細工として手工教材中の重要な位置を

占めるもの」であるとしていた。手工科の学習内容には紙細工、竹細工、木工、金工、造花、編物細工などがあり、水口細工の製作にはこれらの学習事項がふくまれていて学習したことを活用できる上、特別な設備も器具も使わずに、「手軽に授けることのできる便宜を有する細工」であったので、最適な手工教材と考えていた(『手工研究』第40輯)。

手工科普及のために──『最新小学校手工教授の実際』

　手工科は児童用の教科書が作られなかったことに加え、新しい教科であり、指導者も不足しがちであった。そのため、平木は、手工教育に関する論文を『滋賀県教育会雑誌』などへ投稿し啓発するだけでなく、北垣巳之助(滋賀県女子師範学校教諭)とともに講習会を開くなどして手工教育の裾野を広げることに尽力した。

　手工科は発足当時から文部省が講習会を開催していたが、それに加えて附属学校主催や、研究会主催の講習会を開き、手工科の普及に力を注いだ。参加者も毎回十数名程度はいたようであり、根気よく、手工科や指導者のあるべき姿を説いていた。

　また、手工科は、その目的に「工業の趣味を長じ勤労を好むの習慣を養う」とあったことから、職業教育か普通教育かということで揺れ動いたが、平木は、児童に課す内容であり、「手工教育は、其が基礎を普通教育上に於ける一般陶冶に重きをお」くと、手工教育が職業教育ではなく普通教育であることを明確に述べている(『滋賀県教育会雑誌』第245号)。

　平木は、手工科を模倣作業をする受動的な教科ではなく、児童の自発性を育成する教科であるべきだとして、次のように述べた。「他教科の多く受動的なるに反し、手工は自発的教科としての価値ある所以は、唯に模倣作業たるのみならず、(中略)児童の意匠工夫を実地に発表せしめ、或いは児童自らをして各自の希望せる製品を選定せしめて、心的作用の発展を喚起するところにある」(『滋賀県教育会雑誌』第210号)。

　一方で、手工科の学習内容の多さは改善すべき余地が多いと大要、次のように述べた。「欧米諸国の手工教材と比べると、現在小学校に於

図3　平木の著書の扉

いて実施されている手工教材の種類は、17種類と多岐にわたり、これに地方的細工（各地の地域題材）を加えて課すことになり、教授者が研究すべき内容があまりに広範囲に及んでいる。このままでは、やがてその教授力が浅薄となり、児童においては雑多な練習を行うことになる。これでは手工教授が真の目的を達し、その効果を上げることが十分でなくなるのはやむを得ないところである。将来的には、比較的教育的価値の少ないものは取りやめ、教育的価値の高い種類の附属の作業とするなどして、教材の種類を減らし、教授者の研究と練習の機会を作ることが必要である」（『最新小学校手工教授の実際』）。

女子向けの手工──「家政手工」の提案

　1910年代半ば頃より、手工科がある程度普及してくると、女子児童向けの手工科の内容について議論されるようになった。当時の女子児童は将来結婚すると家庭に入り、家庭を切り盛りするということが一般的であった。そんな社会状況をもとに、一家の主婦としての1日の仕事内容を考え、その生活に密着した内容を身につけさせる必要性を平木は感じていた。その視点で手工科の内容を女子児童にふさわしいものに組み直し、育児、刃物研ぎ（包丁やはさみなどの刃物と砥石の扱い方）、掃除用具や家具の手入れや修理、室内（炊事場、客間、茶の間、寝室）の整理など実際の生活に即した内容で、裁縫科や家事科とあわせて3つ目の柱として家政手工を提案し、「女子と家政手工」を『滋賀県教育会雑誌』248 ～ 252号に発表している。

　1941（昭和16）年の「国民学校令」により、教科名が「芸能科工作」となり、手工科の名称は1886（明治19）年の設置以来55年で消えることとなった。

◆参考文献
平木吉治郎『最新小学校手工教授の実際』木村三五堂　1916年
光橋正人「大正期滋賀県における手工教育の歴史的研究」『滋賀大学大学院教育学研究科論文集』第15号　2012年

[光橋正人]

コラム 4

前川仲三郎　百瀬校の子どもの感性と表現力を耕す

滋賀の子どもと児童雑誌『赤い鳥』

　大正新教育運動にかかわった教師は、子どもの個性を伸ばす教育をめざし、ありのままの自然・社会・生活を自由に表現させた。前川仲三郎もその1人で、綴方や自由詩、図工、劇、唱歌などの表現活動を通して、高島郡百瀬尋常高等小学校（現高島市マキノ南小学校）の教育を進めた。前川は、児童雑誌『赤い鳥』に子どもたちの作品を投稿して、創作活動の励みにした。鈴木三重吉が主宰した児童雑誌『赤い鳥』は1918（大正7）年に創刊、1936（昭和11）年に廃刊した。同誌には、北原白秋や鈴木三重吉、山本鼎らが選んだ児童自由詩や児童自由画が多数掲載されている。そのなかで滋賀県の子どもの作品総数は471点で、全国1万800点中の4.3％を占め、この数は全国8位である（作文・綴方30点／童詩・自由詩425点／自由画16点）。

図1　自由画「前川先生」　伊吹甚也　第10巻3号（1923年3月）

前川仲三郎の略歴と高島郡の教師たち

　前川は1897（明治30）年生まれ、1917（大正6）年3月に滋賀県師範学校を卒業し、犬上郡河瀬校（現彦根市河瀬小学校）に赴任した。翌年1918（大正7）年4月に百瀬校に転任し7年間勤務した。その後、京都市内の小学校に移り、新洞校を経て伏見校に勤めた。

　旧百瀬学区を擁する高島市マキノ町は、琵琶湖の北西端に位置する。冬は、西高東低の寒冷な気象と時には豪雪に見舞われる地域である。学区内には百瀬川が流れており、この川の堤防が1917（大正6）年9月30日と、前川が着任した18（大正7）年9月24日に決壊して、校舎は大きな被害を受けた。1921（大正10）年3月12日に新保地区に村民の悲願の新校舎が建てられ、子どもの自由な表現を伸ばす前川の指導が本格的にできる条件が整った。

前川の指導により『赤い鳥』に掲載された作品の多くは、1922 ～ 26（大正11 ～ 15）年の5年間に集中している。『赤い鳥』に子どもの作品が掲載された高島郡内の小学校は5校あり、郡内の教師たちが同雑誌の購読や児童作品の投稿でつながりを持っていたことが推測される。掲載された作品からは、百瀬校の子どもたちが、季節の変化を感じながら成長していくようすが伝わってくる。

百瀬校の子どもの自由画と綴方

自由画の選者である山本鼎は、「前川先生」（伊吹甚也）について「のんびりとよく出来てゐる」と短評を加えた。

綴方の選者である鈴木三重吉は、長文の作品「亀」（井川喜代一）について次のような選評をした。

六年生の井川君の「亀」は、入賞中でも一ばんいい作です。取材も非常に目新しい上にはじめから終りまで、一々の事象がいかにも印象づよく活写されてゐます。黄色い背中をした大きな亀が、ころころと石に当つたりして流れ落ちて行くさまや、よその子供たちが「おお、いかい亀やなあ」と騒ぎ立てるところや、をばさんとの対話の全部などは本当にまざまざと目のまへに踊り動いてゐます。をばさんに注意されたので薄気味がわるくなり、亀をもとのところへ持つてつて「かんにんしてくれよ」とあやまる気持なぞも面白く出てゐます。（中略）「ゐやんさ」という言葉の調子なども、この場合非常によく気持ちが出てゐて愉快です。

この作品は、よその子どもたちやおばさんとの対話を中心に、構成されている。それぞれに、「なにやい」「なにしてゐるのやい」と聞かれたところから話が展開されていくところがとくにおもしろく、鈴木三重吉の評価にもつながっている。「かんにんしてくれよ」につながる「私はしばらく川のふちに無言のままで立つてゐた」という表現は作者の心情の変化を上手く表現していると言える。また、方言を使った短く簡潔な表現からは、その場の雰囲気がよく伝わってくる。

感性の豊かさを感じさせる自由詩

自由詩選者の北原白秋は「蜂」（平山せつ）について、「のんではとんでとんではのんでるが目に見えるやうです」と評価した。リズムがよく、蜂の生き生きとした姿が映像として伝わる、子どもらしい溌剌とした表現方法である。

蜂
（佳作）

滋賀縣高島郡百瀬小學校尋五
平山　せつ

蜂が手洗鉢の
水々のみに来てゐる。

のんではとんで、
とんではのんでゐる。

図3　第9巻6号（1922年12月）

雨降り
（推薦）

滋賀縣高島郡百瀬小學校尋四年
清水庄蔵

がんがせわしさうに
とんで行く。
雨げむりが、
向うまでつめて來た。

図4　第12巻3号（1924年3月）

小牛
（推薦自由詩）

滋賀縣高島郡百瀬小學校尋六年
前川芳夫

おひるごろ、
小牛がひつぱられて行く。
道ばたの草を食ひたさうに、
長いしたでねぶりながら、
ひつぱられて行く。

図5　第12巻4号（1924年4月）

雪のふつた後

滋賀縣高島郡百瀬小學校尋六
上松富三

雪のふつた後で、そらを見た。
うつとりとくもつてゐた。

図6　第12巻6号（1924年6月）

龜
（食）

滋賀縣高島郡
百瀬小學校尋六年
井川喜代一

この間のことであつた。母の言ひつけで田へ水見に行つた。その日はまことに暑い日だつた。一番上の田で行つて、一番下の田まで歸つて來た。そこは、一番下の田で歸つて來た。そこは、出口のふところである。少し水がたらなんだので、入れようと思つて、あぜ道を歩いてゐたら、不意に向うの苗が、ばさ〜と動いてゐるので、何やしらんと思つて、はたに近づいて見ると、大きな、背中の黄色い龜であつた。私はこんなところに龜がゐて苗をいためては大へんだと思つて、すぐ棒で龜を苗の間から轉がして、くるの方へ向つた。やう〜くるまで轉がして來たので、龜をくるに上げたが、又

田へぼとんと、かんと思つて、竹の棒ではさんで、どん〜走つて大道へ出た。「おゝ、いかい龜やなあ、どれく」と言つて流して下つた。龜を川にはめた。こんど〜と流れてゐた。龜を水にはめた。川には水が澤山流れてゐた。龜をあたつて流れて行つた。川のせまい所はよく流れる。廣い所は石にあたつて、よく流れ、ごもくにあたつたりして、よく流れる。棒については流して下つた。かういふ風にして大分下まで下つた。そこへ、由之助さんらがやつて來た。「おゝ、いかいと龜を上げて「ばさ」と又問はれたので「うちの田にゐたのや」と言ふと、をばさんは「惡いことは言はんとなあ、田の龜ははしやうの惡いもので、なぶつた者は大わづらひをするさるな。それから龜を苗へかやしてお

「龜や、いかい龜や、なにやい」と聞いた。「龜にゐたわな」と言つた。由之助さん等は、手に持つてゐる長い棒をついてゐた。しばらくして、由之助さん等は「さあ行つかい」と言つて、はよ行かんと日がくれるよと言つて、棒についてゐた龜を川の方へ下つた。「おゝ、いかい龜やなあ」「どれく」と走つて見に來た。

いで。うちの　じやもにも大きな龜をしに行つた龜を田にはめて「龜く」でもどつて來た。そしてをばさんに「かやして來たわな」と言つたが、とんやして來たわな」と言つたが、田の龜ははしやうの惡いものやゆゑ、まて來た。そしてをばさんに「龜く」んは聞えんのか、だまつて田の草をきりに取つてゐるやんさ。それからあくる日は、朝起きのなり、どつこも惡いとこはあらせんかしらんと思つてゐたけんど、幸どこも惡くはありません。

上へ上つてしまつた。私はそれから一人「ながしてやれ、くびをついてやれ」と言つて一町、かうして川をん、かやしてくるわな」と言つて川を見た時には、龜がもう二三間下へ流れてゐた。「あ、かやしておいて」私はいそいで川へ入つて、こんどは龜を手でつかんで走つた。又もとゐた田へかやしに行つた龜を田にはめて「龜く」やして來たわな」と言つたが、とんでもどつて來た。そしてをばさんに「か

図2　第11巻3号（1923年9月）

北原白秋は第12巻3号で、「今月は百瀬校が抜群の好成績でした。（中略）推奨について申し上げると、百瀬校が四人も揃つて入つたのは近来の快事です。」とし、「雨降り」（清水庄蔵）については、「いかにも墨でかいた雁のやうです。向うまでつめて来る雨げむりがいい。」と評した。雁と雨げむりを並べて対比させることで、擬人化された雨げむりの部分がより生き生きとしているということだろう。

前川仲三郎の作品指導

この詩の作者である清水庄蔵によれば、恩師である前川は、児童の作った詩や綴方を文集にしたり、よい作品を講堂の前の大きな掲示板に貼つたりしていた。綴方や詩を点（甲・乙・丙・丁・戊）で評価せず、一人ひとりの作品のよいところを朱筆で褒め、子どもたちの創作活動を励ましたそうだ。『赤い鳥』は毎月数冊購入し、学級の児童に回覧し、鑑賞させていた。また、図画の時間に屋外写生に出かけたり、歌劇の演習を取り入れたりしたこともあったようだ。

「小牛」（前川芳夫）は、今では見られないような牧歌的な印象を受ける作品である。くり返し使われる「ひっぱられて行く」の表現も心地よい。

「雪のふつた後」（上松富三）では、曇天を「うつとり」と表現するなど、百瀬小学校の感性の豊かさが感じられる。『『赤い鳥』6つの物語』の著者の1人である山本稔も、百瀬小学校の子どもは、雨や風、雪などの気象への感覚が研ぎ澄まされており、作品には冬を耐え抜く姿、光の恵みを求める姿が強く働いていると評価している。

前川が指導した児童の作品が、初めて『赤い鳥』に登載されたのは、1922（大正11）年の第9巻5号で、これ以降、1926（大正15）年の第17巻3号までの間に、自由詩が39編、綴方が12編、自由画が7点掲載されている（1936年に自由詩が2編）。前述の1924（大正13）年第12巻3号には、10編の自由詩が掲載され、百瀬校の創作活動が全国から大いに注目を浴びていたことがわかる。

◆参考文献
山本稔・仲谷富美夫・西川暢也『『赤い鳥』6つの物語──滋賀児童文化探訪の旅』サンライズ出版　1999年

［渡　晋一］

第3章

昭和戦前期の教師たち
郷土教育・農村教育から戦時体制教育への道

概説　昭和戦前期の滋賀の教育史

1　昭和初期の郷土教育の成立と発展

⑴　島校の郷土教育の背景

　昭和戦前期の滋賀県の学校史にとって忘れてはならない小学校が存在する。1930 〜 44（昭和 5 〜 19）年の15年間に49冊もの学校や教師の著書を出版した蒲生郡島校（現近江八幡市島小学校）である（『地域に根ざした学校づくりの源流──滋賀県島小学校の郷土教育』2007年）。学校名著書28冊、教員著書21冊（単著13・共著 8 ）であり、発行年別では1930 〜 39年24冊、40 〜 44年25冊、うち35冊が東京の明治図書から刊行されている。農村部の 1 学年 1 学級の小学校が、教育実践の成果としてこれほど多数の著書を世に問うたのである。滋賀の教育実践史上の貴重な遺産としてこの事実は、滋賀の教育界で十分語られてこなかったのではないか。昭和戦前の激動の時代に、島校はどのような社会背景のなかで教育実践を行ってきたのか、どうして多数の著作をこのように刊行できたのだろうか。

　島校の教育実践の背景となる社会状況をふり返ってみよう。1925（大正14）年 3 月29日に普通選挙法が成立して、国民念願の25歳以上の男子普通選挙権が獲得された。二次におよぶ護憲運動の成果であり、普通選挙権がとりあえず男子だけ獲得され、最初の選挙は1928（昭和 3 ）年に行われた。しかし、25年 3 月19日には、昭和戦前期の国民思想や権利に重大な影響を与えた治安維持法が制定されていることは忘れてはならない。この法律は天皇制国家への疑念や戦争と軍国主義政策への批判を封じこめ、戦争に道を開く準備をした法律である。

　一方、経済は第一次世界大戦中から好景気のなかにあったが、昭和と元号が変わる頃より経済不況に陥った。関東大震災の震災手形処理に端を発する金融不安が増大して、1927（昭和 2 ）年に金融恐慌となった。29（昭和 4 ）年の世界大恐慌の影響で翌30年の昭和恐慌が日本全土を襲った。都市部で会社倒産や失業者が増大して、農村部には人口が流入し米価、繭価が下落して、不況の波は農村疲弊を引き起こしていった。

　教育への影響では、市町村の学校費の負担の割合が高いので、各市町村では教員給料の大幅削減を実施するところが増えた。滋賀県の市町村でも、1930（昭和 5 ）年から全国でも類例がない小学校教員給料の初任給 5 円引き下げや、教員俸

給・賞与の大幅な削減が行われた。また、県は弁当を持参できない欠食児童が増加したので、欠食児童の調査と貧困児童対策としての学校給食が始められた。教員給料削減問題と欠食児童への学校給食問題は、滋賀県の教育の二大問題であった。

(2) 島校の郷土教育・郷土研究の契機――神田次郎と栗下喜久治郎

　島校では、こうした経済不況下で新校舎建築問題が起こった。県下の町村では、明治期に建築された校舎の老朽化のため、この時期に校舎の建て替え問題が起こって深刻化していた。多くの町村が見送るなかで、島村は新校舎の建築を実現した。1926（大正15）年４月赴任の神田次郎校長は、前任校蒲生郡朝日野西校（現東近江市蒲生西小学校）で学校統合問題に苦労したので、地域社会と学校の連携強化を信念とした。彼は村民に感謝して地域に役立つ教育のため、郷土社会を学ばせる郷土教育を行おうとした。神田のリーダーシップのもとで、1927（昭和２）年から教員と子どもがともに郷土を調査し、郷土に学ぶ教育を始めていった。

　1928（昭和３）年４月に栗下喜久治郎が新任教員で着任。栗下は先輩教員と郷土の自然、文化、社会の調査を行い、各教科で郷土教材を学ばせる郷土教育を行った。島校は郷土調査の結果を『島村郷土読本』（1930年）としてまとめた。同書は島校最初の著作で、児童用として出版し村民にも配布された。県下で初めての郷土読本であり、1934（昭和９）年には改訂版が出された。郷土読本づくりと併行して、校内に郷土資料室を設置して郷土調査の収集物を展示した。児童に字ごとの衣食住や生業など多数の項目の調査を行わせ、その結果をグループや個人の郷土研究として発表させ、児童作品集『むべの実』（1933年）にまとめさせた。

　島校が全国で有名になったのは、1930（昭和５）年11月創立の郷土教育連盟に参加し、機関誌『郷土』・『郷土科学』に実践を発表したからであった。栗下は、31年３月の連盟の第１回郷土教育協議会で報告、若くして一躍注目されていく。

　島校の初期の郷土教育は、教師と子どもの郷土調査・郷土研究に力点が置かれた。1931（昭和６）年９月に、『体験と信念に基く郷土教育の学習と実践』と『郷土の調査及び研究　各教科郷土化の実際』の２冊が明治図書から出版された。著名が示すように、「郷土科」特設でなく、各教科の「郷土化」に力点を置く郷土教材の開発であった。この２書の刊行後、島校は全国の郷土教育の先進的実践校として名を知られるようになり、各地の小学校からの参観者が増大した。

昭和戦前期の滋賀の教育史　　137

2 農村教育における勤労体験・作業重視——矢嶋正信

1931（昭和6）年9月18日に「満州事変」が勃発した。原因は日本の関東軍による南満州鉄道の爆破で柳条湖事件と呼ばれ、中国東北地方の主要都市の占領が開始され、中国大陸での日中十五年戦争の始まりとなった。国民には柳条湖事件の真実は戦後まで隠されて、政府や軍部の発表をうのみにするしかなかった。戦争の拡大と「満州国」の成立で景気の一時的上昇があったが、農村の不況問題は解消せず、内務省と農林省主導で経済更生運動が始められた。各農村は自力で経済立て直し計画をつくり、自分の村を経済的に救済せよというものであった。

1932（昭和7）年に島村は、滋賀県から経済更生村に指定された。島校も村当局から各種団体と協力する要請があり、学校教育中心の郷土教育から社会教育を視野にいれて実践を変化させていく。自力更生村として郷土愛を持つ村民を育てることが前面に出されてくる（『自力更生教育　理想郷の新建設』1933年）。

矢嶋正信が、愛知郡豊椋校（現東近江市湖東第三小学校）訓導から島校校長に転任してきた。彼は1919（大正8）年滋賀県師範学校を卒業、豊椋校で「土に親しむ教育により児童、教師ともに人格を高める」農業教育を実践していた。1935〜42（昭和10〜17）年の6年6ヵ月間、矢嶋校長時代に島校の郷土教育は大きく変わっていく。矢嶋は、「土の教育」とは「農村の生活に即した郷土教育」「勤労愛好の教育」であり、昼は農場で研究的実習に努め、もっぱら子どもに体験をさせるべきだとした（『土の教育　学村の新建設』1939年）。矢嶋校長のもとで、栗下も郷土教育の取りくみの重点を体験学習へと変えていった。

1935年以降の島校の著書の題名は、「農村教育」「体験」「土の教育」「土の勤労作業」が冠されているものが多い。栗下は、矢嶋が提唱した作業重視の農業教育を著書にまとめ、実践書に書く役割を務めていった（栗下『農村教育の書』1936年）。この時期の島校は、水田、郷土蔬菜園、郷土植物園、学級園、温室・温床、鶏舎・養魚場、堆肥舎、一鉢園芸、養豚・養羊場など農業実習に盛んに取りくんだ。

滋賀県下では、この時期に農村教育の実践に取りくむ学校が多かった。なかでも、田中庄治郎は坂田郡六荘校（現長浜市長浜南小学校）で「六荘教育」を実践して著名であった。島校も六荘校も、農村教育の実践で勤労重視の農作業に力点を置いて生産教育を行うとともに、他方で経済更生運動の理念を具体化して生産物販売の実習、肥料の共同購入体験など農家経済の実習も行わせた。

矢嶋校長や栗下の指導を受けて、「土の教育」をまとめた教員に西川哲三（のち石川と改姓）がいる。彼は1933（昭和 8 ）年に滋賀県師範学校卒業後、新任で日野校へ着任し、その後島校へ転任する。島校では20歳代で実践を『土の勤労作業教室』（1939年）にまとめ明治図書から刊行した。若い教員を抜擢して教育実践書にまとめて出版させる、島校の教師の育て方をここに見ることができる。

　昭和戦前期に活躍した異色の教育ジャーナリストがいる。近江八幡の池野 茂である。池野は1912（明治45）年に滋賀県師範学校卒業後、一時小学校教員になったが上京して実業界に転じた。帰郷後に江州日々新聞社で教育担当記者となり、滋賀県教育界の人物紹介を行い、『教育に親しむ人々』「其一」「その二」の 2 冊の本にまとめた。江州日々新聞社退社後、江州公論社を設立して、教育雑誌『教育陣営』を創刊した。幅広い教育人脈から県内各地の学校訪問・視察を行い、教育界の外部からこの時期の滋賀の教育のあり方に対する提言を行った。

3　日中十五年戦争期の教師たち

(1)　子どもの見方・考え方を見すえた教師——田中秀雄と村瀬仁市

　田中秀雄は、国語教育が読方・書方重視であったことに疑問を抱き、話方・聞方に注目した教師である。甲賀郡土山校（現甲賀市土山小学校）で子どもが使う日常の方言、低学年児童のことばの調査を行った。大野校（現甲賀市大野小学校）で関西弁や関西アクセントに注目、話方指導や朗読指導を行った。1933（昭和 8 ）年に国語読本の改訂で、第四期国定『小学国語読本』（通称「サクラ読本」）が刊行されると、ただちに内容を分析・検討していった。

　村瀬仁市は、滋賀県師範学校本科第二部卒業で、神崎郡山本校（現東近江市五個荘校）に1924（大正13）年 4 月に着任した。子どもに国史への関心を持たせるため、郷土史教材を収集して自主教材集を作成した。31（昭和 6 ）年に師範学校附属校に転勤、本格的に国史教育を行うが、そのきっかけは「天照大神のダンナさんは誰や？」という子どもの問いであった。子どもの疑問や関心に即して、「国史教育に於ける至難教材」を研究した。子どもにとっての至難教材、教師にとっての至難教材の両側面から研究を進めた。37（昭和12）年 7 月 7 日以降、中国東北地方から全土へ拡大した日中全面戦争期に、村瀬は国史教育の著作物を 1 冊しか出さず、時流にのった研究物を出版しなかった。しかし、戦後直後に占領期の教職員適格審査では、戦時中に天皇を神格化して国粋主義の国史教育を鼓吹したと

の理由で、不適格判定を受けて休職を余儀なくされた。だが、再審査で2審適格となり短期間で復職した。

(2) 日中全面戦争下での日本精神教育、興亜教育

島校の栗下喜久治郎は、1934年以降の戦時体制に向かう社会変化にあわせて、島校教育の実践を世に問う役割を果たした。栗下は、単著7編・共著3編の著書を出版した教師である。社会が刻々と戦争と軍国主義に向かう時代にあって、島校の教育実践を継続して世に問うまとめ役となり、同時に自らの教育信念をとぎれることなく発表し続けた人物である。

1933（昭和8）年に滋賀県は、三大教育方針として「郷土教育、勤労教育、公民教育」を決定した。三大教育方針は、戦争と軍国主義を支える内容に変わっていく。郷土教育は、郷土愛・自然愛好の精神から発するものから祖国愛の郷土教育へ、労作教育は、戦時的要請にあわせた食糧増産を主目的にした勤労作業の教育へ、公民教育は、当初は選挙民としての公民の新理念体得や自治訓練をめざしていたが、徐々に皇国民錬成と兵式的集団訓練の教育へと、三大教育方針の支点が大きく移動していった（『滋賀県史　昭和編』第6巻）。

1933（昭和8）年6月に師範学校附属校で、公民教育研究大会が開催された。小学校の公民教育は「立憲主義の国民の教養」とか、「日本流」の公民教育とは何かについての論議がなされた。同年7月に師範学校附属校、女子師範学校附属校以外で最初の初等教育研究会が島校で開催され、郷土教育が研究大会のテーマとなった。10月には六荘校で勤労教育研究大会が開かれた。翌34（昭和9）年以降の研究会テーマには、「日本精神」が登場してくる。

1937（昭和12）年7月7日には、北京郊外盧溝橋から始まる日中戦争が勃発した。同年近江八幡の八幡校（現八幡小学校）で「日本精神を中核とする学級経営」をテーマとした研究会が開催され、同校は『日本精神を中核とせる我が校経営の実際』を刊行した。八日市校（現東近江市八日市南小学校）も『皇道実践　我が校の訓練』（1939年）を刊行している。

栗下は、こうした社会情勢にあって、島校実践の研究責任者として出版し続けていく。江南千代松と共著で『実践時局と教室経営』（1937年）を刊行し、学校著作『国民精神総動員と小学校教育の実践』（1938年）を刊行した。時局に適合した郷土教育とは、国家社会の存亡のための郷土愛精神の涵養と祖国愛とを緊密に結びつけるものであるとした。治安維持法体制下の教師たちは、時代状況への批

判的精神を持たないまま、政府や軍部の発表だけを信じこんで、他国への軍事的侵略行動を賞讃していった。栗下は、戦後にGHQ占領期に教職員適格審査で戦争責任を追及され3度の不適格判定を受けた。37年8月以降の国民精神総動員運動の時期に書いたこれらの著作の責任が問われたのである。

4　国民学校期の教師たちの教育実践——中村林一と西川綾子

　1941（昭和16）年4月1日の「国民学校令」により、小学校は国民学校と改称された。日中戦争が泥沼化するなかで、アジア解放を叫び「大東亜共栄圏」の盟主になろうとして、日本政府は同年12月8日のハワイの真珠湾攻撃とマレーシアのコタバル攻撃から始まるアジア・太平洋戦争を引き起こした。国民学校は子どもを駆りたてるための学校教育の改編であった。初等科は国民科・理数科・芸能科・体錬科に4科に統合し、すべての教科で軍国主義教材が中核的な内容とされた。

　1918〜52（大正7〜昭和27）年まで34年間、長浜校（現長浜小学校）だけに勤務した1人の教師がいた。中村林一である。彼は長浜農学校卒業で、地域の歴史と民俗に強い関心をもち、こよなく郷土史・郷土の民俗を愛した教員である。中村は青年期に中川泉三の郷土史研究に出あい、湖北地方の郷土資料の収集・保存の重要性さを知った。教師生活を続けながら、『改訂近江国坂田郡志』（1936〜44年）の執筆に参加した。

　他方で、長浜校の「開知学校資料」の保存を精力的に行って、明治期から昭和期の開知学校資料の散逸を防いだ。また、彼は国民学校期の「昭和二〇年度指導案綴」を保存した。国民学校期の全教科の「指導案綴」は県下でも珍しく貴重な資料である。1945（昭和20）年度に中村は初等科4年担任で、5年国史も担当した。敗戦の日をはさんだ4年「郷土の観察」と5年「国史」の授業展開がわかり、皇国民錬成の中心教科国民科の授業実態を知ることができる。

　瀬田国民学校（現大津市瀬田小学校）で初等科5年女子組を担任した西川綾子は、1944（昭和19）年4月から生活をありのままに絵と文で綴る「絵日記」の指導をした。キリスト教会の日曜学校でも教えていた彼女の「ほめる教育」によるのびやかな指導で、子どもが感性豊かに表現力をつけて絵日記を描いたのである。

　45（昭和20）年3月に大津で空襲警報、警戒警報が出る時期、児童の絵日記に対戦国への敵対意識や差別思想の芽が出てくると、西川はただちに日記をやめさ

昭和戦前期の滋賀の教育史　141

せた。アジア・太平洋戦争下の国民学校で教える１人の女性教師の見識(ものごとについてのすぐれた考え・意見)であった。戦時下の国民学校教育について、中村林一や西川綾子のような教員の真摯(まじめでひたむきな態度)な実践を掘り起こして詳細にかつ厳密に検討する必要がある。

［木全清博］

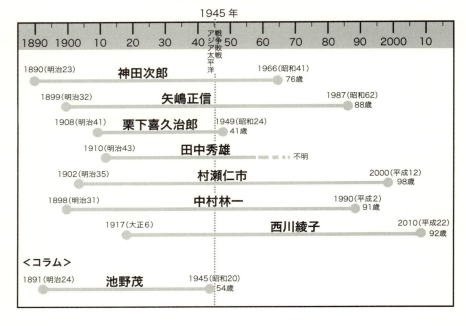

図1　昭和戦前期の滋賀の教育者の生没年

第1節

神田次郎　郷土教育による学校経営

〔かんだ　じろう〕1890（明治23）年生まれ。旧姓森田。1911（明治44）年に滋賀県師範学校卒業。蒲生郡内の小学校に在勤後、26（大正15）年に蒲生郡島校校長となった。『島村郷土読本』の作成を手がけ、郷土教育に取りくむ。郷土調査・郷土研究の成果を活かして、郷土読本や郷土室をつくり、郷土教育指導者としてリーダーシップを発揮した。1966（昭和41）年没。

　神田次郎は、大正末から昭和戦前期にかけて蒲生郡島校（現近江八幡市島小学校）を校長として全国的に注目される郷土教育の実践校に育てあげた。そこで行われた学校経営とはいかなるものであったのか。

1　朝日野西校における学校統合問題の経験

　神田次郎は、蒲生郡島校の校長になるまでどのような教師人生を歩んできたのか。
　神田の島校での勤務は、校長として赴任した1926（大正15）年が初めてではなかった。彼は1917〜22（大正6〜11）年の5年間、20代後半から30代前半の若い時期に訓導として勤務していた。その後、金田校（現近江八幡市金田小学校）で3年間訓導を務めた後、1925（大正14）年に初めて校長として赴任したのが朝日野西校（現東近江市蒲生西小学校）であった。
　当時の蒲生郡朝日野村（現東近江市）は、学校統合問題で揺れ動いていた。朝日野村は20ヵ村から構成された郡内屈指の大村で、地理的には南北に長く村域も広大だった。村内には朝日野西校と朝日野東校の2校があったが、学校経費負担が過重であるため、明治末期から合併問題が生じていた。学校統合問題は、第一次の1913〜16（大正2〜5）年と第二次の1925〜27（大正14〜昭和2）年の2度にわたり、統合賛成派と反対派の間で激しい紛争となった。神田は、この第二次統合問題の時期に朝日野西校へ校長として赴任したのである。
　着任の前年に村長が交代し、神田が着任した1925（大正14）年になると統合問

143

題が再浮上して村を二分する政争となった。統合反対派の住民は竹槍を作り、「村政腐敗の極」、「専横不正の巷」と書いたむしろ旗を持って、統合賛成派のところへ押し寄せようとした。警察署が非常召集して、徹夜で警戒する事態となった。これに対して、賛成派も村役場に陣取って200名から500名が集まるという状況が生じたのであった。

その後、村長が新校舎建築の地鎮祭を強行したため、反対派は県への陳情、生徒の同盟休校実施、村税滞納を決め、分村を唱える意見まで始めた。こうした学校統合問題で揺れる朝日野西校での１年間の勤務を経て、神田は島校に転出する。朝日野村における学校統合問題の経験は、彼にとって学校と地域の関係を根底から考える機会になった。なお、統合問題は神田が朝日野西校を離れた翌年の1927（昭和２）年、大正天皇大喪という大義名分を用いて、滋賀県が両者の紛争の調停に立つことにより、妥協案を作成してようやく決着をみた。

2　島校郷土教育のきっかけ

神田は1926（大正15）年４月に蒲生郡島校の校長となり、1935（昭和10）年９月に県視学に転出まで９年間在任したが、その間に島校を一躍全国的に著名な実践校に育てあげた。1928（昭和３）年10月、島村は貧弱な村財政のなかから６万円の巨額を投じて新校舎を竣工させた。それは、村に不釣合いなほどの立派な校舎でもあった。そうした村民の教育に対する思いに、村の教育者たるものは安閑としてはいられないと考え、神田は「この島村の地に即し、村に即した教育を実践しようではないか」と提案したところ、全職員の意見が一致した。こうした神田の発言は、保護者や地域の協力があって学校は存在できることを強く認識した前任校での経験から得られたものであった。島校では新校舎建設に対する村民の期待を受けとめて、その思いに応える教育実践をしようと考え、郷土教育が始められていくことになるのである（『村の教育十ケ年』）。

神田は、島校教職員に対して次のように提案した。

　　自分は、今までの画一教育にあきあきしていた。今、村民各位の教育熱愛の精神によつて、村に不釣り合いな立派な学校を建設されたのを機会として、都市模倣の教育を潔く精算して、村に即したる教育建設のために苦難にまみれ、茨の路を彷徨せねばならぬが、さうしたものにヘコタれぬだけの闘志と、十箇年、少なくとも五箇年は栄転、転職を問題とせずに、ぢつとここで働い

て貰いたい。しかし、家庭の事情、個人の事情等もあろうから、転任希望の者は遠慮なく申し出てほしい。私も及ばずながら全力を挙げて御力添えをし、御希望に添ふ様に努力する。

　新任で着任した栗下喜久治郎は、「まことに、声涙ともに下がるものがあった。今ペンをとりつつ、あの職員会の劇的シーンを偲んで、身のひきしまるのをおぼえる」と、この時の状況を回想している（『自己を築く教育』）。その年は誰一人として転任を申し出る者はなく、全職員が神田校長と同じ決意のもとで努力一致して、真実なる村の教育建設をめざそうということになった。神田が校長として全職員で郷土教育に取りくむための同意を取りつけ、腰をすえた実践を可能とする環境をつくりあげたことがわかる。

3　郷土を調べる・郷土を研究する

(1)　郷土読本づくり・郷土室づくり

　村に即した教育を実践するためには、村の実態を知らなければならない。新校舎の建設を契機として、神田校長を筆頭にして教師たちが1929（昭和4）年から取りくんだ最初の仕事は農村調査であった。

　村の自然的環境や資源、産業、経済、政治、郷土の歴史、村民性の長所・短所等が、実地調査や戸別訪問や文献研究等の方法で詳しく調査された。この農村調査の過程のなかで生まれたものが『島村郷土読本』（1930年）であり、「郷土資料室」であった。郷土教育運動の展開とともに、各地で郷土読本が編纂されるようになったが、島校の郷土読本は全国でも早いものの1つであった。

　郷土教育が全国の学校で行われるようになった頃、島校では教師と児童と村民の一体的な郷土調査の所産として、生きた郷土研究の資料が集められていた。それらは理科的資料・農業的資料・地理的資料・歴史的資料等に分類・整理され、期せずして「郷土資料室」にまで発展した。それは各教科を総合的に郷

図1　『島村郷土読本』表紙

土化して学習する場を児童に提供するものであった。さらに、村民にも郷土を理
解させ、郷土愛にめざめさせ、郷土の発展に貢献させるための博物館的役割も果
たした。

表 1 『島村郷土読本』目次 (1930年)

第1課	校歌 (尾田鶴次郎作歌)	第17課	島村十景 (詩) (大木春夫作)
第2課	島村	第18課	忠魂碑
第3課	奥津島大島神社	第19課	円山神社
第4課	郁子	第20課	我等の学校
第5課	本村の国宝及び特別保護建築物		(1) 我等の学校
第6課	琵琶湖の汽船 (田山花袋作)		(2) 兎
第7課	島村十景 (歌) (亀山美明作)		(3) 緬羊
第8課	伊崎の棹飛び		(4) 豚
第9課	グロスター公殿下を迎へ奉る	第21課	島村の唄 (民謡)
第10課	雇舟長命寺 (梁川星巌作)	第22課	朝日の名号
第11課	島村を詠める (紫式部作)	第23課	泊於幾島 (頼山陽作)
第12課	長命寺千日会	第24課	渡り合の大蛇
第13課	鮎の話	第25課	5万円貯金
第14課	大網ひき	第26課	将来の島村
第15課	長命寺伝説	第27課	我等が覚悟
	(1) 長命寺	(附)	
	(2) 祈願石	(其ノ一)	島村の古文書年譜
	(3) 聖徳太子礼拝石 (夫婦岩)	(其ノ二)	郷土読本索引
第16課	神社、寺院一覧	(其ノ三)	郷土資料室経営
	(1) 神社	(其ノ四)	郷土資料と各教科及び郷土読本との連絡
	(2) 寺院		

(2) 島校の労作教育・勤労教育

　島校が労作教育の思想を取りいれて、大規模な動物飼育の実践に踏みきったの
も、もとをただせば農村調査の結果であった。調査の結果によってわかったこと
は、村にはほとんど有畜農業がなされておらず、しかもその農業は米麦中心の
単一農業であって、多角的経営の工夫がまったくなされていないことであった。
それを是正して村の産業振興をはかるためには、どうしても学校で動物飼育をし
て児童に有畜農業の体験をさせ、児童を通じて村の大人たちに働きかけなければ

146　　第3章　昭和戦前期の教師たち

ならない。さらに、動物飼育は児童の興味にも合致し、それを教育的に組織すれば、動物愛護の精神を養い、勤労愛好と責任遂行の念を助長させ、飼育管理の技術も習熟させることができる。

このようにして、1931（昭和6）年頃から島校は郷土教育を起点として労作教育の実

図2　島校の畜舎（1930年）

践に移っていった。神田校長の信念は、「学校は村の農事試験場であり、研究所であり、また博物館」であった。学校は村を指導するだけの実力をそなえなければならない。こうした神田校長と教師たちの信念と意欲が島校の実践を支えていた。

島校の郷土教育がこのような労作教育・勤労教育の色彩を濃厚にし始めるのは、島村が1932（昭和7）年に経済更生村に選定されたときからであった。「学校は村の農業試験場とならなければならない」という意気ごみで、「更生果樹園」や「更生田」を設け、教師と児童の手によって、村の経済更生に役立つ水稲・蔬菜・花卉・果樹などの新品種の試作が進められていったのである。

(3)　児童文集『むべの実』の発行

郷土調査・郷土研究の成果は、郷土学習号と題された『むべの実』第15号にもよくあらわれている。『むべの実』は、子どもたちの「一人一研究」の取りくみとともに、集団の郷土調査・研究成果をまとめた文集である。身近な郷土のさまざまな事象を探究させて、調査成果を文章に綴る具体的な活動でもあった。

これは、当時の生活綴方教育運動のなかで提起された「調べる綴方」の実践

図3　『むべの実』表紙（1933年）

神田次郎——郷土教育による学校経営　　147

が取り入れられていたといえる。『むべの実』は、郷土の自然、産業、交通、沿革、生活に関する多様な内容がまとめられている。『島村郷土読本』のような教師による郷土資料の教材化だけでなく、子どもたちが生活現実、地域社会の事実、自然の現象を丹念に観察・調査して、研究としてまとめて文章で表現した。そうした活動を通して、リアルに社会を認識させる教育を展開していたことがわかる。

4 県視学から日野校の校長へ

神田は、1935（昭和10）年から1940（昭和15）年まで県視学を務め、そののちに蒲生郡日野校（現日野町日野小学校）へ校長として赴任する。島校の栗下喜久治郎も、日野校で再びともに勤務する。

戦後、軍国主義・超国家主義的教員を教職から排除するため、教職員適格審査が行われた。GHQ（連合国軍最高司令官総司令部）は、これを教育民主化の重要な柱として位置づけて実施した。神田は島校校長時代に教員生徒に対して労作作業を過度にさせた理由で、1947（昭和22）年3月19日に不適格判定を受けた。だが、3ヵ月後の6月19日に差し戻し審査で、9月9日には再審適格と判定された。翌年に神田は同校を退職した。

図4　日野国民学校玄関と神田次郎

◆参考文献
滋賀県蒲生郡島尋常高等小学校編『島村郷土読本』郷土研究会　1930年
栗下喜久治郎『村の教育十ケ年』第一書房　1939年
栗下喜久治郎『自己を築く教育』第一書房　1941年
『蒲生町史』第2巻　1999年
木全清博編著『地域に根ざした学校づくりの源流――滋賀県島小学校の郷土教育』文理閣　2007年

［板橋孝幸］

第2節

矢嶋正信　農業教育を軸とした学校経営

〔やじま　まさのぶ〕1899（明治32）年、東浅井郡生まれ。1919（大正8）年に滋賀県師範学校を卒業。同年、豊椋校に赴任。同校農業担当の専任教員が休職したのをきっかけに、農業教育の理論と実践の習得に取りくむ。1935（昭和10）年9月から、郷土教育の先進的実践校である島校の校長として学校経営にあたる。瀬田校、堅田校に勤務後、能登川東小学校を最後に退職。子どもたちの人格形成をめざし、一貫して農業教育・郷土教育に取りくんだ。1987（昭和62）年没。

　矢嶋正信は、大正から戦後初期にかけて「土の教育」で県下に名をはせた教師である。昭和戦前期に郷土教育実践校として全国的に有名となった島校で校長も務めた。「土の教育」とは、いかなるものだったのだろうか。

1　豊椋校での農業教育

(1)　農業教育との出会い

　矢嶋正信は、1919（大正8）年3月に滋賀県師範学校を卒業し、愛知郡豊椋校（現東近江市湖東第三小学校）に赴任する。同校で学習園の担当をしたことが、農業経験の始まりであった。赴任した年の10月に農業担当の専任教員が休職になったため、大野熊太郎校長は矢嶋にその代役を指示した。その時の矢嶋は農業についてまったく知識も経験もなかったので躊躇した。しかし、以前から農業については興味があり、師範学校時代の恩師から勧められたことも要因となって役を引き受けた。その背景には、損得で仕事をするような打算的生活ではなく、農業実習によって人間をつくりあげようという考えがあった。

　農業科を担当することになってから半年間、無我夢中で農業の勉強と実践に取りくんだ。すると、矢嶋の努力をよく見ていた大野校長から、本校の農業をあなたに任せたいのでさらにがんばってほしいと言われた。そうした大野校長の依頼に対して、農業について勉強する中でその奥深さとおもしろさにひかれていた矢嶋は、次年度の受け持ち学級をなしにして農業研究に精進させてほしいと願い出

た。大野校長は、その申し出を快く許した。期待をこめて、大野校長はこの若い教師を育てようと考えたのである。もともとは農業担当の教員が来るまでの一時的な代役であったが、農業の魅力と楽しさに惹かれ、大野校長のバックアップも得られた矢嶋は、その後農業の道に突き進んでいくことになる。

(2)　矢嶋による農業技術の３つの習得方法

　矢嶋は、後年次の３つの方法によって農業技術を習得したと回顧している（『国民学校教師の実践道』）。

　第１は、まずやってみることであった。矢嶋は、当時独身で自炊生活をしていたため、学校を自分の家と同様に思って暮らしており、いくら帰りが遅くなっても問題がなかった。まず自分自身の力量向上をはかるためには、あらゆる体験を積むことが大切であると考え、早朝から晩遅くまで学校農場で研究的・実験的実習を行った。そうした姿を見ていた村民からは、「烏の鳴かない日はあっても、矢嶋先生の農場で働かれない日はない」とまで言われるほどだった。

　第２は、教えを請うことであった。暇があると、老農のところに行って教えを請い、ともに農作業をして体験的に学んだ。老農に教わった体験をもとにして、つねにどうしたらもっとよくなるかを考え、実験的に実習を重ね、工夫・創造することに気を配った。放課後日曜といわず、絶えず郡農会、農学校、農事試験場、篤農家のもとに行って、実際に直接教わることで学んでいった。そうしたところへ行く時、矢嶋はあらかじめ多くの疑問を整理して臨み、よりよい方法を教えてもらうことで課題を解決させ、学びを深めていった。

　第３は、書物から知識を得て記録を作ることであった。夜は、購入しておいた農学校の教科書全部と各種参考書を精読して知識の習得に努めた。さらに、新聞や雑誌を注意して読み、農業に関する講習があると、滋賀県内はもちろん、東京、愛知、和歌山、大阪、京都等に行き、新しい知識を獲得するために受講に出かけた。新聞や雑誌の重要な記事は切り抜いて、参考資料書を作成した。自分で実験したこと、聞いたこと、見たこと等については、種々の記録を作った。

(3)　農業を通した教育理念を構築する

　矢嶋は、こうして習得した農業技術をどのように教えたのか。そこで大切にした教育理念が２つあった。

　１つは、教師が模範となって児童とともに行うことであった。矢嶋は「常に教

150　第３章　昭和戦前期の教師たち

師第一線主義」「実践垂範」とも言っていたが、まず教師自らが行うことで模範を示すべきと考えていた。たとえば、堆肥運びも最初とくに女子は眉をひそめているものが多かったが、矢嶋が無言でよく発酵して腐った堆肥を手づかみでまく姿を見て、児童たちもそうした作業をするようになった。矢嶋は、教育という仕事はちょうど芋洗いと同じであると述べている。それは、桶のなかの親芋が教師、子芋が児童、ともにごろごろともまれている間に、教師も児童もともに皮がとれてきれいになり、ともに美しく磨かれるからという考えであった。これは、二宮尊徳の教えを広げた報徳運動のなかで当時よく言われた「芋こじ」の考えでもあった。

　もう1つは、村民への働きかけであった。豊椋校着任7年目頃になると、矢嶋は村人を指導するまでになっていった。農業技術・生産向上の成果を学校だけでなく、村民への農業指導も行って村にも還元していく。習得した知識・技術を村民に伝える取りくみを通して地域の発展に尽くすことで、矢嶋は教師が村の社会教育に関わる重要性を認識していったのである。

2　島校での「土の教育」

(1)　豊椋校から島校への転任

　1935（昭和10）年9月、神田次郎校長の県視学転勤のあとを受けて、矢嶋は蒲生郡島校（現近江八幡市島小学校）に転任する。当時、島校は全国的に有名な郷土教育の実践校であった。そうした学校に校長として着任することになったのは、豊椋校で首席訓導として、学習園における実習中心の農業教育で優れた実績をあげていたからである。矢嶋は前任校での実践を発展させ、この島校で「土の教育」を提唱する。

　同校訓導であった栗下喜久治郎との共著『土の教育　学村の新建設』（1939年）では、「土に対する感謝、土に働くことの感激、厳粛なる人生は実に田園にある。人生に深さがそこに潜んでいる。教育、わけて農村教育の主要なる方法として、とられるべきものは土への労作である。即ち、土と親しみ、土と和し、土の温みに育み、むすばしめねばならぬのである」と論じている。大地こそが

図1　『土の教育　学村の新建設』

生命の立脚するところと考え、農業を通して教育することを大切にしていたことがわかる。

　前校長の神田は、郷土教育を提唱して教師たちを引っ張り、若い栗下に目をかけて全国大会での発表や著作の出版をさせていくといった強いリーダーシップで学校経営を進めていった。一方、矢嶋は前述したように「常に教師第一線主義」「実践垂範」を唱え、「芋こじ」の考えを実践しようとした。矢嶋は、農業を主軸にこうした教育理念を浸透させ、よりよい人間関係を築いて人を導いていくタイプの教師だった。神田が始めた郷土教育について、矢嶋はそれに農業を通した「土の教育」理念を持ちこんで同校の取りくみを発展させていった。

(2)　全村学校の取りくみ—学校教育から社会教育へ—

　島校に赴任した1935（昭和10）年は、日本精神高揚の教育、国体明徴の公民教育、体験に基づく勤労教育などをスローガンとして、非常時局に即応する教育を要求され始めた時期でもあった。そうした中で、「農村教育の主要なる方法」がより求められた。単に学校で児童に農業を通した教育を行うだけでなく、村民に対する教育もより求められるようになったのである。前任校でも村民への農業指導を行っていたが、島校では校長として広範な社会教育活動にのりだす。村の青年団、処女会、主婦会、および在郷軍人会の組織活動にも積極的に関わっていった。1937（昭和12）年8月、島村役場、産業組合、各種団体共催のもとに開かれた全村学校は、経済不況と農村疲弊のなかで失われゆく農民魂をとりもどすための起死回生の努力のあらわれでもあった。

　島村全村学校開設趣意書では、「島村に生れ、島村に育ち、島村で恐らく死するであろう村民諸君。心霊の郷土、なつかしの島村に美しくも力強い島村更生の種子を、全村学校受講によって播きおこそうではないか」と呼びかけている。島校において、矢嶋は郷土教育・農業教育を通して学校教育と社会教育をつなぐ取りくみを進めていった。

　こうした豊椋校と島校での取りくみをまとめて、矢嶋は1942（昭和17）年1月に『国民学校教師の実践道』を刊行した。同書の目次からも、農業教育を始めるきっかけから学級学校経営・農村教育に至るまで、これまでの矢嶋の歩みや実践上の工夫をまとめたものであることがわかる。

表1 『国民学校教師の実践道』目次（1942年）

1．国民学校道の体認 　1．国民学校令第1章目的 　2．国民学校の鏡 2．皇国の道の体得とその実践 　1．天皇皇后両陛下の御日常を拝し奉りて 　2．御成徳に感激して 3．人格を磨く職員室経営 　1．職員室経営図 　2．職員室経営実践 　3．職員室の新体制 4．学校学級経営に努力すること 　1．学校・学級経営の基調 　　(1) 郷土の調査 　　(2) 児童の調査 　　(3) 家庭の調査 　2．農村高2学級経営 　3．皇国民錬成の教室経営実践 　　(1) 教室経営方針 　　(2) 教室経営実践図 　　(3) 教室経営の実際 5．教科並に科目の第一担任教師となれ 6．「自然の観察」する教師たれ 　1．一日一草の励行 　2．植物採集の妙味 　3．植物栽培・動物飼育 　4．手製の植物動物図鑑 　5．日曜園芸 　6．私の家のお正月行事 　7．「自然の観察」学習園の経営実践	7．農村の為に働きかけること 　1．皇国民錬成の農村教育道 　　(1) 時局と農村について 　　(2) 農村教育の指箴 　2．実業科農業担任教師 　　(1) 実業科農業の目的と根本精神 　　(2) 実業科農業振興策の根本問題 　3．国民学校農場経営実践 　　(1) 農場経営 　　　1．農場経営方針 　　　2．農場作付設計方針 　　　3．農場分担方法 　　　4．農場経営の実際 　　(2) 各学年動物飼育の実際 　　(3) 農業建物の経営 　　(4) 生産物の教育的処理 　4．三位一体の農村開発 8．国民学校教師魂 附録 　1．私はかくして実業科農業を実践体得致しました 　　(1) 動機 　　(2) 機会到来 　　(3) 努力精進 　　(4) 成せば成る 　　(5) 信念 　　(6) 感謝 　　(7) 実践のあと 　　　1．私の重点主義稲作増収法 　　　2．国策にそふ養兎経営法 　　　3．日本人にふさはしき朝顔と菊の作り方

3　瀬田校での「矢嶋芋」

　1942（昭和17）年の春、児童数1500人を超す大規模校であった瀬田国民学校（現大津市瀬田小学校）に校長として転任した。瀬田国民学校においても、矢嶋は学習園の実践を展開する。学習園で育てたじゃがいもやさつまいも、草花などの成長過程を観察して科学的に記録する。じゃがいもやさつまいもを収穫し、調理実習の場を設けて試食会として児童に食べさせた。こうしたようすは、西川綾子が担任をした5年智組の絵日記風に書かれた学級日誌からも読み取れる。試食会の日の学級日誌には、「校長先生はおいしいのでおいしいおいしいといってたべておられた。わたしたちもにこにこ顔でいただいた。・・・校長先生にほめられた」との記述がある。矢嶋は、子どもたちの作った物をほめながら一緒に食べていたことがわかる。戦時下のさつまいも増産においては、県の瀬田農事試験場の指導を受け、いも苗づくりに全力を注いだ。味がよく多収穫で、当時「矢嶋芋」といわれ、食糧難の時代に町の人びとから喜ばれたという。

戦後は、1946（昭和21）年に大津市の堅田国民学校（現大津市堅田小学校）、1948（昭和23）年から神崎郡能登川東小学校（現東近江市）に勤めた。能登川東小学校に勤務していた頃は、戦後の食糧増産が叫ばれた時代であり、これまでの経験を生かして積極的に「生産教育」に取りくんだ。

図2　矢嶋校長と学習園で働く子ども

4　人格形成をめざした矢嶋の農業教育

矢嶋が教師生活を送っていた当時、農業教育を積極的に推進する運動には2つの潮流があった。1つは、疲弊した農村を復興させようとする社会的運動である。新興教育運動に代表されるような社会変革をめざした運動を指す。もう1つは、農業教育を通して児童の人格形成をめざす運動である。農業技術の習得や勤労体験の活動として農業教育に取りくむことにより、農村労作教育として実践していくもので、矢嶋の「土の教育」もこれにあたる。

矢嶋が実践したような後者の農業教育は、体験主義的な取りくみであるため、思想や時代を選ばず、受け入れられていく内容も持っている。戦前の豊椋校・島校での郷土教育・農業教育、戦中の瀬田国民学校における食糧増産、戦後の能登川東小学校における生産教育と社会状況が変化してもつねに求められ、さまざまな時代に適応可能な教育実践だったともいえよう。その一方で、社会的なものと切り離して学級のなかの収穫競争になっていくという作業主義的な課題、時代が軍国主義に傾斜していく中で、勤労作業としての精神性の強調、人格形成としての教育的意味よりも食糧増産的性格を帯びるという課題もあった。

◆参考文献
矢島正信・栗下喜久治郎『土の教育　学村の新建設』明治図書　1939年
矢島正信『国民学校教師の実践道』明治図書　1942年
西川綾子と瀬田国民学校五年智組の生徒たち他『戦中「学級日誌」』龍谷大学国際文化学部　2009年

［板橋孝幸］

第3節

栗下喜久治郎　郷土教育の研究と実践に取りくむ

〔くりした　きくじろう〕1908（明治41）年京都府与謝郡生まれ。1928（昭和3）年滋賀県師範学校卒業後に訓導として蒲生郡島校に着任し、14年間同校郷土教育の中心的役割を担い、神田次郎校長とその後を引き継いだ矢嶋正信校長とともに実践を先導した。栗下が同校郷土教育の研究と実践の成果について多くの著作を発行したこともあり、全国的に注目される取りくみとなった。1949（昭和24）年没。

　栗下喜久治郎は、昭和戦前期全国的に展開された郷土教育運動で、農村小学校である島校の中心的な担い手として広く注目された。当時の島校は、琵琶湖のほとりにある小さな村の小学校であった。そうした学校が、なぜ全国的に知られる郷土教育の実践校となりえたのだろうか。その中心人物といわれる栗下は、いかなる働きをしたのか。

1　島校の郷土教育の歩み

　蒲生郡島校（現近江八幡市島小学校）の郷土教育は、大正末から昭和初期にかけて滋賀県で注目された新教育運動の1つである。同校の実践は全国に知られ、国内はもとより、遠くは台湾、朝鮮、満州からも多数の参観者が訪れた。同校は1930（昭和5）年から1944（昭和19）年までの15年間に、約50冊もの学校や教師の著書を出版した点においても、他に例を見ないといえる。

　昭和戦前期の規模は学級数において尋常科6、高等科1、1931年の児童数では、尋常科280人、高等科40人であった。児童の家庭の大部分が農業に従事し、卒業生の多くは家業を継ぐ状況であった。同校は、「村に即したる教育」を理念として一貫させつつも、実践においては「科学的」郷土認識をめざす郷土教育から村の自力更生に直接関わる郷土教育、さらに軍国主義的郷土教育へと内容を変化させていった。こうした実践の変化を昭和戦前期における同校刊行の著作物から分析すると、第1期（1928～31年）の「科学的」認識型郷土教育、第2期（1932～36年）の自力更生型郷土教育、第3期（1937～45年）の非常時局型郷土教育の

3つの時期に区分できる。これは、同校の著作に見られる実践の変化を出版した時期に着目し、それぞれの実践開始時期に即して区分したものである。

第1期の「科学的」認識型郷土教育の実践期は、新校舎建設に対する村民への感謝の念を当時の神田次郎

図1　チューリップ畑での記念写真

校長が、「土に即し、村に即した教育」の実践で返そうとの提案により、郷土調査を始めた時期である。この時期の実践は、郷土教育連盟と連絡を取りながら郷土の実態調査を行って郷土読本や郷土室をつくり、「科学的」郷土認識をめざす取りくみであった。また、学校農園を使用した労作教育・生産教育も行われた。

第2期の自力更生型郷土教育の実践期は、『自力更生教育理想郷の新建設』(1933年)が書かれ、それまでの「科学的」認識型郷土教育から自力更生型郷土教育へと実践が転換した時期である。この時期の実践は、郷土振興と結びつけた自力更生的教育が中心である。これは、農村恐慌によって疲弊した村を救済する名目で展開された農山漁村経済更生運動がその契機になった。

第3期の非常時局型郷土教育の実践期は、1938(昭和13)年に刊行された『国民精神総動員と小学校教育の実践』に非常時局の教育方針や計画・方向性と実践報告が示されているように、ファシズムと軍国主義体制下における教育を推進する内容であった。

2　昭和戦前期を一途に駆け抜ける

(1)　島校で郷土教育にめざめる

前述した3つの時期すべてにおいて、島校の研究と実践の中心となった教師が栗下喜久治郎であった。栗下は1928(昭和3)年滋賀県師範学校卒業後に訓導として着任し、14年間同校郷土教育の中心的役割を担い、神田次郎校長とその後を引き継いだ矢嶋正信校長とともに実践に取りくんだ。当時島校で学んだ児童の記憶には、職員室でいつも原稿を書いている栗下のイメージが強かったようである。栗下は自身が著者になっている著書だけでなく、島校編纂の著書の多くにも関与した。

そうした著作の多くでは理論と実践の美しい表面を描くだけで、プロセスはあまり見せてこなかった。栗下は10年間の島校での取りくみについて、失敗話もふくめた「がくやうらの話」をまとめることで教育者の参考に資したいと考えた。そうしたことから、1939（昭和14）年に『村の教育十ケ年』を刊行した。

　教員の間では、島校への赴任になることを「島流し」といって誰もが嫌ったというくらいの「へんぴな一寒村」の小学校だった。そのため、栗下は必ずしも喜んで新任校に赴任したというわけではなかった。そうした栗下に対し、着任初日から神田校長は「村の教師としての生活」について教える。栗下は神田のことを終生忘れ得ぬ恩人で、今日あるのは神田先生の賜物であると述べている。

　1931（昭和6）年3月には、郷土教育連盟の第1回郷土教育協議会が東京神田の教育会館で行われた。同協議会は、全国から教育者が集まって研究発表・実践討議をするという郷土教育の全国研究大会であった。そうした大舞台で栗下は島校の実践について発表し、翌々月には郷土教育研究の全国誌ともいうべき郷土教育連盟の機関誌『郷土科学』第7号に「島小学校の郷土教育の実際―村の教育化―」と題した論文を掲載する。教師になってまだ3年目であったが、20代前半にして一躍全国的に注目される郷土教育の実践家となった。その後も、栗下はさまざまな研究会等で島校の実践を報告するといったスポークスマン的役割を担い、時代の動きを鋭敏に察知し、率先して事に取りくんだ。

(2)　学校教育から社会教育へ郷土教育を広げる――1930年代後半

　島校の郷土教育は、前述したように大きく3つに時期区分できる。これは政策的な影響に着目しての時期区分だが、栗下の立場からみると、校長の交代も大きな変化要因であった。1935（昭和10）年に赴任した校長の矢嶋正信は、「土の教育」を提唱する。『村の教育十ケ年』には、「土に生きる人々」「人間は土に生きる時はじめて真人間の姿に立ちかへる」など、「土」を意識した表現が増え、矢嶋の教育理念を踏まえつつ、実践を進めていたことがわかる。さらに、校長交代以降、矢嶋とともに栗下がより力を注いだのが社会教育であった。同じ1935（昭和10）年には、村の社会教育組織である青年学校、青年団、処女会、主婦会の整備・拡充・強化を進め、翌1936（昭和11）年には村の経営計画を樹立して、とくに次年度から「農村生活へ門出せんとする運命を有する所のもの」である高等科2年生への教育を重視し、村に即した教育の徹底をはかった。さらに、1937（昭和12）年には全村学校、1938（昭和13）年には農民道場を設立し、一般村民に対して

栗下喜久治郎――郷土教育の研究と実践に取りくむ　　157

も教育を行うようになっていった。郷土のために村全体に教育の場を広げ、学校教育だけでなく社会教育にも積極的に取りくんだのである。

　このように島校実践の中核的役割を担った栗下は、教師になって10年目の1938（昭和13）年2月に農林省から農山漁村更生功労者、同年4月に文部省から初等教育功労者として表彰された。前者は社会教育、後者は学校教育に関する実践の評価であり、島校郷土教育は学校教育と社会教育を結びつけた取りくみであったと意義づけることができる。30歳にして多数の著書を東京の出版社から刊行し、学校教育と社会教育の両分野で国からの表彰を受けたことからも、栗下が若くして注目された教師であったことがわかる。

3　国民精神総動員運動下の教育実践

　第3期非常時局型郷土教育の実践期は、日中戦争・太平洋戦争下の時期にあたる。日中戦争の拡大にともなって、政府は国民に戦時意識を徹底させ、戦争に協力させるため、1937（昭和12）年から国民精神総動員運動を展開する。そうしたなかで、栗下は同年に『実践時局と教育経営』（江南千代松との共著）、翌1938（昭和13）年に『国民精神総動員と小学校教育の実践』を刊行した。

　『実践時局と教育経営』には主に青年学校、青年団、婦人会、経済更生委員会、女子青年団の経営について書かれており、社会教育分野における非常時局の教育をまとめたものといえる。『国民精神総動員と小学校教育の実践』は、主に学校経営、訓育、教授、体育について書かれており、国民精神総動員運動に合致させた学校教育に力点を置いた

表1　『実践時局と教育経営』（1937年）と
『国民精神総動員と小学校教育の実践』（1938年）
目次

『実践時局と教育経営』目次
第1編　非常時局の教育
第1章　非常時局の究明
第2章　御勅語を拝し奉りて
第3章　国民精神総動員の秋
第4章　非常時局と教育
第2編　非常時局と教育実践
第1章　非常時局と小学校経営
第2章　非常時局と青年学校の経営
第3章　非常時局と青年団の経営
第4章　非常時局と婦人会の経営実践
第5章　非常時局と経済更生委員会
第6章　非常時局と女子青年団の経営
【附録】非常時局の教育実践一覧表
『国民精神総動員と小学校教育の実践』目次
第1章　支那事変の意義と教育者としての覚悟
第2章　学校経営と国民精神総動員
第3章　訓育と国民精神総動員
第4章　教授と国民精神総動員
第5章　体育と国民精神総動員
第6章　家庭並に社会に於ける国民精神総動員への協力

実践を書いた。学校教育と社会教育の両分野において、郷土愛を祖国愛とより結びつけ、国民精神総動員運動の理念を織りこみ、時局に適合した郷土教育に取りくんだのである。経済的に疲弊した農村を立て直すため、学校教育だけでなく社会教育にも熱心だった栗下は、さらに戦争を推進しようとする政策とも歩調をあわせて実践を行っていったのであった。

4　敗戦直後の思い

　その後、栗下は蒲生郡日野校（現日野町日野小学校）と野洲郡三上校（現野洲市三上小学校）に勤務し、終戦時には蒲生郡平田国民学校（現東近江市八日市西小学校）で校長を務めていた。1946（昭和21）年３月15日に発行された『村のこども』では、栗下は敗戦後の新日本を建設するためにがんばる必要性を子どもたちに訴えた。その「はしがき」から、土に親しみ、汗を流して働きつつ勉強し、働くことが本当に勉強になるのであり、どんなことに精魂こめて働くか、どうしたら働くことが勉強になるかが、出版の目的であったと読みとれる。

　戦争が終わって半年後の出版で、１年間の内容をまとめていることから、同書に記述されている取りくみは、戦前・戦中のものと考えられる。「はしがき」には「平和な日本、文化の国日本を、自分たちの手で建設するんだ」とある。戦前の著作とは大きく変化し、時代の動きを鋭敏に察知して、戦後の状況にあわせて出版したといえる。「はしがき」以外は目次に見られるように四季の内容を綴ったもので、どのような使用方法を想定して作成したのか、具体的なことは書かれていない。本文は子どもとのやりとりが中心で、会話調や日記調の記述も散見される。

　戦後教育改革はＧＨＱ（連合国軍最高司令官総司令部）による民主化の試みがあり、戦時教育体制に批判的な政策が実施される。その１つが、軍国主義・超国家主義的教員を教職から排除するための教職員適格審査であった。ＧＨＱ（連合国軍最高司令官総司令

図２　『村のこども』表紙

表2　『村のこども』目次（1946年）

1．春がきた	2．夏近し
1．鍬いれしき	1．悠紀斎田とはたらく子供たち
2．うまが肥えるからウマゴヤシ	2．稲の研究
3．必要は工夫をうむ	3．芽は地中へ伸びて行くか
4．花さく学校	4．手うちうどん
5．かぼちやのけんきうきろく	5．遠足と伝書鳩
6．山羊と子供たち	6．学校郵便局
7．太陽の力	7．野鳥をかふ子供たち
8．かひこをかふ子供たち	8．乾草をかる子供たち
9．がんぴとり	9．プールをつくる子供たち
10．学校林	10．夏休とはたらく子供たち
3．秋をむかへる	4．冬を待つ
1．あしたはひより	1．どんぐりと子供たち
2．嵐の日	2．花の会
3．"よい土の色やなあ"	3．一町歩の開墾
4．薬草を植ゑる	4．木が笑ひよる
5．みやげものうり	5．園芸研究倶楽部
6．蝗つかみ	6．うさぎ
7．ふりかけこ	7．お正月が近づく
8．稲の収穫	8．堆肥を作る子供たち
9．甘藷一株品評会	9．慰霊塚
10．菊花競技会	10．お雛祭と子供たち

部）はこれを教育民主化の重要な柱として位置づけ、日本の政府・文部省を通じて実施した。

　栗下は、「軍国主義あるいは極端な国家主義を鼓吹した者、又はその様な傾向に迎合して教育者としての節操を欠くに至った者」に該当するとして教職不適格の判定を受ける。著書『実践時局と教育経営』と『国民精神総動員と小学校教育の実践』が、軍国主義的内容であると判断されたからであった。そのため、なかなか審査において適格と認められなかった。1946（昭和21）年11月27日に1審不適格、翌1947（昭和22）年7月30日に2審不適格、10月9日には3審不適格となり、適格と認められたのは死後の1951（昭和26）年7月4日であった。

◆参考文献
栗下喜久治郎『国民精神総動員と小学校教育の実践』明治図書　1938年
栗下喜久治郎『村の教育十ケ年』第一書房　1939年
栗下喜久治郎『自己を築く教育』第一書房　1941年
栗下喜久治郎『村のこども』毎日新聞社　1946年
阿部彰『戦後地方教育制度成立過程の研究』風間書房　1983年

［板橋孝幸］

第4節

田中秀雄　国語教育における「話方・朗読」指導

［たなか　ひでお］1910（明治43）年に生まれる。30（昭和5）年、滋賀県師範学校を卒業、甲賀郡土山校訓導として赴任。35（昭和10）年、大野校に転勤。38（昭和13）年5月、八幡青年実業学校に転じる。この間、読方・綴方教育はもちろん、話方・朗読の実践に力を入れた。39年神崎郡北五個荘校に転勤、英語教育にも力を入れた。40（昭和15）年、京城府城東中学校に赴任。没年不詳。

図1　旧大野小学校

秋田喜三郎主宰の読方教育研究会機関誌『読方教育』（第7巻第6号）に、田中秀雄は「児童に国語の正しき知識を得させる」国語教育者として紹介されている（野田村一司「新国語教育人国記（滋賀県之巻）」）。田中は『近江教育』に、読方・綴方だけでなく、話方・朗読の指導に関して29本を投稿、この時期の滋賀県における期待される国語教育者であった。

1　国語教育における「話方」と方言指導への着目

田中秀雄は1930（昭和5）年に滋賀県師範学校を卒業、甲賀郡の土山校（現甲賀市土山小学校）に赴任した。1933（昭和8）年に最初の論稿「読方に於ける発音指導への一考察」を『近江教育』（第448号）に投稿した。1935（昭和10）年には同誌（第471号）に「新国語解釈の指標」を発表した。田中は言語学の理論を説明した後で、低学年児童の言語に対する特質である子どもの「直観」を重視することを唱えた。授業のなかで単語の意味を説明したり、教科書の文章を機械的にくり返し読ませるのではなく、子どもたちが日常生活のなかで感じる素直な気持ちを言語化していくことが大切であると述べた。

1935（昭和10）年4月に田中は土山校から大野校（現甲賀市大野小学校）に異動した。ここで3年間、勤めることになるが、この期間田中は22本の論稿を発表した。この内、16本が読方で、6本が話方（発音・アクセント）に関するものであった。田中の国語教育に関する論稿は、読方・話方教育と、新国語読本における言語文章の2つに分けられるが、言語活動に着目するものであった。

田中は、英語やロシア語、ドイツ語が「強さのアクセント」であるのに対し、日本語や中国語が「高さのアクセント」であると分類した。日本語の「高さのアクセント」が関東語（標準語）と関西語（大阪・京都を中心とした語）では、アクセントの違いで意味がまったく違うものがあるとしている。具体的には「橋」と「箸」、「海」と「膿」をあげたうえで、関東語（標準語）の普及のためには、関西語の犠牲は止むを得ないと論じていた（「アクセントに就いて」『近江教育』第474号）。

　国定教科書の国語読本の分析では、発音やアクセントについて十分な注意がなされていないと批判し、東京高等師範学校で開催された全国訓導国語協議会で、新出単語について標準語を普及するためにも関東語のアクセント表記を求めた。しかし、関東語と関西語の彼の考え方は、のちに変化していく。

2　大野校で「話方・朗読」の指導を深める

(1)　方言を使った自由詩の指導

　国語教育で知られた愛知川校校長の河村豊吉は、関西語で表現された児童の自由詩を数多く『赤い鳥』に投稿させていた。

　甲賀地域からは大野校のみ『赤い鳥』（復刊第11巻第6号）に児童自由詩が、1936（昭和11）年に2点掲載されている。

　大野校で国語主任を務めていた田中は、以下の論稿を『近江教育』に投稿し、自らの考えを主張している。

図2　『赤い鳥』復刊第11巻第6号

①小学国語読本のかなづかいで「あさがほ」と書いてある場合、正しい発音を習得するためには「あさがお」と言う言文一致の訓練が必要である（「仮名遣とその発音」第478号）。

②予習復習という自学自習の必要性から、参考書の有効利用や辞書活用が重要である。また、経済状況から1人1冊の辞書が所持できない子どもが多いので、学級単位で辞書を用意し、活用していくことを提言した（「読方に於ける辞書活用の訓練について」第486号）。

③小学国語読本の発音式かなづかいの提言に対し、綴方と連絡して実用本位の

かなづかいに習熟させることが肝要だとし、『小学国語読本』巻1のなかから10問を選択した国語かなづかいの考査を実施、その結果報告と分析をしている（「仮名遣を主とする考査の方法と其の実績」第491号）。

④5歳児を対象に絵本と実物を見せ、24の誤った発音の名称について分析し、発育上、留意しなければならないことを指摘して、小学校1年生の発音指導に生かしていくことを提言している（「実験的に見たる幼児の発音」第497号）。

田中は、国定教科書の内容や教授細目だけに従っていた指導法から、子どもの生活や実際の言語使用の実態に即して、子どもの国語力を伸ばす方法を考えていった。

たとえば、田中は「忍びて」という文語を口語で書くと「忍んで」となる例を示し、同じような例は他にないかと生徒に質問し、実に115もの類例を子どもたちから引き出すとともに、撥音便、促音便、う音便、い音便の4類型に区分した。その特色を子どもたちに考えさせることで、音便に対する興味関心を深めさせようとした（「音便指導の実際」『近江教育』第499号）。

(2) 大野校での朗読指導

田中は大野校での朗読実践の経験から、朗読指導法について新しい考え方を『近江教育』で提示していく。

①「情的文書」（散文）の朗読指導について、発音や声の切り方、調子の上げ下げ、強め方と弱め方に関して、自らの授業を紹介。教師と生徒の問答を示しながら、そこで何に留意して指導するかを提示した。学習指導案を細案化して説明することで、他の教員が、彼の授業を基にした実践ができるようにした（「読本による朗読指導の実際」第502号）。

②当時、開始されたラジオ放送やレコードを使った朗読指導が流行する中で、関西語（方言）を使った指導があることを紹介し、標準語一辺倒の指導に一石を投じた（「わが校に於ける朗読発表会の実際」第505号）。

③標準語普及推進のなかで出てきた論点を紹介し、田中なりの意見を提示した。とくに標準語と方言に関する綴方指導について、会話文での方言使用を認め、その他は標準語で書くべきだ、と主張した（「綴方に於ける語法指導の実際」第506号）。

アクセントを重視する英語とは違い、日本語の朗読では標準語のアクセント重視の指導より、方言のよさを認めながら、発音や断続、速度、抑揚調子などを重視して指導することが大切だと主張した。

　田中は校内で定期的な朗読発表会を開催、その評価プリントと進行表、朗読指導の留意点を述べた。彼は朗読発表会で読む作品について、当初は読本の文を朗読させていた。しかし、のちには綴方の文を奨励し、方言の豊かな表現に指導の力点を置いた。また、外来語の表記を平仮名でなく片仮名にするべきだと主張した。さらに「而して」などの副詞・接続詞に漢字を使わず、平仮名で表記させる指導を徹底した。

表1　朗読発表指導要項抜粋―「瀬戸内海」

〔題材〕尋常小学国語読本巻十一第八課
「瀬戸内海」
〔分量〕三頁一行
〔指導の要旨〕
瀬戸内海の風光を描写説明した情緒的な朗読法を指導し、美的情感にひたらせたい。
〔所要時間〕二分～二分三秒内外
〔指導上の留意点〕
※発音
「瀬戸内海といふ」→「ユウ」とよむ。
「名勝」→「メイショオ」「名所(メイショ)」と混同してよみやすいから注意
※断続
「山海皆緑にして」→ここで「、」はないがちょっと切る
※抑揚調子
「本土の西……瀬戸内海といふ」→ここは説明的な調子でよむ

(3)　中等学校入試問題への提言

　田中は中等学校入試国語問題についても研究提言を行っている。彼は受験競争激化にともなう難解な問題の出題について一定の理解を示しながらも、「刷毛」「橇」「海苔」という漢字を並べて「読み仮名」を答えさせる問題は「読方」の問題として意味がない、と批判している。文章のなかから「読み仮名」を答えさせる漢字を選ぶべきと提言する。

　また、「来ました」「笑ひました」を丁寧な言葉に書き直させたり、「よく雨が降ります」を「雨に（　）困りました」に直すとき、（　）に当てはまる言葉を答えさせるなど、従来の入試問題に出題されたことのない問題を紹介している。単な

164　　第3章　昭和戦前期の教師たち

る文の解釈や意味の説明を主体とする入試問題からの脱却を求めた(「中等学校入試国語問題の研究」『近江教育』第494号)。

3　第四期国定国語読本「サクラ読本」の研究

(1)　「文語文」「言語文章」を研究する

　1938(昭和13)年5月に田中は3年間勤務した大野校から八幡青年実業学校に転勤した。

　田中は大野校時代から八幡青年実業学校時代にかけて、『近江教育』に第四期国定国語読本『小学国語読本尋常科用』(通称「サクラ読本」)についての論稿を5本投稿している。

　田中は第三期国定教科書の旧国語読本の文語文が「無味乾燥な説明文

図3　「サクラ読本」

の形式をとっている」のに対し、第四期の新読本では「四年生頃の児童によろこばれさうな歴史物語から取材してゐる」と、文語文「くりから谷」を例に高く評価した。また、新読本巻八に掲載されている助動詞(37語)・形容詞(8語)・動詞(10語)・音便(20語)・雑の部(17語)について分析した(「新読本巻八に於ける文語文の研究」第492号)。

　また、第三期国定の旧国語読本が単語から始まったのに対し、新読本では文章から始まる点を評価している。さらに、新読本が初めてカラーの挿絵を取り入れたことも評価した(「新読本巻八の言語文章」第493号)。

　『新読本巻九』では、文章の表現形式と語法について高く評価し、とくに活字を従来より、やや小さくすることで、改行ごとに1字下げることができるようになった点をあげている。また、「。」を1字として勘定できるようになっていることや、「僕の名が呼ばれた。」「見られます。」のように受け身の表現手法が用いられていること、「オリンピック大会」など、35語の外来語を使用した点も評価している(「新読本巻九の言語文章」第498号)。

　『新読本巻十』では、選挙粛正運動を連想させる「棄権者」や、「活動写真」が「映画」と表現されるなど、時代の流れに即応した表現がいくつも取り入れら

れたことや、初めて採用された表現記号「—」(ダッシュ)について、外国文学の句読法の1つとして採用している点を評価している(「新読本巻十の言語文章」第503号)。

(2) 「代名詞」指導

『読方教育』(第3巻第7号　1936年)に、田中は「文解釈に於ける代名詞の指導方途」を投稿した。ここで田中は、文中の代名詞の機能を正しく「理会」させることが大切であると述べている。当時、田中は「新国語解釈の指標」でも述べていた直観的な「理会」にこだわっていた。田中は代名詞だけでなく、英語の「代動詞」のように、さまざまな品詞に、同じ言葉をくり返し使用しない書き方を提言した。そして、読本における代名詞の読解指導での留意すべき点について、以下のような具体例を示して解説している。

「…夜が更けるにつれて燈がだんだん暗くなり、今にも消えさうになった。末座に坐っていた僧は、それが気になってしかたがない。…」

代名詞「それ」は、下線部の事柄を表している文であり、口語文の平易な文章だから、代名詞の内容を「理会」することは容易である。田中は、代名詞を「理会」するためには、なぜこの文が代名詞に関わるか、追質問をくり返すことが文解釈の要諦であると力説している。

田中は1939(昭和14)年から翌1940(昭和15)年にかけて1年間、神崎郡北五個荘校(現東近江市五個荘小学校)に勤務している。

1940(昭和15)年に田中は京城府城東中学校(現ソウル市城東工業高等学校)に英語教師として赴任する。しかし、その後の消息は不明である。

◆参考文献

山本稔・仲谷冨美夫・西川暢也『『赤い鳥』6つの物語——滋賀児童文化探訪の旅』サンライズ
　出版　1999年
『甲賀市史』第4巻　2015年

[坂尾昭彦]

第5節

村瀬仁市　国史教育における「至難教材」の究明

［むらせ　じんいち］1902（明治35）年岐阜県揖斐郡生まれ。1922（大正11）年4月滋賀県師範学校本科第二部に入学。大正デモクラシーの時代思潮のなかで大正新教育運動からの影響を受けた。神崎郡旭村立山本校（現五個荘小学校）から滋賀県師範学校附属校に転任。国史教育における教材研究を進め、国定国史教科書の教材上の困難点を指摘し、国史教育を改善する研究を追求した。2000（平成12）年9月9日没。

　村瀬仁市は、子どもの持つ問題や疑問から出発し、国定教科書教材を批判的に吟味して「国史教育における至難教材」の研究を行った。戦争に向かう時代情勢のなかで、教材開発は国定教科書を補完する枠組みにとどまり、1937年から日中戦争が激化するなかで、国史研究も戦時体制に深く関わらざるをえなかった。

1　師範学校で「八大教育主張」を学ぶ

　村瀬仁市は、1902（明治35）年5月9日岐阜県揖斐郡上野（現揖斐郡揖斐川町）に生まれ、地元の小学校卒業後、1917（大正6）年中学校に入学する。中学生の時、18（大正7）年に富山県から始まる米騒動、翌19（大正8）年の岐阜県小作人組合の結成に大きな影響を受けたという。滋賀県師範学校入学を決意し、22（大正11）年4月滋賀県師範学校本科第二部に入学した。当時本科第二部は修業1年、第一部は修業4年（1925年から本科第一部5年、第二部2年となる）であった。

　村瀬は、1年間の師範学校のなかで校長矢島喜源次（倫理）、小松崎三枝主事（理科）、森惣之助（農業）の先生から大きな薫陶を受けた、と回顧している。卒論は、故郷岐阜で少年・青年期に小作争議を実際に見たので農民問題に強い関心があり、「小作問題の研究」をテーマにした。師範学校では農業科の卒業論文を書く生徒はほとんどなく、森から熱心な指導を受けた。師範学校時代に村瀬は『八大教育主張』を読み、自学教育に大きな感銘を受けたという。第一次世界大戦後の大正デモクラシーの風潮のなかで、師範学校の教育思潮も画一主義、注入主義、干渉主義から脱却して、児童中心主義の考え方が浸透していた。

村瀬の時代は、師範学校卒業後に「１年現役兵制」（１現）の制度があり、１年間の兵役に就かなければならなかった。1926年度から「５ヵ月現役」（短期現役）になっていった。村瀬は、1923（大正12）年４月１日に大津の歩兵第九連隊に入営、「校門は営門に通じた」と述べている。１年現役兵で入隊する時に持参した本は、『八大教育主張』と稲毛詛風『哲学入門』の２冊であった。稲毛は八大教育主張のなかでも、創造教育論を展開していた人物であった（「教育回想私史」(1)～(11)『近江教育』第605～616号）。

２　神崎郡山本校から教員生活を始める

(1)　７年間で尋常科６年担任を６回経験

　1924（大正13）年４月に村瀬仁市は、神崎郡旭村立の山本校（現東近江市五個荘小学校）に赴任した。同校で村瀬は７年間の小学校教員生活を送るが、回顧録で山本校の校名の由来や独自な気風を語っている。校区は近江商人を多数輩出した地域で、1886（明治19）年に神崎郡で唯一の高等科設置の認可を受けて高等科山本小学校尋常科山本小学校、のちに山本尋常高等小学校となった由緒ある学校であった。この学校は学用品が一切無料、各教室に学用品棚があり、学用品が備え付けられて自由に使えた。経済的に豊かな保護者からの寄附によるものであった。

　村瀬の初任は、尋常科６年男子組担任であった。彼は山本校７年間で尋常科６年担任が６回で、同校最後の年高等科２年を担任した。６年担任は保護者の期待が大きく、「在職中苦しかったのは、当時の中学校・女学校・商業学校への進学指導であった。ほとんどが近江商人の後継者というので、私の家で夜、予習という名の特訓」をしたという。自宅で夜間の特訓授業を行って、教え子は京都府立第一高女、大阪府立北野中学、彦根中学、彦根高女、神崎商業、八日市中学、愛知高女に合格した。

　教師１年目から２年間、村瀬は唱歌教育に全力を注いだ。赴任早々に唱歌主任を命じられて、ピアノも弾けず唱歌指導も経験がないのに校内の唱歌指導の責を負うことになった。彼は彦根高女の先生にピアノを習いに通い猛特訓をする。村瀬の人柄であるが、押しつけられたことを拒否せずねばり強くコツコツと努力して、徐々に力をつけて克服していったのである。

(2)　山本校で国史教育の研究に目覚める―郷土史教材の作成―

　教師生活３年目に首席訓導から国史主任を命ぜられ、村瀬は日本歴史の本格的な勉強を始めた。日本古代史の研究から始めて、最初に出会った本が彦根高等商業学校教授橋本犀之助の『近江と高天原』（1930年）であり、大胆な発想で近江国に高天原があったとする仮説が展開されていた。村瀬は近江の郷土史を使って国定教科書の教材の不十分さを補完して、国史教育を充実させる重要性に気づいていく。彼は古代史から近代史まで郷土史教材を発掘して積極的に授業で取りあげることを考えた。

　夏休み中に一夏かかって、教科書と関係する郷土史の関連表の作成から始め、郷土史教材の500枚のガリ版原稿を書き上げ、「国史教科書を根幹とした郷土史教材（神崎郡山本小学校を中心として）」を完成させた。村瀬はこれを『国史教授における郷土史』と題名をつけて、100部印刷して同校職員や近隣校教員へ配布した。村瀬に国史教育を勧めた山田前校長は、「お前さんは他人のようやらんことを平気でやる男だなあ」と評したという。

　『尋常小学国史』上（５年）の「神功皇后」教材では、郷土史教材に「１息長宿禰と神功皇后　２大昔のびわ湖と交通」、「聖徳太子」では「１小野妹子　２太子の建てられた寺（石馬寺・瓦屋寺）」、『尋常小学国史』下（６年）の「織田信長」では、「１安土城　２セミナリヨ址　３桑実寺　４長光寺瓶割山」、「豊臣秀吉」では、「１賤ヶ岳　２長浜城址　３長浜まつり　４秀次と八幡」などを配置した。

　村瀬は２つの型の研究授業を行った。１つは事前に実地採訪してきたものを児童に発表させて郷土史を展開する型、２つは実地採訪するまでに郷土史を取り入れて、実地踏査の着眼点を明らかにしておく型と、２回にわたって授業を行ってみて批評してもらった。実際は郷土史といっても、小学生には後者の場合が圧倒的に多く、「教授細目」に従って行うことが多かったとしている。国史教育の教材としての不十分さを郷土史教材で補完することに力点を置いたのである。

3　男子附属校で「国史教育の至難教材」研究を行う

(1)　「天照大神のダンナさんは誰や？」

　1931（昭和６）年４月に滋賀県師範学校附属校（通称男子附属校）に転勤した。男子師範学校附属校と称したのは、滋賀県女子師範学校附属校（通称女子附属校）と区別するためであった。村瀬が滋賀県下で国史教育の第一人者といわれるように

なったのは、男子附属校の在勤中に国史教育の実践を重ねて数冊の著作物を刊行し、各地の研修会で講師を務めたからであった。この年9月18日に「満州事変」が勃発した。中国東北部の戦争から1937（昭和12）年7月の日中全面戦争に向かう時期で、滋賀県では蒲生郡島校が精力的に郷土教育実践を展開していた。この年の男子附属校は訓導16人、新任は村瀬の他に3人（太田源一・伊藤俊友・初田育造）で、首席訓導は堺栄伍であった。太田は理科、伊藤（のちに奥居と改姓）は地理を担当した。

村瀬は、郷土史教材の発掘や教材開発を男子附属校でも行っていくが、彼の考えを変えさせる1つの出来事があった。村瀬が担任した5年国史授業の最初に、得意げに「天照大神の御神徳を物語った」。すると、1人の児童が手をあげて「天照大神のダンナサンは誰や」と質問した。村瀬は、とまどいながらもその場は何とか答えるが、後で深く考える。「大人の予想だにもしない奇想天外的な質問を毎時間されたらとんでもないことになる。大人は説得できるが、子どもの説得はむずかしいことをつくづく悟った」。そこから彼は、国定教科書中の教材には「まことに難しい問題がいとも簡単に書いてあった」ことに気付く。

国史教科書のなかでも、「やまたのおろち」、「金の鵄」、「宇佐八幡宮のお告げ」、「元寇と神風」、「保元・平治の乱と皇室の内紛」、「開港と井伊直弼」、「西南戦争と西郷隆盛」、「条約改正の不平等」、「韓国併合」等が教える上でとくに困難な教材と考えた。こうした教材を彼は、「至難教材」と名付けた。子どもの疑問や問題が起きやすく教科書の説明が不十分な教材に関して、教師が深く教材研究したうえで適切な教材を準備して、国史教育の授業にあたるべきだと考えた。彼は23の「至難教材」単元を選び出して、これらの教材研究を行って翌年1932（昭和7）年に『国史教授に於ける至難教材の究明』（文泉堂）を出版した。

(2)　「至難教材」の困難点とその究明

村瀬のあげた困難点の例をいくつか見てみよう。前近代史では、「天照大神」では「〇神話の取り扱いを如何にするか」、「和気清麻呂」では「〇道鏡事件を思想的に如何にみるか、〇天皇の御意志は？―何故清麻呂を遣わしたまひしか、〇神託を如何にみるか（以下略）」、「足利氏の僭上」では「〇後亀山天皇の京都御還幸を如何に取り扱うべきか、後醍醐天皇の御遺志に背きはせぬか相当困難なところである、〇足利義満の僭上を如何に取り扱うべきか」、「豊臣秀吉」では「〇秀吉の朝鮮征伐は失敗に終わり何ものも得なかったと説き或いは軍閥主義鼓吹の

170　　第3章　昭和戦前期の教師たち

教材とさえ云われる、如何に扱うべきか」、「徳川家光」では「○島原の乱の原因を如何に取り扱うか、キリスト教の問題は今日余程注意せねばならぬ、○鎖国の取り扱いについても相当困難を感じるであろう」などという点をあげている。近代史では、「西南の役」・「条約改正」・「明治37・8年戦役」をあげ、「韓国併合」では「○併合はとかく併呑の如く思われやすい。現代世相の上から見ても余程慎重に扱わるべきものである。教授者は如何なる用意が必要であろうか。」を指摘している。

　彼のあげた至難教材の内容を詳細に見ると、子どもの疑問や問題点が起きやすい教材の至難点と、教師が天皇制支配体制を教える上での至難点が混在していることがわかる。国定国史教科書を扱う上での教授者の教材の扱い方の難しさを指摘しているといってよい。村瀬は23の至難教材のなかでも、古代史や中世史の道鏡事件（「和気清麻呂」）、源平内乱（「平氏勃興」）、承久の乱と後鳥羽上皇配流（「後鳥羽上皇」）、建武の新政（「足利氏僭上」）など、国定教科書の天皇への反乱や反逆の事件や事象を教えることがとくに困難な単元としたのである。はからずも、子どもの持つ問題点から出発して国史教材を子細に検討すると、教師も皇国史観で貫かれる国定教科書の記述を教えるには困難であることが浮き彫りになっていった。

　村瀬は、至難教材を克服する視点として、1つは時代相、2つは歴史的人物ならば人物の環境、3つは人物の考え方や思想、の3点をあげて、教材を開発して授業で説明をすべきだとした。「神功皇后」単元では、「新羅征伐を以て我が侵略的行動と見、かかる教材は日鮮融和の上よりしてもむしろ有害であるとし著しく皇后の御功績を縮小される感ありとの点に如何すべきか」と述べ、日本書紀より「三韓征伐」の史的意義、近江の郷土史より息長氏と神功皇后を取りあげた教材を扱うべきだとする。

　結論として、「三韓征伐は決して侵略的意味でなく過去に於ける我が半島の優越権を回収し併せて、外交問題を解決し国内平和の為の外征なる事を強調し、今次の満州事変と比較して正義の為の皇師（天皇のひきいる軍隊）なる事を覚らしめる事」とした。その後、村瀬は男子附属校にあって国史教育の研究に精力的に取りくんだ。『国史教育の新経営』上・下巻（文泉堂書房　1934年）、『最新国史教育の理想的実践』（厚生閣　1936年）、『国史教育と学年的発展』（晃文社　1937年）を出版するとともに、全国各地の国史教育講演会に講師として出かけた。

4 戦前の国史教育研究の成果と課題

　子どもの疑問や問題から出発して、教科書中の教材を吟味し直して、新たな教材開発に向かい、それを授業で子どもに問いかけるという、戦後に定着していく歴史教育の教材論や授業論の原型を、村瀬の国史教育研究に見出すことができる。一方で、村瀬の国史教育論は、国定教科書を補完する教材開発から抜け出すことはなかった。子どもの疑問や問題、発想を大事にすることと、国定教科書を使って皇国史観を教えこむこととの間に矛盾や葛藤はなかったといってよい。日中戦争が泥沼化していくなかで天皇の神格化、日本民族の優越性、戦争の正当性を国史教育で語ることとなった。

　村瀬は男子附属校から異動して1939(昭和14)年9月に栗太郡中洲校(現守山市中洲小学校)校長になり、43(同18)年に愛知郡愛知川国民学校(現愛荘町愛知川小学校)に転勤する。45(同20)年3月から大津市晴嵐国民学校(現晴嵐小学校)校長で1年間、46年4月から栗太郡瀬田国民学校(現大津市瀬田小学校)校長になっていく。

　戦後直後の占領教育期に、村瀬は戦時下の国史教育の著作・講演を理由として、1947(昭和22)年4月9日の教職員適格審査により3年間学校現場で不遇をかこった時期があった。再審査の結果、50(昭和25)年4月に適格の判定がされて瀬田小学校長に復帰する。

　復帰するや滋賀県教育会編『ひらけいくびわ湖』(1952年)編集責任を引き受け、戦後郷土教育復権のなかで滋賀の郷土教育の副読本づくりに精力的に取りくんでいった。1957(昭和32)年2月に彦根市城東小学校長に転任、6年後の63(昭和38)年3月まで同校に在勤し、この間5年間滋賀県小学校長会長を務めた。

◆参考文献

村瀬仁市『国史教授に於ける至難教材の究明』1932年　文泉堂書房
村瀬仁市「教育回想私史」(1)～(11)『近江教育』第605～616号　1981～85年

[木全清博]

第6節

中村林一　湖北の郷土史の研究や資料収集、郷土教材の授業を行う

［なかむら　りんいち］1898（明治31）年12月5日、坂田郡長浜町錦南（現長浜市）生まれ。1904（明治37）年長浜尋常高等小学校（現長浜市立長浜小学校）に入学、滋賀県立長浜農学校に進学。卒業後、18（大正7）年4月から長浜校教員となり、52（昭和27）年3月まで34年間勤務した。坂田郡の歴史研究に取りくみ、郷土の歴史と民俗を授業で教材化した。1990（平成2）年7月没。

　中村林一は、湖北地方の地域史や民俗の資料収集に取りくみ、『改訂近江国坂田郡志』の執筆に加わり、戦時体制下の1941年から44年までの刊行に尽力した。また『長浜郷土読本』（1940年）を編集・執筆して、国民学校期に郷土読本を使って「郷土の観察」や国史の授業を行った。

1　湖北の郷土史研究と民俗調査を行う

　中村は、長浜校（現長浜市長浜小学校）着任の4年後の1922（大正11）年に八日市町（現東近江市）の古文書展覧会を見学している。同年の栗太郡教育会主催「郡志史料展覧会」で郷土史家中川泉三の講演を聞き、郷土史の研究に強い関心を持ったといわれる。この時期に、滋賀県下の各郡市の教育会は、小学校・中学校・女学校の教員を対象にした郷土史に関する史資料展示会や講演会を盛んに開催していた。滋賀県では、明治期から昭和期にかけて郡教育会や市町教育会、郡役所が編纂主体となる郡史・町史（志、誌）が多く刊行された。

　郡志では、『近江坂田郡志』（1913年）、『近江蒲生郡志』（1922年）、『近江栗太郡志』（1926年）、『甲賀郡志』（1926年）、『近江愛智郡志』（1929年）、『近江神崎郡志稿』（1928年）があり、郡誌には、『近江国滋賀郡誌』（1899年）、『滋賀県東浅井郡誌』（1901年）、『滋賀県伊香郡誌』（1902年）などがある。

　このうち、坂田・蒲生・栗太・愛知の4郡志を坂田郡大野木村（現米原市）の郷土史家中川泉三が編纂・執筆している。中川は独学で郷土の古文書や歴史研究を究めた人で、町志も『近江日野町志』（1930年）、『長浜町志』（1921年脱稿したが

戦前には未刊行）の編纂に携わっている。

中村林一は、教員をしながら郷土の歴史・民俗を地道に研究して、1935（昭和10）年に『長浜祭礼記』を自費出版した。地元の長浜祭の調査で、戦後の本格的な長浜曳山祭研究の端緒となった。『近江坂田郡志』は改訂の必要性が高まり、中川泉三自身が33（昭和8）年に立案計画を出した。中村は、湖北地方の古文書発掘や民俗行事の研究で自費出版しており、坂田郡教育会から委嘱されることになった。『改訂近江国坂田郡志』は委員長中川原金人、編纂委員樋口元、沢直一、中村林一の3人で、1936（昭和11）年から資料調査が始められた。第1巻の刊行は41（昭和16）年に始まり、戦争激化による出版事情の悪化のなかで紙不足に苦闘しながら、44（昭和19）年12月までに全7巻8冊の刊行が終了した。うち2巻は『古文書志』で、湖北地方の古文書の保存・収集の成果を示したものであった。

2　長浜校の「開知学校」資料を保存する

中村林一が34年間勤務した長浜校の前身は、明治4（1871）年9月設立の「第一小学校」である。12郡の滋賀県の成立以前である。廃藩置県後、同年11月22日に長浜県が成立し、翌明治5（1872）年2月27日に犬上県となっていく。「第一小学校」は長浜県―犬上県の時代に開校した、県下で最も創立の古い学校である。1874（明治7）年に開知学校と改称して、擬洋風建築校舎が新築され屋根に太鼓楼があった。

中村は「第一小学校」・「開知学校」以来の伝統ある長浜の学校史資料が校舎の建築や災害で散逸しないように厳重な保管・保存を訴えた。在職中から同校資料の保存に力を注いでおり、中村の個人宅で一連の資料類が保管されてきた。中村没後に長浜城歴史博物館に寄託された。筆者は、1990年代に同博物館から依頼され、開知学校と長浜校の資料整理と調査にあたった。開知学校及び長浜校資料は、以下のような公文書に分類できた。

表1　開知学校及び長浜校資料の分類

A	学事年報―明治10〜23年
B	郡庁・郡役所申牒書類―各省本県申牒、郡役所申牒
C	教職員関係―職員締約・訓導申牒・授業生申牒
D	褒賞・賞典―褒賞類、賞典
E	学校建築―絵図類、学校建築篤志者控
F	学校経済
G	生徒関係―就学・不就学調査、学籍簿、生徒入退学願書

H	諸規則・学校経営
I	学校日誌・日記類
J	学級経営・教育実践
K	郷土研究・郷土人物史他

　上記資料には、長浜市街地の小学校の草創期から発展期にかけての膨大な学校公文書がふくまれていた。「中村林一コレクション」と名付けられた開知学校及び長浜校資料は、滋賀県の学校史資料では第一級資料である。1885 ～ 93（明治18 ～ 26）年の９年間の学校日誌は、第一次「小学校令」から第二次「小学校令」にかけての時期で、郡制や町村制が施行され小学校が統廃合される時期の貴重な資料である。

　同コレクションには、昭和戦前期から戦後期にかけての中村の学級経営や授業実践の資料もふくまれている。中村の34年間の教員生活中で、晩年の教育実践が綴じこまれ、敗戦の年1945年（昭和20）度に担任した初等科４年全教科の指導案綴（『昭和20年度指導案綴』）が残されていた。

3　『長浜郷土読本』の編纂と執筆

　中村林一は、国民学校になる直前に高等科女子組を担任していた。彼は湖北地方や長浜町域の郷土史や民俗行事への調査研究を精力的に行い、県下では郷土史研究者として認められていた。彼は「坂田郡長浜小学校訓導35歳、隠れたる郷土史家として知られる。現校にありて既に年あり、同僚によく児童によく、郷関の信望厚し」と紹介された（『教育に親しむ人々』その二）。

　中村は、1937（昭和12）年度に高等科２年女子智組38名の担任、38（昭和13）年度も高等科２年女子智組32名の担任になった。両年度の中村の学級経営案は、「昭和11年４月入学　学級経営案　高２智」、「昭和12年４月入学　学級経営案　高２智」で、「教授・訓練・養護」に分けて細字で丹念に記されている。

　中村はこの時期に『改訂近江国坂田郡志』の史料採訪や編集や執筆作業にあたっていた。小学校教員の勤務をしながら郷土研究をするうえでは、高等科担任は都合がよかったのであろうか。郡志の作業が一段落すると、中村は『長浜郷土読本』を執筆した。同書は長浜尋常高等小学校編で40（昭和15）年９月に刊行された。中村林一コレクションには、郷土読本の下書き原稿が残っている。

　滋賀県下では30（昭和５）年頃から郷土教育運動が広まっていたが、なかでも郷土読本という教材集づくりに熱心に取りくまれた。滋賀県下の郷土読本として、

8つの尋常高等小学校、4つの教育会、1つの教育研究会が編集して発行したものが確認されている。8つの尋常高等小学校とは、島校、篠原校、小谷校、葉山校、八日市校、八幡校、長浜校、北比都佐校である(『地域に根ざした学校づくりの源流』)。

1941(昭和16)年4月から小学校は、国民学校(初等科6年、高等科2年)と改称された。国民学校は教科の大幅な統合を行い、初等科4教科(国民科・理数科・体練科・芸能科)、高等科5教科(4教科に実業科)となった。国民科は、従来の修身、国語、国史、地理をふくむもので、4年に「郷土の観察」を新設し、5～6年の国史・地理の基礎に位置づけられた。中村林一にとっては、初等科4年配当の「郷土の観察」は歓迎すべきことであった。彼は、45(昭和20)年度に念願の第4学年忠組担任になって、国民科「郷土の観察」(週1時間配当)の授業を行った。「郷土の観察」は国定教科書が発行されず教師用書のみで、どのような教材を教えるかは教師の手に委ねられた。

中村は、自ら編纂・執筆した『長浜郷土読本』を活用して授業を行い、指導案を残したのである。以下に『長浜郷土読本』の目次を掲げてみよう。

表2 『長浜郷土読本』目次一覧(1940年)

1	長浜	15	聖蹟慶雲館
2	豊太閤と長浜	16	鐘秀館
3	豊公園の桜	17	明治山
4	十人衆	18	竹生島詣で
5	秀吉と三成	19	ゑびす講大売出し
6	加藤清正	20	結語
	(1)長浜城 (2)伏見城		
7	八幡神社と舎那院	(附録)	
8	長浜祭	1	聖蹟
9	大通寺	2	長浜町神社一覧表
10	夏中さん	3	長浜町寺院一覧表
11	浜縮緬	4	国宝一覧表
12	鐘淵紡績株式会社長浜工場		(1)絵画彫刻 (2)建造物
13	長浜尋常高等小学校	5	長浜町及付近の地図
14	長浜町歌		

『長浜郷土読本』の特色は、児童作文を使った教材が多く採用されていることである。全20課のなかで、「長浜祭」「夏中さん」「鐘秀館」「ゑびす講大売出し」の4課に児童作文の教材が使われている。中村が郷土教育で力点を置いたのは、郷土の歴史や民俗行事への関心を深めさせることであった。郷土読本は子どもの語り口や会話体による言葉が多用されていた。

「長浜祭」は、中村が最も力を注いだ教材で15ページにわたり叙述されている。

176　第3章 昭和戦前期の教師たち

「長浜祭」教材は、10月9日より12日まで毎夜9時からの「裸参り」から書き始めている。宮本君と連れだって八幡さんに向かい、「もう早い組が見えそうなものだね。」、「今晩は最後の晩だから、どの山組も練っているとみえて何時もより遅いな。」という会話を交わしながら、八幡さんの鳥居に行く。「よいさよいさ」のかけ声とともに裸参りの一群が右に左に揺れながらみるみる近寄ってくる時、「僕も一緒になって駆け出したいような気になった」。

10月14日の「夕渡り」の説明が記され、10月15日午前7時からの「太刀渡り」は兄と2人で行列を見物し、いよいよ8時からの祭本番の「曳山狂言」に入っていく。

「2番山のしやぎりに送られて『よいさ、よいさ、やあ、やあ』の掛声勇ましく、1番山がぐらぐら揺れながら徐ろに動き出す。頭上高くかざした数十の扇が調子よくなびく。曳山が狂言奉納の位置に止められると、すぐに3番叟が踏まれる。澄み切った秋空高く、狂言の開始を知らせる流暢な音色の出笛が吹奏される。待ちきっていた群衆は、どっと歓声をあげる。今や境内は全く歓楽の渦に巻き込まれた。前と言わず横と言わず、押し寄せる人の波に押し倒されそうで、とてもたまらない。兄さんを促して漸く人垣を抜け出した。」

4　国民学校における昭和20年度の授業

中村林一は、4年の担任をしながら初等科5年信組の「国史」授業も担当した。『初等科国史』上（1944年再版）を使用して週2時間、神代史（神話・伝承時代）から古代史（奈良時代）までを指導した。8月15日の敗戦の日をはさんで、全14時間の国史授業の指導案が残されており、この時期の国史授業の詳細を知ることができる。4月から6月までの指導案は、「第一　神国　1高千穂の峯(4/16)、2橿原の宮居(4/17、23)、3五十鈴川(4/24、30、5/7)、第二　大和の国原　1かまどの煙(5/16、6/4)、2飛鳥の都(6/11)、3大化のまつりごと(6/19)」の10時間分であり、戦後になって9月中の「第三　奈良の都　1都大路と国分寺(9/17、18)、2遣唐使と防人(9/24、25)」の4時間分である。

1945年度4〜9月の国史授業の特色は、次の4点にまとめられる。

第1点として、神代史（神話・伝承時代）の国家創生神話から歴史授業を始めて、当時の「大東亜戦争」の戦争目的論と結びつけて取りあげようとした。「第一神国」の授業目標に戦争目的をあげている。神話・伝承の扱いは、万世一系の天皇制や

「国体」思想の根源を教える意識を強く持ち、「大東亜戦争」での聖戦意識と結びつけて教えようとした。

　第2点として、古代史では、学問の発達や文化の進展、宗教（仏教）の広まりを重視した。大陸からの渡来人の果たした役割を高く評価して、王仁による漢字の伝来、学問の発達の意義を強調している。奈良時代では、古事記・日本書紀・風土記の編纂、寺社や大仏建設での仏教の普及を取りあげている。また、政治史では、聖徳太子から大化改新の政治を継続した改革政治とみて、人材登庸・法令整備・仏教精神の普及を強調している。

　第3点として、中村は、古代の外交史で朝鮮半島や大陸との交渉の歩みを積極的に取りあげている。国定教科書『初等科国史』には、わが国が古代から朝鮮を支配したことを教えて、「大東亜戦争」の戦争目的の正当性を教えこむ意図が明確であった。しかし、中村の指導案の展開では、古代史の史実と現下の中国大陸の情勢をただちに結びつけることには慎重であった。

　第4点として、郷土史の史実として、神代史で「近江国の国造」を取りあげているが、古代史の「志賀の都」ではほとんど取り扱っていない。彼の郷土史教材の扱い方は、神代史で近淡海国造（滋賀郡）、安国造（野洲郡）、額田国造（坂田郡）を出して大和朝廷による地方支配を教えている。しかし、大化改新後の天智天皇の近江京遷都は取りあげていない。さらに、古代史の扱いでは、情緒的感情的に過度な史的感動・感激に陥ることや愛国主義的な郷土教育に慎重な姿勢をとったのである。

　中村の国史授業には、1945年8月15日をはさむ戦前と戦後の間に大きな変化はなかった。『初等科国史』の軍国主義や愛国主義の内容に慎重な取り扱い方をした。戦後になっても中村の姿勢は大きく変わることはなかった。

　中村は、退職後は1957（昭和32）年に滋賀県文化財専門員、62年から長浜市文化財審議委員となり、地域の文化財保護に熱心に取りくんだ。1990（平成2）年7月19日に92歳で没した。

◆参考文献
『史学は死学にあらず』中川泉三没後70周年記念展実行委員会　サンライズ出版　2009年
木全清博「国民学校における『郷土の観察』・『国史』の授業―中村林一訓導の『昭和20年度指導案綴』(1)(2)『京都華頂大学華頂短期大学研究紀要』第59・60号　2014・15年
木全清博『滋賀の教育史』文理閣　2015年

［木全清博］

第7節

西川綾子　国民学校で学級日誌（絵日記）を指導する

[にしかわ　あやこ] 1917（大正6）年に愛知郡稲村に生まれる。1933（昭和8）年、キリスト教に入信し、以後日曜学校の教師を務める。1936（昭和11）年、滋賀県女子師範学校を卒業し、瀬田校に赴任。1944（昭和19）年度に担任した五年智組の学級日誌（絵日記）を、7人の女子児童に描かせた。1947（昭和22）年、近畿新教育実験校の大津中央校に転勤し、戦後新教育を推進した。大津市教育委員会指導主事を最後に退職。2010（平成22）年死去。

「瀬田国民学校五年智組学級日誌」（大津市有形文化財指定）は、1944（昭和19）年4月から1945（昭和20）年3月まで、7人の女子児童たちによって、描かれた絵日記である。戦時下とは思えない明るい色彩でのびのびと描かれ、文章もほほえましい。この学級日誌（絵日記）を指導したのは、担任の西川綾子である。絵日記を通して、戦時下の学校生活や子どもたちの意識を、西川とのかかわりからみていく。

1　日曜学校から入信へ

　西川綾子は、1917（大正6）年8月11日に愛知郡稲村（現彦根市稲枝町）で生まれた。1924（大正13）年から彦根教会の日曜学校に友だちに誘われて行きだし、3年間休むことなく通った。1927（昭和2）年の夏、大津駅の近くへ転居すると、プロテスタント系の大津同胞教会（現大津教会）の日曜学校に行くようになる。ここでアメリカ人宣教師ニップ夫妻と出会う。ニップが小学生などのために開いていた英語教室に友だちと楽しみにして通った。滋賀県立大津高等女学校（現大津高校）4年生の1933（昭和8）年春、勧められて日曜学校の教師陣に加わり、12月24日、洗礼を受けた。この後、半世紀以上にわたって日曜学校（教会学校）の教師を務めることになる（『大津教会五十年誌』）。
　ニップは、1935（昭和10）年に日曜学校の校長となり、大人への伝道以上に子どもへの伝道に力を注いだ。日曜学校の教師に、子どもへの説教の仕方も、遠慮

なく悪いところを指摘するなど、積極的に意見や質問を出した。生徒の名前もよく覚え、施設へ慰問に行くのにも、いつも子どもと行動をともにしていた。ニップ夫人は、幼稚園園長を長年務めたが、「戦争に関することが大嫌いで、園児が描いた戦争の絵や、兵隊の絵も、壁にはってあると取り外された」。1941 (昭和16) 年、日米関係が悪化すると、官憲に厳しく監視されるようになり、外出も自由にできなくなり、7月ついに夫妻は帰国を余儀なくされ、日本を去った。「平和を守るためには、いささかのごまかしも妥協も許さ」なかったニップ夫妻の生き方が西川の胸深く刻みこまれた (『大津教会史』)。

2　新任教師として瀬田校に赴任

1934 (昭和9) 年3月に西川は大津高等女学校を4年で卒業し、4月滋賀県女子師範学校に入学した。1936 (昭和11) 年3月滋賀県女子師範学校を卒業すると、栗太郡瀬田校 (現大津市瀬田小学校) に訓導として赴任した。瀬田校は、周りに水田が広がる農村地帯に位置していたが、児童数が1500人を超える大規模校であった。

1941 (昭和16) 年4月、「国民学校令」により、瀬田校は、瀬田国民学校となった。翌42年4月、矢嶋正信が校長として赴任してくる。西川は、矢嶋校長について「いつもにこにこされて笑顔を絶やさず、全職員の短所より長所を認めて生かし、賞賛された。私たちも生徒に長所を生かす指導を教えられた」、「私ども教職員は親のように校長を信頼した」と回想している (『戦争の時代の子どもたち』)。西川は、1944 (昭和19) 年度の初等科5年智組を担任した。5年生は、仁組と義組は男子の学級、礼組と智組は女子の学級であった。下の写真は、5年智組の学級写真で、前列中央が矢嶋正信校長、その右が西川である。

図1　瀬田国民学校五年智組学級写真

3　学級日誌（絵日記）を描かせる

　西川は、絵のうまい子、文章の上手な子、字のうまい子ら7人に声をかけ学級日誌（絵日記）を描かせた。「当時はラジオや新聞から流される情報が戦争一色であったことから、絵日記を描くことによって、子供たちの豊かな表現力や文化を育てることができるのではないかと」、絵日記制作の動機を語っている（『戦争と市民』）。

　子どもたちには、「見たまま、感じたままを書きましょう」と指示しただけで、文章の間違いなどをまったく直さなかった。「見たまま、感じたままを書きましょう」との指示は、西川が大正新教育の流れをくんでいたことを示している。

(1)　日常の学校生活

　学級日誌は、入学式・始業式が行われた4月5日から始まっている。
「今日は入学式でかわいい一年生の子供がお父さんや、お母さんにつれられて来ました。私たちは五年生になりました。今年は西川先生に習えるのでうれしくてたまりません　私たちは決戦下の少国民として、一生けんめいに勉強してお国のためにつくします。明日からみんなきばりましょう。」（学級日誌からの引用は、『少女たちの学級日誌　瀬田国民学校五年智組』による。旧仮名遣いは現代仮名遣いにかえ、明らかな間違いは正し、適宜句読点を加えている。以下同じ）

　1941（昭和16）年12月8日に始まったアジア・太平洋戦争は、1944（昭和19）年になると、戦局は次第に厳しさを増していった。当時の小学生は、天皇に仕える年少の皇国民という意味で、「少国民」と呼ばれていた。「少国民」にとって、勉強することが、「お国のためにつく」すことであった。

図2　入学式・始業式

　絵を見ると、桜が満開のなか、親に手を引かれた男の子は、青い服を着て半ズボン姿で、女の子は、赤いスカート姿で、それぞれランドセルを背負っている。左上のランドセルを背負うモンペ姿の女の子は、5年生になった学級日誌の筆者のようである。絵日記には、モンペも明るい色彩で描かれているが、実際は黒っぽい紺色など地味な

図3　試食会

ものばかりで、せめて絵のなかだけでも、明るい色のものを着たいとの女の子の願望を表現していた。

「五月三十日　きのうとったえんどうを、今日ししよくかいをするのです。　私たちは、うれしくてうれしくてうれしくてたまりません。(中略)火をいこし(起こし)、タケノコ、フキ、カンテンをたきはじめた。(中略)「よいにおい、よいにおい、よいにおい、よいにおい」(中略)私たちも、にこにこ顔でいただいていた。(中略)おなかぽんぽんでした。今日の試食会はほんとうにゆかいだった。」

「えんどう」は学習園で収穫したえんどう豆である。学習園は、学校農園のことで、野菜や草花を植えていた。当時は、食糧不足が深刻化し、瀬田の子どもたちも空腹に悩まされていたので、みんなで食事を作る試食会は大きな楽しみであった。試食会は、担任の西川が指導し、献立を考え、班ごとに用意するものを事前に指示し、当日は仕事の割り振りを行った。試食会によんだ矢嶋校長にも、「おいしいおいしい」とほめられ、「ほんとうにゆかいな」試食会だった。

また、西川は、子どもたちに「親子どんぶり」の歌(日曜学校で歌われていた)を教えた。「親子どんぶり　お寿司に　べんとう　サンドイッチ　ラムネに　サイダー　牛乳」——空腹を紛らわせるために、子どもたちは休み時間に大きな声で歌ったが、サンドイッチがどんな食べ物かがわからなかった。

この時代は暗黒の時代で、子どもたちも抑圧され、束縛されていたというイメージが強いが、学級日誌の絵や文章は意外にも明るく、生き生きしている。どうしてこのような表現ができたのだろうか。それは西川が徹底した「ほめる教育」を実践していたからではないだろうか。

(2)　戦時下での西川の「ほめる教育」

学級日誌には、西川に「ほめられた」ことがよく出てくる。4月12日の「教室をきれいにかざるので先生が大へんほめて下さいました」から、翌年3月13日の「今日の算数はよく出きたので、先生にほめられました」まで、十数回も「ほ

められた」ことが記されている。

　西川は、学級を、コトリ組やツバキ組などの少人数の組（班）に分け、清掃や学習園を管理させ、「よい行い」を競争させた。また、教室に、学級の全生徒の名前を記した紙を掲示し、教科書を読み、帳面（ノート）へたくさん書くなど、「一しょうけんめいに」勉強した生徒には、青や赤の丸をはった。はられた丸の数を競わせて、「ほかの人たちにまけないように」勉強をがんばらせた。生徒のプラス面を評価する「ほめる教育」であった。

　西川は、国語では、「五智（五年智組）の人は、日本一といわれるほどじょうずによみましょうね。」と、教科書の朗読に力を入れた。6月2日に、「よその先生がこられ」「こくご」の「海の幸」を「あまりじょうずによめなかったので、西川先生におこられた。」のも、熱心な指導によるものであろう（ちなみに、この他に、西川「先生にしかられた」と記すのは、翌年3月12日の「算数の時間」「直方体、立方体のたいせきを出すのに、わからな」かったときだけである）。6月28日、4時間目の「国語」の時間、「瀬田の先生」に「見に来ていただいた」。「ぼくの子馬」を、「みんなは元気よくへんじをして、元気な声でよんだ」、「みに来て下さった先生は」感心しておられたと、「西川先生に、ほめていただいた。ほんとうにうれしかった。」と、ほめられたことを喜んでいる。7月13日、東京から「きて下さった加藤先生」に国語の授業を「見ていただく」。「私たちは一生けんめいに」「海底を行く」を「上手によんだ」と、自らを肯定的に評価するようになる。

　さらに、翌年2月23日、「ならの一番よい先生　私たちは、ならうのよ、日本一の学校よ。」と、書くまでになった。「ならの一番よい先生」とは、奈良女子高等師範学校附属国民学校の清水甚吾である。6月26日には、「今日も清水先生がこの学校においでになりました」と、「清水先生」の肖像が描かれている。子どもたちは、全国的に有名な先生が「来て下さる」瀬田校を誇りに思うようになった。

⑶　警戒警報・空襲警報の発令と子どもの変化

　1944（昭和19）年11月5日に、学級日誌を見る限りでは、最初の警戒警報が発令され、12月にはいると、米軍機が瀬田上空を通過するため、警戒警報、空襲警報がしばしば発令されるようになる。「敵米英をたたきつぶしてしまえ」と学級日誌に初めて書かれたのは、警戒警報が発令された12月3日であった。B29などのアメリカ軍機を上空で目にすると、米英に対する敵愾心が強まってくる。

西川綾子──国民学校で学級日誌（絵日記）を指導する　　183

図4　最後の学級日誌

国史で楠木正成、正行を習った翌45年の2月20日には、「お父さんもお母さんも」「私たちも、忠臣大楠公をおもい出して、米英の本土へ、体当たりに行きましょう」と、書く。そして、3月19日の日誌には、左半分が真っ黒にぬりつぶされたB29が描かれ、「にくらしきB29」「今に見てゐろこの戦」と「敵米英」に対する憎しみの言葉を書き連ねている。翌20日、西川は「一年間ご苦労様でした。これで終わりにしましょうね。」と、学級日誌を終わらせた。

　この終わり方は唐突であった。年度末ではなく、卒業式の前日に終わっているからである。なぜ終わらせたのか。西川は、前述のように、大津の教会でアメリカ人ニップ夫妻から長年教えを受け、平和を愛する夫妻の生き方が脳裏にやきついていた。子どもたちが学級日誌にアメリカに対する激しい憎しみを書くことに、耐えられなくなったのではないだろうか（西川は、「米英をたたきつぶ」せとは、けっして言わなかった）。

4　戦後に新教育実験校に転任する

　1947（昭和22）年、近畿新教育実験学校の大津中央校（現大津市中央小学校）に転任し、新教育を推進した。そこで10年間勤務するなど大津市内の小学校で教えた後、重度の障害のため在宅で学習する児童らの訪問指導を担当する市教育委員会指導主事を最後に退職し、2010（平成22）年1月20日、92歳で死去した。

　〔付記〕キリスト教とのかかわりについては、大津教会から資料提供を受けた。

　なお、この学級日誌は、2014（平成26）年8月14日に、NHKスペシャル「少女たちの戦争―197枚の学級絵日誌―」で放送された。

◆参考文献
吉村文成『戦争の時代の子どもたち』岩波ジュニア新書　2010年
吉村文成解説『少女たちの学級日誌　瀬田国民学校五年智組』偕成社　2015年

［八耳文之］

コラム 5

池野茂　近代滋賀の教育ジャーナリスト

池野茂（北堂）の歩みと教育人脈

　近代滋賀の教育界にあって異色のジャーナリストとして活躍したのが、池野茂である。池野は1891（明治24）年生まれ、坂田郡日撫村（現米原市）の出身で旧姓は藤田。1912（明治45）年に滋賀県師範学校を卒業、同級生には谷騰、田中庄治郎がいた。1年先輩に神田次郎、2年先輩に秋田喜三郎、3年先輩に河村豊吉がいた。池野は卒業して坂田郡内の小学校に勤務した後、上京して実業界に転じて漆器問屋を営み、東都漆器商同業組合長となる。金融恐慌による経済不況で取引銀行が破綻、それを契機に実業界から身をひき、帰郷して江州日々新聞社に入社。同社の教育部記者となり、同紙の教育関係記事を執筆する。

　その後、同社を退職して蒲生郡八幡町で江州公論社を設立する。教育界の幅広い人脈を駆使して、教育雑誌『教育陣営』を創刊、教育評論や教育実践論や教科研究の動向、実践者の教授細目などを紹介した。明治以降の滋賀の教育界では、官製の滋賀県教育会が県下の教員を組織して、同会機関誌『近江教育』のみが教師たちの教育実践を交流する場であった。池野は、滋賀県の初等教育のみならず教育全般に対して、歯に衣を着せずに発言して県下の教育者に多くの提言を行った。

大正期から昭和戦前期の滋賀の教育者群像を描く

　池野の代表的著作に『教育に親しむ人々』其一（1928年）と『同上』その二（1934年）の二著がある。この二著は、大正期から昭和戦前期の滋賀県教育界の多数の人物について同時代人の池野の視点から自由奔放に観察して書いている。人物への論評だけでなく、本人の教育論や実践の自己紹介もあり、編集方針は統一されていない。『其一』でとりあげられた教育者は個人59人、師範附属校・女子師範附属校・湖北三郡（東浅井郡・坂田郡・伊香郡）の教育、幼稚園・青年団などのテーマでも描かれている。一番多いのは小学校教員であるが、県下の中学校、女学校、幼稚園の教員はもとより、池野が学校訪問

185

して参観した教育実習生、滋賀県師範学校卒業生で京都市内勤務の校長、県視学や郡視学など200余名が取りあげられている。

後著の『その二』では、585人の教育者の人物像が描かれた。友人平田伝与門は、「昔なじみの同窓先輩にして教育界に活躍する人士を俎上にのせ、縦横無尽にその人物を論議月旦す。観察の鋭敏緻密、批評の巧妙正鵠を得たる、読者をしてその軽妙の筆に恍惚たらしむるものあり」と批評した。池野独特の諧謔にみちた批評に、反論したかった教育者もいるのではないかと思わせる箇所もある。

『其一』に「附属小学校」の項がある。自分の附属校での教育実習の体験を記述して、当時の批評教授、教授案、教授様式を論じた後、次のように続けた。

「附属の主事さん、如何です。大体、附属の主事は経験、修養、学識、努力において、県下第一の人物を選ぶべきである(中略)。師範学校より一歩も出ない主事にわかるものは、教育学や教授法の受け売りだけだ。その受け売りを、そのまま教生が附属に持ち運ぶ。その間に訓導がいて、重箱に詰める。開けて見るのは児童だ(中略)。附属小学校を全廃せよ。そして、その費用で一ヵ年間生徒を国内及び外国へ見学旅行に出せ！！そして僕等の頭の内容を充実せしめよ、それでいい、それでいい、教育法テナものは各自の個性によって、みんな独自のものが案出されるにちがいない。」

教育界の外部から教育の本質を論じる―実践家は教育の事実から足場を固めよ

池野茂は、新聞記者を辞めて近江八幡で江州公論社を創設する。同社の設立年月日は、『教育に親しむ人々』(その二)「前書き」から推定して1933 (昭和8) 年度内と考えられる。池野は江州公論社の事業として、湖国で唯一の民間教育雑誌『教育陣営』を創刊した。同誌は第1巻第3号 (1935年11月) に当分隔月刊行とあるので、1935 (昭和10) 年7月に創刊号が出版されたと推定される。

同誌巻末に、池野茂の雑誌にかける熱情が吐露されている。

「教育国、近江に／文化の近江に／高く輝く、／教育塔！／

　　　　　それは雑誌「教育陣営」だ、湖国唯一のものなのだ

　　教育陣営！／伊吹山より高い理想／湖より広い思想／

　　　三千教育者の道場だ／「六角教」のシンボルだ！！

（註…「六角に教」は滋賀県教育者の紋章）」

　第１巻第３号には、秋田喜三郎「綴方教育に於ける生活指導の意義」、松島一雄「事件についての再考察」、村瀬仁市「国史教育に於ける生活指導の問題」、広瀬長寿「宗教教育者議会の答申案を見て」、今西九平「読方実践に於ける重要問題三つ」、南白峰「現代書方教育の動向姿態」、太田源一「農村に立脚せる手工教育」などの教科教育の大家から若手まで実践論文の力作が掲載されている。学校や個人が実践を試みている教授細目や授業案が８編載せられている。池野の滋賀教育界で活躍する教育者との交流範囲の広さを知ることができる。さらに、「北堂漫談」のコーナーや随所の囲みで軽妙な記事を書いている。他方で、教育論だけでなく、「東郷元帥を偲び奉りて」、「国家愛教育概説」、「近江に産する珍しき昆虫に就いて」、「口訳源氏物語」など幅広い分野の記事を載せているのである。

　一冊の雑誌にこめられた多様で多彩な内容から、戦時体制に向かいつつある時代のなかで、池野が教育現場で実践する教師へ期待した想いをうかがうことができる。教育実践を真摯に追求する教育者は、狭い教育技術主義に陥らず、権威ある学者の高邁な議論を消化不良に鵜呑みせず、自らの頭で考えて教育の事実に即して日々の授業を行うべきだ、と池野は主張したのである。

近江八幡の地で、大正新教育運動を支える

　池野は、滋賀県師範学校時代の校長山路一遊から大きな影響を受けた。山路校長の影響下の明治末期の卒業生から、滋賀県の大正新教育運動の担い手が多数出ている。山路の校長在任期間は、1902（明治35）年12月から1913（大正２）年３月まで10年４ヵ月間であった。生徒の自治組織である奉公団の活動や山路校長の修身教育と人格教育から、同時期の滋賀県師範学校生は国家に奉仕するだけではない教育者像を共有していった。

　池野の３年先輩に河村豊吉がいる。河村は附属校から蒲生郡金田校（現近江八幡市金田小学校）に転任して、小学校の図書館を開放し村立金田図書館をつくり、また国定教科書にはない国語自主教材の作成に精力を注いだ人物である。河村は、後輩谷騰の昭和学園へ何度も出かけて谷の自学自主の教育を援助した。

　谷は近江八幡土田の地で私立昭和学園を創設して、成城小学校で学んだドルトン・プランによる教育を行っていた。池野茂は長女君子を昭和学園で学

ばせた。池野君子（改姓して中村）は、1928（昭和3）年から33（昭和8）年まで同校に在籍、子どもの作品を集めた文集『こまどり』の2代目編集主任として活躍した。池野は、娘から昭和学園の教育内容を聞きとり、午前中は自学自習で自発性に基づく個人学習、午後は児童全員で決めた協同学習での労作教育に大いに共感し、谷の学園に積極的に協力した。

73歳の山路一遊元師範校長の教え子訪問に随従する

1930（昭和5）年に、山路一遊は教え子が勤務している滋賀県下の学校を6日間かけて巡り歩いた。池野は山路に付きそって学校を巡回し、そのようすを克明に書いている。蒲生郡では、島校、八幡校、昭和学園を訪れた。島校の視察では、神田次郎校長から熱心に大輪の菊の栽培について聞いた。翌日池野が自転車で宿に行くと、山路はすでに昭和学園に足を運んでいた。池野が駆けつけると、「河村金田と先生と谷とが二間に一間半の学園の教室で、子供の腰掛にかけて、子供のテーブルで熱心に谷からの説明を聞いておられた」。山路が、子供の作品や農場や家畜などつぶさに視察し、学園の写真など持って立ち上がった時、「谷はそろそろ子供がやってきますので、お見送り出来ませんが、ご機嫌よろしく、失礼します」と別れをつげた。すると、山路はそのままくるりと出ていった。

池野は、この場面を見事に描写している。「十六・七人の子供を預かって、人間の若き盛りを子等に捧げる谷と、その谷を作った先生とが20年後に、73歳の先生の方から訪問してやられたということは、劇にしてあまりに夢のような現実である。」（「大山路先生随従一週間」『恩師山路一遊先生』）

山路の死は、その2年後の1932（昭和7）年。6年後の1938年4月3日に谷が急死したことにより、昭和学園はわずか13年間の短い歴史を閉じた。滋賀の大正新教育運動の新学校の終焉であった。池野茂の死は、敗戦の年の1945（昭和20）年であった。池野茂（北堂）は、近代滋賀における戦前の民間教育運動に道筋をつけた人物であった。

◆参考文献
池野茂『教育に親しむ人々』其一　北堂印刷部　1928年
池野北堂『教育に親しむ人々』その二　江州公論社　1934年

［木全清博］

年　表

凡例
1　年表は本文で紹介されている事項を中心に掲載した。
2　年月は西暦を基準としているが、1872（明治5）年12月3日の太陽暦施行以前は太陰暦の年月を使用している。月の記載がないものは時期、期間が特定できなかった項目である。

西暦	和暦	本　文　関　連　事　項	全国・社会・教育
1821	文政4	外村省吾が生まれる（4月）	
1825	文政8	正野玄三（尚輝）が生まれる（6月）	異国船打払令（2月）
1826	文政9	松田勝子が生まれる（7月）	
1833	天保4	平山麟家が生まれる（4月）	天保の飢饉（～1836年）
1838	天保9	中井弘が生まれる（11月）	
1839	天保10	松田道之が生まれる（5月）	蛮社の獄発生（5月）
1840	天保11	籠手田安定が生まれる（3月）	
1843	天保14	塚本さとが生まれる（8月）	
1847	弘化4	柳田かめが生まれる	
1854	安政1	大島一雄が生まれる（閏7月）	
1858	安政5	辻勝太郎が生まれる（3月）	日米修好通商条約調印（6月）
1864	元治1	浜野鉄蔵が生まれる（3月）	禁門の変発生（7月）
1868	明治1	大津県設置（閏4月）	五箇条の誓文（3月）
1871	明治4	彦根藩が洋学校を開設（1月、1872年10月廃校） 坂田郡長浜に、現滋賀県下で最初の小学校「第一小学校」開校（9月、のち開知学校と改称、現長浜市長浜小学校） 松田道之が大津県令となる（11月）	廃藩置県（7月） 文部省設置（9月） 岩倉使節団の派遣決定（10月）
1872	明治5	犬上郡高宮村に「第二小学校」開校（4月、のち先鳴学校と改称、現彦根市高宮小学校） 坂田郡柏原村に「郷学校」開校（5月、のち開文学校と改称、現米原市柏原小学校） 『犬上県内小学建営説諭書』が出される（7月） 松田道之が犬上県との合併により成立した新滋賀県の初代県令となる（9月） 大津欧学校開校（10月、1874年8月廃校）	学制（8月） 新橋―横浜間に鉄道開通（9月） 太陽暦施行（12月）
1873	明治6	松田道之が「告諭管下人民」（就学告諭）と「立校方法概略」を県内に布達（2月） 柳田かめが寺子屋を廃業し、大津弘道学校（現大津市長等小学校）の教員となる（4月）	「征韓論」政変（10月）
1874	明治7	西川吉之助が生まれる（9月）	民撰議院設立建白書提出（1月）
1875	明治8	籠手田安定が滋賀県権令となる（5月、1878年県令）	漸次立憲政体樹立の詔（4月）

189

西暦	和暦	本 文 関 連 事 項	全国・社会・教育
		滋賀県小学教員伝習所が滋賀郡大津上堅田町に開校（6月、10月に滋賀県師範学校と改称） 大島一雄が官立東京師範学校に入学（6月）	
1876	明治9	籠手田安定が学務課員を随行させて、県下全域で学事巡視調査を行う（5～8月） 中等教育機関として彦根学校が開校し、外村省吾が校長となる（8月） 第10番中学区学区取締正野玄三（尚輝）が活動記録の『明治九年齎御用日誌』を作成（1877年にも『明治十年齎御用日記』を作成）	日朝修好条規調印（2月） クラークが札幌農学校に着任（7月）
1877	明治10	外村省吾が死去（1月） 滋賀県師範学校が滋賀県大津師範学校と改称し、その支校として同年に彦根伝習学校（彦根学校を改称）、長浜講習学校、小浜伝習学校が開校（3月） 大島一雄が大津開達学校（現大津市中央小学校）に赴任（10月） 平山麟家が私立平山学校（のちの数学舎）開設	西南戦争発生（2月） 東京大学創設（4月）
1878	明治11	籠手田安定が県内に「勧学告諭」を布達（11月）	古河太四郎が京都に盲唖院を創設（5月）
1879	明治12	彦根伝習学校が彦根初等師範学校と改称（2月） 山本清一郎が生まれる（11月） 大島一雄が『作文初歩』、『小学修身編』（1881年には『小学生徒心得』など）を編纂	教学聖旨（8月） 教育令（9月）
1880	明治13	滋賀県大津師範学校が滋賀県師範学校と改称し、女子師範学科を設置。これにともない、松田勝子が同科の女生徒取締兼4等助教となる（4月） 彦根初等師範学校が公立の彦根中学校と改称し、長浜講習学校、小浜伝習学校廃止となる（4月） 柳田かめが滋賀郡大津橋本町に私塾柳田学舎開設（9月）	第二次教育令（12月）
1881	明治14	正野玄三（尚輝）が死去（7月）	小学校教則綱領（5月） 小学校教員心得（6月） 中学校教則大綱（7月）
1882	明治15	滋賀県師範学校女子師範学科が廃止となり、滋賀県女子師範学校開校（6月） 松田道之が死去（7月）	軍人勅諭（1月）
1883	明治16	中野冨美が生まれる（3月）	教科書認可制となる（7月）
1884	明治17	平木吉治郎が生まれる（1月） 一柳満喜子が生まれる（3月） 中井弘が第3代滋賀県令となる（7月）	
1885	明治18	滋賀県女子師範学校が統合により、滋賀県師範学校女子部となる（11月）	第三次教育令（8月） 内閣制度創設（12月）
1886	明治19	滋賀県商業学校が滋賀郡大津船頭町に開校（5月） 滋賀県師範学校が滋賀県尋常師範学校と改称（9月）	帝国大学令（3月） 小学校令（4月）

西暦	和暦	本 文 関 連 事 項	全国・社会・教育
		大島一雄が蒲生郡高等科八幡小学校長となる（11月、21年間在任）	中学校令（4月） 師範学校令（4月）
1887	明治20	滋賀県私立教育会創設（2月、4月に機関誌として『滋賀県私立教育会雑誌』を創刊）	教科書検定制開始（5月）
		彦根公立中学校が滋賀県尋常中学校と改称（5月） 県下最初の女学校私立淡海女学校が犬上郡彦根町に開校（5月） 柚木勝久が生まれる	
1888	明治21	滋賀県尋常師範学校女子部廃止（4月） 柳田学舎が滋賀県から私立学校の免許認可を受ける（5月） 浜野鉄蔵が犬上郡尼子校（現甲良町尼子小学校）訓導兼校長となる（7月、以後、蒲生・野洲・滋賀・神崎郡の小学校の訓導兼校長を歴任） 河村豊吉が生まれる（7月） 尋常科大津小学校に幼稚園を附設（12月、県下最初の幼稚園）	文部省が「紀元節歌」を学校唱歌とし、各府県・直轄学校に送付（2月）
1889	明治22	滋賀県私立高等女学校が滋賀郡大津町に開校（4月、松田勝子が舎監となる）	大日本帝国憲法（2月） 市制・町村制施行（4月）
1890	明治23	神田次郎が生まれる（3月） 塚本さとが明治初期から書き継いできた『姑の餞別』の著述を終える（1931年8月に淡海高等女学校から刊行）	第二次小学校令（10月） 教育勅語（10月）
1891	明治24	私立淡海女学校が町立彦根女学校と改称（4月） 『小学近江地誌』が刊行される（4月） 辻勝太郎が犬上郡高宮校（現彦根市高宮小学校）校長となる（5月） 池野茂が生まれる	内村鑑三の教育勅語拝礼拒否事件発生（1月） 小学校祝日大祭日儀式規程（6月）
1892	明治25	谷騰が生まれる	
1893	明治26	最初の郷土史教科書『小学校用近江史談』が刊行される（10月）	
1894	明治27	滋賀県私立教育会編『近江地誌』が刊行される（2月） 中井弘が死去（10月）	高等師範学校規則（4月） 日清戦争勃発（7月、～1895年）
1895	明治28	町立彦根女学校が彦根町立高等女学校と改称（7月）	高等女学校規程（1月）
1896	明治29	簡易蚕業学校が坂田郡長浜町に開校（4月） 辻勝太郎が、『高宮小学校沿革誌』上・下を編纂（10月）	
1897	明治30	松田勝子が死去（4月） 前川仲三郎が生まれる	
1898	明治31	滋賀県尋常師範学校が校名を改称し、滋賀県師範学校（現滋賀大学教育学部）の名が復活（4月） 滋賀県尋常中学校が滋賀県第一尋常中学校（現県立彦根東高校）と改称し、滋賀郡膳所村（現大津市）に滋賀県第二尋常中学校（現県立膳所高校）が開校（4月）	第一次大隈重信内閣成立（6月、最初の政党内閣）

西暦	和暦	本 文 関 連 事 項	全国・社会・教育
		中村林一が生まれる（12月）	
1899	明治32	籠手田安定が死去（3月） 簡易蚕業学校が県立滋賀県農学校と改称（4月） 滋賀県私立教育会が滋賀県教育会と改称し、機関誌として『滋賀県教育会雑誌』を刊行（6月） 滋賀県私立高等女学校が市立大津高等女学校と改称（9月） 矢嶋正信が生まれる	中学校令改正（2月） 実業学校令（2月） 高等女学校令（2月） 私立学校令（8月）
1900	明治33	大津市御幸山に、松田勝子の顕彰碑「松田孺人之碑」が建てられる（4月） 『近江地誌児童用』、『近江史談生徒用』が刊行される	第三次小学校令（8月）
1901	明治34	滋賀県商業学校が大津から蒲生郡宇津呂村（現近江八幡市）に移転（4月、6月、滋賀県立商業学校と改称）	社会民主党（日本最初の社会主義政党）結成、直後に禁止（5月）
1902	明治35	彦根町立高等女学校が県立彦根高等女学校と改称（4月） 市立大津高等女学校が県立大津高等女学校（現県立大津高校）と改称（4月） 郡立伊香農学校（現県立伊香高校）が伊香郡木之本村（現長浜市）に開校（4月） 村瀬仁市が生まれる（5月）	教科書疑獄事件発生（12月）
1903	明治36	山本清一郎が京都市立盲唖院を卒業（3月）	専門学校令（3月） 国定教科書制度成立（4月）
1904	明治37	平山麟家が死去（11月）	日露戦争（2月、〜1905年） 第一期国定教科書（4月）
1905	明治38	市立大津実業補習学校開校（4月） 山東農学校（のち山東農林学校と改称）が開校（5月） 甲賀郡水口校（現甲賀市水口小学校）で細木善一が手工科の授業に水口細工を取り入れる	
1907	明治40	郡立神崎実業学校が神崎郡北五個荘村（現東近江市）に開校（5月）	第四次小学校令（3月）
1908	明治41	滋賀県立商業学校が県立八幡商業学校（現県立八幡商業高校）と改称（4月） 滋賀県女子師範学校が大津市に開校（4月） 浜野鉄蔵が蒲生郡鏡山校（現竜王町鏡山小学校）校長となる（4月） 県立滋賀県農学校が県立長浜農学校（現県立長浜農業高校）と改称（4月） 県立水口農林学校が甲賀郡水口町（現甲賀市）に開校（4月） 山本清一郎が私立彦根訓盲院を開設（5月） 栗下喜久治郎が生まれる	戊申詔書（10月）
1909	明治42	山本清一郎が結婚（6月、妻の名はたい）	

西暦	和暦	本 文 関 連 事 項	全国・社会・教育
1910	明治43	神崎実業学校が神崎商業学校と改称（2月） 郡立愛知実業学校が愛知郡愛知川町（現愛荘町）に開校（4月） 田中秀雄が生まれる	第二期国定教科書（4月） 高等女学校令改正（10月）
1911	明治44	町立長浜実科高等女学校開校（4月）	南北朝正閏問題発生（2月）
1912	明治45 大正 1	市立大津実業補習学校男子部を改組して、市立大津商業学校（現県立大津商業高校）、女子部を改組して市立大津実科高等女学校が開校（4月） 柳田かめが死去（11月）	
1913	大正 2	彦根幼稚園と彦根西幼稚園が統合して町立彦根幼稚園となる（4月） 蒲生郡朝日野村（現東近江市）で学校統合問題第一次紛争発生（〜1916年）	教員免許状が全国一本化される
1914	大正 3	柚木勝久が甲賀郡佐山校（現甲賀市佐山小学校）に転任し、『滋賀県教育会雑誌』に「地理教授毎月資料」の連載を開始（4月） 町立日野実科高等女学校（日野女子手芸学校の後身）開校（4月）	第一次世界大戦勃発（7月、〜1918年）
1915	大正 4	河村豊吉が国語教育に関する論文を『滋賀県教育会雑誌』に初めて投稿（2月） 町立水口実科高等女学校が甲賀郡水口町に開校（4月） 組合立寺庄実科高等女学校が甲賀郡寺庄村（現甲賀市）に開校（4月、1922年に寺庄高等女学校と改称） 平木吉治郎が滋賀県師範学校の教員となり、水口細工の教材化に取りくむ（4月、1916年『最新小学校手工科教授の実際』を刊行）	日本政府が中国政府に21ヵ条の要求を行う（1月）
1917	大正 6	町立八幡実科高等女学校が蒲生郡八幡町（現近江八幡市）に開校（4月） 西川綾子が生まれる（8月）	
1918	大正 7	中野冨美が大津市に松村裁縫速進教授所を開設（4月） 中村林一が坂田郡長浜校（現長浜市長浜小学校）に赴任し34年間勤務、在勤中開知学校をふくむ同校の資料保存に尽力（「中村林一コレクション」）（4月） 辻勝太郎が『雲濤文稿』を編纂	第三期国定教科書（4月） 鈴木三重吉が児童雑誌『赤い鳥』を創刊（7月、1936年廃刊） 米騒動起こる（7〜9月） 大学令（12月） 高等学校令（12月）
1919	大正 8	『滋賀県教育会雑誌』が『近江教育』と誌名を変更（1月、1941年には『滋賀教育』と変更） 塚本さとが私立淡海女子実務学校を開校し、初代校長となる（4月） 松村裁縫速進教授所が大津裁縫速進教授所と改称（4月） 県立水口中学校が甲賀郡水口町に開校（4月、水口農林学校は廃止、現県立水口高校）	

193

西暦	和暦	本 文 関 連 事 項	全国・社会・教育
		町立木之本実科高等女学校が伊香郡木之本町に開校（4月） 一柳満喜子がW・メレル・ヴォーリズ（近江兄弟社の創設者）と結婚（6月） 矢嶋正信が愛知郡豊椋校（現東近江市湖東第三小学校）で農業担当専任教員となる（10月）	
1920	大正9	県立八日市中学校（現県立八日市高校）が神崎郡八日市町（現東近江市）に、同虎姫中学校（現県立虎姫高校）が東浅井郡虎姫村（現長浜市）に、同今津中学校（現県立高島高校）が高島郡今津町（現高島市）に開校（4月） 日野実科高等女学校が日野高等女学校と、長浜実科高等女学校が長浜高等女学校と改称（4月） 西川吉之助が三女はま子に口話法聾教育を開始する	慶應義塾や同志社などが大学として認可（4月） 東京上野公園で日本最初のメーデー開催（5月）
1921	大正10	谷騰が東京の私立成城小学校の教員となり、大正新教育運動の理念のドルトン・プランを学ぶ	文部省が「通俗教育」の名称を「社会教育」と変更（6月） 八大教育主張の講演会開催（8月）
1922	大正11	村瀬仁市が滋賀県師範学校に入学し、在学中大正新教育運動の「八大教育主張」に感銘を受ける（4月） 日野高等女学校、長浜高等女学校、愛知実業学校女子部が県立に移管（4月） 一柳満喜子が清友園幼稚園（現近江兄弟社ひかり園）を蒲生郡八幡町に開園（9月） 彦根高等商業学校（現滋賀大学経済学部）開設（10月） 前川仲三郎が指導した高島郡百瀬校（現高島市マキノ南小学校）児童の作品が初めて『赤い鳥』に掲載（11月、1926年までに自由詩39編、綴方12編、自由画7点が掲載、1936年にも自由詩2編が掲載）	全国水平社創立大会開催（3月）
1923	大正12	河村豊吉が蒲生郡金田校（現近江八幡市金田小学校）の校長となる（4月） 河村豊吉が金田村立金田図書館を開設し、図書館長を兼務（12月）	盲学校及聾唖学校令（8月） 関東大震災発生（9月）
1924	大正13	私立彦根訓盲院が私立彦根盲学校と改称（7月）	
1925	大正14	西川吉之助が蒲生郡八幡町の自宅に西川聾口話研究所を開設し、月刊誌『口話式聾教育』を刊行（4月） 下田歌子が第2代私立淡海女子実務学校長となり、校名を私立淡海実践女学校と改称（4月） 蒲生郡朝日野村で学校統合問題第二次紛争発生（～1927年） この時期県下23ヵ村でも学校統合問題が発生	治安維持法（4月） 普通選挙法（5月） 日本聾口話普及会設立（11月）
1926	大正15 昭和1	谷騰が蒲生郡宇津呂村に私立昭和学園を開校（4月、西川はま子ら生徒となる） 神田次郎が蒲生郡島校（現近江八幡市島小学校）の校長となる（4月）	幼稚園令（4月）

西暦	和暦	本 文 関 連 事 項	全国・社会・教育
		淡海実践女学校が淡海高等女学校（現淡海文化学園）と改称（4月）	
1927	昭和2	昭和学園が滋賀県から私立小学校の認可を受ける（1月） 柚木勝久が伊香郡木之本校（現長浜市木之本小学校）の校長となる（4月）	金融恐慌発生（3月）
1928	昭和3	塚本さとが死去（1月） 谷騰が昭和学園で子ども文集『こまどり』を創刊（1月） 大津裁縫速進教授所が大津裁縫女学校と改称（4月） 私立彦根盲学校が県立移管となり、滋賀県立盲学校と改称（4月） 滋賀県立聾話学校が栗太郡草津町(現草津市)に開校（4月） 栗下喜久治郎が蒲生郡島校に赴任し、以後、14年間郷土教育の中心的役割を担う（4月） 池野茂が滋賀県の教育界の人物を紹介した『教育に親しむ人々』「其一」を発行（12月）	文部省、第1回思想問題講習会を開催（8月）
1930	昭和5	辻勝太郎が死去（7月） 蒲生郡島校が『島村郷土読本』を刊行（9月、以後、1944年までに学校名や教員の著作物49冊を刊行）	日本教育労働者組合結成（11月） 郷土教育連盟結成（11月）
1931	昭和6	大島一雄が死去（2月） 大津裁縫女学校が大津高等裁縫女学校と改称（4月）	日本聾口話普及会が財団法人聾教育振興会に改組(4月)
		河村豊吉が愛知郡愛知川校（現愛荘町愛知川小学校）校長に転任し、国語教育研究会「田楽会」を開催する（4月） 栗下喜久治郎の論文「島小学校の郷土教育の現状」が『郷土科学』に掲載される（7月）	満州事変勃発（9月）
1932	昭和7	村瀬仁市が『国史教授に於ける至難教材の究明』を刊行（6月） 蒲生郡島村が経済更生指定村となり、島校の郷土教育実践が転換しはじめる	五・一五事件発生（5月）
1933	昭和8	田中秀雄が「読方に於ける発音指導への一考察」を『近江教育』に投稿（3月、以後、同誌に28本の論文を投稿） 蒲生郡島校が児童の郷土研究の成果をまとめた『むべの実』第15号を刊行（6月） 滋賀県師範学校附属校（現滋賀大学教育学部附属小学校）で公民教育大会開催（6月） 坂田郡六荘校（現長浜市長浜南小学校）で勤労教育研究大会開催（10月） 村瀬仁市が『国史教育の新経営』上を刊行（11月） 西川綾子が大津同胞教会（現大津教会）の日曜学校の教師となる（以後、半世紀以上務める） 池野茂が蒲生郡八幡町に江州公論社を設立	日本、国際連盟を脱退（3月） 第四期国定教科書（4月） 京都帝国大学（現京都大学）で滝川事件発生（5月）
1934	昭和9	池野茂が『教育に親しむ人々』「その二」を刊行（2月） 村瀬仁市が『国史教育の新経営』下を刊行（6月）	

西暦	和暦	本 文 関 連 事 項	全国・社会・教育
1935	昭和10	河村豊吉が『学習指導読方教育の実践』を刊行（4月） 田中秀雄が「関東語（標準語）」と「関西語」のアクセントの違いについて研究（5月） 矢嶋正信が蒲生郡島校校長となる（9月） 江州公論社が民間教育雑誌『教育陣営』を創刊（10月） 中村林一が『長浜祭礼記』を自費で刊行（10月）	天皇機関説問題発生（2月）
1936	昭和11	中村林一が『改訂近江国坂田郡志』（1944年までに全7巻8冊刊行）の編纂委員となり、資料調査を行い、執筆にも参加	二・二六事件発生（2月）
1937	昭和12	ヘレン・ケラーが県立盲学校を訪問（5月） 河村豊吉が死去（6月）	日中戦争勃発（7月） 国民精神総動員運動開始（8月）
1938	昭和13	谷騰が死去（4月） 田中秀雄が第四期国定『小学国語読本』（「サクラ読本」）の内容について研究	
1939	昭和14	一柳満喜子が近江兄弟社教育研究所（幼稚園保姆養成所）を開設（4月） 矢嶋正信と栗下喜久治郎が『土の教育　学村の新建設』を刊行（4月） 栗下喜久治郎が『村の教育十ケ年』を刊行（12月）	第二次世界大戦勃発（9月、〜1945年）
1940	昭和15	柚木勝久が死去（1月） 西川吉之助が死去（7月） 中村林一が執筆した長浜尋常高等小学校編『長浜郷土読本』刊行（9月） 田中秀雄が京城府城東中学校（現韓国ソウル市城東工業高校）に英語教員として赴任	大政翼賛会発足（10月）
1941	昭和16		国民学校発足（4月） 第五期国定教科書（4月） 日本、対米英戦に突入（太平洋戦争）（12月）
1942	昭和17	矢嶋正信が栗太郡瀬田国民学校（現大津市瀬田小学校）校長となり、学習園（農園）による教育を実践、同年に『国民学校教師の実践道』を刊行（4月）	大学・高等専門学校などの修業年限が6ヵ月短縮となる（9月）
1943	昭和18		学徒出陣（12月）
1944	昭和19	大津高等裁縫女学校が滋賀高等女子実業学校と改称（設置者も純美禮学園となる）（1月） 西川綾子が栗太郡瀬田国民学校5年智組の担任となり、絵日記「瀬田国民学校五年智組学級日誌」（大津市文化財）を児童に描かせる（4月、1945年3月まで） 大阪市内から多数の小学校児童が県下に疎開	決戦非常措置要綱に基づく学徒動員実施要綱を閣議決定（3月）

西暦	和暦	本 文 関 連 事 項	全国・社会・教育
1945	昭和20	池野茂が死去	日本、連合国に降伏（8月） ＧＨＱ（連合国軍最高司令官総司令部）が4大教育指令を発する（10〜12月）
1946	昭和21	ＧＨＱ滋賀軍政部民間情報教育課のマートン中尉らが精力的に県下の学校視察を行う。そのなかで石部国民学校事件発生（9月）	第一次米国教育使節団来日（3月） 文部省が「新教育指針」を刊行（5月）
1947	昭和22	大津中央校（現大津市中央小学校）が近畿新教育実験校に指定される（1月、西川綾子転任） 神田次郎がＧＨＱの教員適格審査で、再審適格となる（9月） 栗下喜久治郎が同審査で、3審不適格となる（10月）	教育基本法（3月） 学校教育法（3月） 新学制による中学校と小学校が発足（4月） 日本国憲法施行（5月）
1948	昭和23	滋賀高等女子実業学校が大津家庭高校と改称（4月）	新制高校、新制大学発足（4月）
1949	昭和24	滋賀大学設置（5月） 栗下喜久治郎が死去	教育職員免許法（5月）
1950	昭和25	村瀬仁市がＧＨＱの教員適格審査で、再審適格となる（4月）	朝鮮戦争勃発（6月、〜1953年）
1951	昭和26	近江兄弟社学園（現ヴォーリズ学園）が開設され、一柳満喜子が学園長となる（1月） 栗下喜久治郎、死後のＧＨＱの教員適格審査で適格と認定（7月）	新学習指導要領実施（7月） サンフランシスコ平和条約、日米安保条約調印（9月）
1952	昭和27	村瀬仁市が編集責任を引き受けた滋賀県教育会編『ひらけいくびわ湖』刊行（9月） 中村林一が滋賀県文化財専門員に選任される	中央教育審議会設置（6月） 市町村教育委員会、全国一斉に発足（11月）
1961	昭和36	山本清一郎が死去（2月） 大津家庭高校が滋賀女子高校（現滋賀短期大学附属高校）と改称（4月）	全国中学校一斉学力調査（9月）
1962	昭和37	中村林一が長浜市文化財審議委員に選任される	
1966	昭和41	中野冨美が死去（2月） 神田次郎が死去	
1969	昭和44	滋賀県立聾話学校が栗太郡栗東町(現栗東市)に移転(1月) 一柳満喜子が死去（9月）	
1987	昭和62	矢嶋正信が死去	
1990	平成 2	中村林一が死去（7月）	
2000	平成12	村瀬仁市が死去（9月）	
2010	平成22	西川綾子が死去（1月）	

［池田宏　作成］

図表出典

図表で執筆者撮影分は氏名省略

1章
章扉　上　長浜学校古写真／下　教育勅語（柳田学舎）　柳田茂家所蔵

1-1　松田道之
松田道之肖像　滋賀県所蔵
図1　『小学必読県令告諭書』「明治六年県令告諭　郡中市中制法」収蔵番号157-3「里内文庫」　栗東
　　歴史民俗博物館所蔵

1-2　籠手田安定
籠手田安定肖像　鉅鹿敏子編『史料　県令籠手田安定』私家版　1985年
図1　滋賀県令時代の籠手田安定　鉅鹿敏子編『史料　県令籠手田安定』私家版　1985年

1-3　中井弘
中井弘肖像　濱谷由太郎編『桜洲山人の追憶』　1934年

1-4　外村省吾
外村省吾肖像　『彦根東高百二十年史』1996年
図1　1876年創立の彦根学校（元川町）　『彦根東高百二十年史』
図2　「共立学校建条ニ付伺書」　彦根市立図書館所蔵
図3　外村半雲先生之碑　彦根市井伊神社参道附近

1-5　正野玄三
図1　正野玄三家学区取締関係文書　蒲生郡日野町所蔵
図2　正野玄三受持学区内全図　蒲生郡日野町所蔵
表1　正野玄三受持の蒲生郡第14～18区小学校
図3　『滋賀県蒲生上郡　村名習字本』（1877年）　蒲生郡日野町所蔵

1-6　柳田かめ
柳田かめ肖像　柳田茂家所蔵
表1　滋賀県下の女師匠経営の寺子屋一覧　『日本教育史資料』8　1892年
図1　柳田学舎関係資料　柳田茂家所蔵
表2　柳田学舎生徒数の変遷　『滋賀県統計全書』　1889～1910（明治22～43）年度

1-7　大島一雄
大島一雄肖像　大島貞氏提供
図1　大島一雄著作教科書『作文初歩』　1879年　個人蔵

198　図版出所一覧

１－８　辻勝太郎

辻勝太郎肖像　『高宮小学校百年史』　1972年

表１　『高宮小学校沿革誌』　目次

図１　『高宮小学校沿革誌』上・下　1896年

１－９　浜野鉄蔵

浜野鉄蔵肖像　草津市立笠縫小学校所蔵

図１　鏡山校集合写真（1910年３月）　竜王町立竜王小学校所蔵

図２　「会報」第13号（1938年）　竜王町立竜王小学校所蔵

１－コラム１　平山隣家

図１　高島市マキノ町海津天神社の算額　1875年

図２　『近畿の算額』　1992年

１－コラム２　松田勝子

図１　松田彌人之碑　大津市園城寺境内

図２　信啓学校跡（現甲賀市神山グランド）

２章

章扉　上　昭和学園　『御大典記念　滋賀県小学校職員大写真帖』　1928年／下　プレイグラウンドの
　　　大型木造スベリ台　学校法人ヴォーリズ学園 学園史編纂室所蔵

２－１　塚本さと

塚本さと肖像：東近江市近江商人博物館所蔵

図１　さとの和歌〈月の影　上〉　三輪國男氏所蔵

図２　淡海女子実務学校　東近江市近江商人博物館所蔵

２－２　中野冨美

中野冨美肖像　学校法人純美禮学園所蔵

図１　裁縫教授風景（大津下北国町）　学校法人純美禮学園所蔵

図２　梅林校舎　学校法人純美禮学園所蔵

２－３　一柳満喜子

一柳満喜子肖像：学校法人ヴォーリズ学園 学園史編纂室所蔵

図１　開園当初の清友園幼稚園　学校法人ヴォーリズ学園 学園史編纂室所蔵

図２　新園舎の遊戯室（Ａ組保育室）　学校法人ヴォーリズ学園 学園史編纂室所蔵

２－４　河村豊吉

河村豊吉肖像　愛知川小学校所蔵

図１　『国語読本学習書』高２後期　表紙　『近江愛知川町の歴史』第２巻

表1　『国語読本学習書』巻6　目次
図2　日本近代文学館『赤い鳥（復刻版）』　1979年

2－5　柚木勝久
柚木勝久肖像　佐山小学校所蔵　甲賀市史編纂室撮影
図1　『滋賀県教育会雑誌』第223号　1914年
表1　「給食の献立」『近江教育』第479号　1935年

2－6　山本清一郎
山本清一郎肖像　『滋賀県立盲学校創立70周年記念記念誌』　1978年
図1　創立1周年記念写真　1909年5月　『創立八十周年記念誌』　1988年
図2　ヘレン・ケラー来校記念　1937年　『創立百周年記念誌』　2008年
図3　「山本清一郎先生たい夫人」の像　滋賀県盲学校敷地内

2－7　西川吉之助
西川吉之助・はま子肖像　滋賀県立聾話学校『創立六十周年記念誌』　1988年
図1　『口話式聾教育』第2輯　滋賀県立聾話学校所蔵　1925年
図2　創設時の校舎　滋賀県立聾話学校『創立六十周年記念誌』　1988年

2－8　谷騰
谷騰肖像　『御大典記念　滋賀県小学校職員大写真帖』　1928年
図1　ロバの馬車　『太湖』第43号　1929年

2－コラム3　平木吉治郎
図1　手工作品製作図　平木吉治郎『最新小学校手工教授の実際』　1916年
図2　水口細工の製品　水口細工復興研究会所蔵品　2010年
図3　平木『最新小学校手工教授の実際』1916年

2－コラム4　前川仲三郎
図1～6　日本近代文学館『赤い鳥（復刻版）』　1979年

3章
章扉　上　守山尋常高等小学校奉安殿（野洲郡守山町）／下　彦根西国民学校の1943年運動会　『城西
　　小学校100周年記念誌　くすの木物語』　1992年

3－1　神田次郎
神田次郎肖像　『御大典記念　滋賀県小学校職員大写真帖』1928年
図1　『島村郷土読本』表紙　島小学校　1930年
表1　『島村郷土読本』目次　1930年
図2　畜舎　郷土教育連盟編『郷土』創刊号　1930年11月

200　　図版出所一覧

図3 『薁の実』第15号・郷土学習号　島小学校　1933年　滋賀県立図書館所蔵
図4 日野国民学校玄関と神田次郎　神田『実践日野教育の錬成記録』1942年

3－2　矢嶋正信
矢嶋正信肖像　『御大典記念　滋賀県小学校職員大写真帖』　1928年
図1 『土の教育　学村の新建設』表紙　1939年
表1 『国民学校教師の実践道』目次　1942年
図2 矢嶋校長と学習園で働く子ども　龍谷大学国際文化学部『戦中「学級日誌」』　2009年

3－3　栗下喜久治郎
栗下喜久治郎肖像　『御大典記念　滋賀県小学校職員大写真帖』　1928年
図1 チューリップ畑での記念写真　『体験と信念に基く郷土の学習と実践』　1931年
表1 『実践時局と教育経営』と『国民精神総動員と小学校教育実践』目次
図2 『村のこども』表紙　栗下喜久治郎著　毎日新聞社　1946年
表2 『村のこども』目次　1946年

3－4　田中秀雄
図1 旧大野尋常高等小学校校舎（現大野小学校同窓会館）
図2 日本近代文学館『赤い鳥（復刻版）』　1979年　※「岩室ばなし」の「な」は誤植
表1 朗読発表指導要項抜粋『近江教育』第502号
図3 サクラ読本『小学国語読本』　1933年

3－5　村瀬仁市
村瀬仁市肖像　『御大典記念　滋賀県小学校職員大写真帖』　1928年

3－6　中村林一
中村林一肖像　『御大典記念　滋賀県小学校職員大写真帖』　1928年
表1 開知学校及び長浜学校資料の分類
表2 『長浜郷土読本』目次一覧　1940年

3－7　西川綾子
西川綾子肖像　個人蔵
図1 瀬田国民学校五年智組学級写真　1944年　個人蔵
図2 入学式・始業式　「瀬田国民学校五年智組学級日誌」　大津市歴史博物館所蔵
図3 試食会　「瀬田国民学校五年智組学級日誌」　大津市歴史博物館所蔵
図4 最後の学級日誌　「瀬田国民学校五年智組学級日誌」　大津市歴史博物館所蔵

3－コラム5　池野茂
池野茂肖像　『御大典記念　滋賀県小学校職員大写真帖』　1928年

参考文献・資料

〈全体〉

（滋賀の教育人物史）

滋賀県教育会編『近江人物志』文泉堂　1917年　復刻版臨川書店　1973年

滋賀県教育会編『近江の先覚』第1集　1951年

『江州人』毎日新聞社　1962年

滋賀県小学校長会編『滋賀の先覚　教育的人間像』　1968年

『滋賀百年』毎日新聞社　1968年

小原国芳編『日本新教育百年史』第6巻近畿「滋賀県」玉川大学出版部　1969年

木村至宏・江竜喜之・西川丈雄『近江人物伝』弘文堂出版部　1976年

『新近江史を歩く　近代編』京都新聞社　1985年

彦根市立教育研究所『彦根の先覚』　1987年

山本洋『滋賀の文人〈近代〉』京都新聞社　1989年

草の根県民史企画編集委員会編『近江を築いた人びと』上・下　1992年

滋賀県教育会編『近江の先覚』第2集　1997年

滋賀県教育会編『近江の先覚』第3集　2006年

（滋賀県教育史）

文部省『文部省年報』　1873（明治6）年以降の各年度「滋賀県年報」

滋賀県『滋賀県学事年報』第五～十二年報（1877～84年）、第十五年報（87年）

　　※第五～十一年報―近江八幡市江頭区有文書、第十二年報―江北図書館文書、第十五年報―国立国会図書館デジタルコレクション

佐藤秀夫編『府県史料　教育』第14巻　滋賀県　ゆまに書房　1986年

内閣文庫『滋賀県史』第一～五編「政治部学校」（1872～83〈明治5～16年〉）

滋賀県教育会『近江教育』第326号　「学制頒布五十年記念号」　1922年

「近江の教育史」(1)～(10)『近江教育』第572～582号　1972～75年

『滋賀県史　昭和編』第6巻　1985年

三原芳一「滋賀県中等学校史稿」上・下『花園大学文学部研究紀要』第29～30号　1997～98年

木全清博『滋賀県教育史資料目録』(1)～(10)　滋賀大学教育学部社会科教育研究室　1992～2000年

木全清博『滋賀の学校史』文理閣　2004年

木全清博編著『地域に根ざした学校づくりの源流――滋賀県島小学校の郷土教育』文理閣　2007年

上田孝俊『滋賀県教育会雑誌目次一覧』武庫川女子大学教育研究所　2009年　＊滋賀県教育会の発行雑誌のバックナンバー目次一覧

木全清博『滋賀の教育史――寺子屋・藩校から小学校へ』文理閣　2015年

202　図版出所一覧

〈各章参考文献〉

第 1 章

1．松田道之

『滋賀新聞』第 1 ～ 2 号　滋賀新聞会社　1872年

『琵琶湖新聞』第 5 号　琵琶湖新聞会社　1873年 4 月

『滋賀県滋賀郡大津尋常高等小学校沿革史』上編　1891年

木山竹治『松田道之』鳥取県教育会　1925年

日本史籍協会編『百官履歴一』東京大学出版会　1927年 (1973年復刻)

森順次「初代滋賀県令松田道之」『彦根論叢』(滋賀大学経済学会) 第158・159号　1972年

鉅鹿敏子『県令籠手田安定』中央公論事業出版　1985年

沖田行司編『人物で見る日本の教育』第 2 版　ミネルヴァ書房　2015年

宮坂朋幸「「告諭」という方法──筑摩県・滋賀県を中心として」川村肇・荒井明夫編『就学告諭と
　近代教育の形成──勧奨の論理と学校創設』東京大学出版会　2016年

2．籠手田安定

「任免録　明治九年」　1876年　滋賀県歴史的文書

『文部省第四年報』　1876年

『明治十年九月　定期卒業試験立会巡視功程』　1877年

『滋賀県師範学校第三年報』　1880年

大津市私立教育会編『大津市志』中　1911年

『元老院会議筆記』後期第24巻　元老院会議筆記刊行会　1980年

岡田武彦・荒本見悟・町田三郎・福田殖編『楠本端山碩水全集』葦書房　1980年

3．中井弘

中井桜洲『西洋紀行航海新説』堺屋仁兵衛　1870年

桜洲山人『漫遊記程』上・中・下　博文堂　1877年

中井弘述、中井与市編『桜洲山人席上演説』報行社　1896年

大隈重信『大隈侯昔日譚』報知新聞社出版部　1922年

新田直蔵編『田村正寛翁』日進舎　1932年

『八幡商業五十五年史』滋賀県立八幡商業学校創立五十周年記念会　1941年

アーネスト・サトウ『一外交官の見た明治維新』下　岩波文庫　1960年

大久保利謙編『森有礼全集』第 1 巻　宣文堂　1972年

佐々木克「琵琶湖疏水の政治的背景」『滋賀近代史研究』第 2 号　1986年

塵海研究会編『北垣国道日記「塵海」』思文閣出版　2010年

4．外村省吾

『犬上県内小学建営説諭書』　1872年　彦根市立図書館所蔵

『文部省第五年報』　1877年

「外村文書」(外村省吾関係文書)　彦根市立図書館所蔵

彦根藩資料調査研究委員会編『幕末維新の彦根藩』サンライズ出版　2001年

荒井明夫編『近代日本黎明期における「就学告諭」の研究』東信堂　2008年

川村肇・荒井明夫編『就学告諭と近代教育の形成　勧奨の論理と学校創設』東京大学出版会　2016年

5．正野玄三

「正野玄三家学区取締関係文書」　滋賀県日野町所蔵資料

木全清博「近江日野の学区取締正野玄三の学事日誌」(1)〜(4)　京都華頂大学『現代家政学研究』第4〜7号　2015〜18年　(1)「滋賀県の学区取締人と小学校試験の巡視」、(2)「権令籠手田安定の臨時試験巡視」、(3)「教員の研修活動と習字教科書の発行」、(4)「1877年9〜10月の定期試験と『定期卒業試験巡視功程』」

木全清博「滋賀県における学区取締の研究」京都華頂大学華頂短期大学『学報』第3号（通巻第18号）　2014年

千葉正止『学区制度の研究——国家権力と村落共同体』勁草書房　1962年

教育史編纂会『明治以降教育制度発達史』第1巻　龍吟社　1938〜39年　復刻版1997年

6．柳田かめ

「柳田かめ教育関係資料」　柳田茂家所蔵資料

『滋賀県学事年報』第八〜十二年報「管内私学校表」1880〜84年

『滋賀県統計全書』「学事統計」　1883年以降各年度

『滋賀郡第三大学区高等尋常科大津小学校沿革史』上篇　大津中央小学校所蔵資料

『大津中央小学校創立80周年記念誌』　1952年

『大津中央小学校創立100周年記念誌』　1972年

7．大島一雄

「大島一雄履歴関係資料」「西南役出征日誌」　大島貞氏提供資料

大島一雄『珠算教授書』澤宗次郎　1878年、『作文初歩』自巻一至巻四『同』巻五六　岸本忠七　1879年、『小学修身論』澤宗次郎・小川義平　1879年、『小学生徒心得』一・二　澤宗次郎他3名　1884年、『実物問答』巻一二三　澤宗次郎他1名　1884年、『小学初等科作文初歩』巻一二・『同』巻三四・『同』巻五六　岸本忠七　1882年

『官立大阪師範学校一覧』　1877年

『自第一学年至第六学年東京師範学校沿革一覧』　1880年

『八幡小学校50周年記念誌』　1922年

『大島一雄翁小伝』私家版　1931年

『大島一雄歌集』私家版　1932年

8．辻勝太郎

『明治十年九月　定期卒業試験立会巡視功程』　1877年

『第三大学区滋賀県第六年報』　1879年

『明治17年以降旧職員履歴書綴　滋賀県尋常師範学校』　1884年　滋賀大学教育学学部所蔵

「犬上郡第13区尋常科至熟小学校　明治19年沿革第一年誌」1886年　豊郷小学校所蔵

『高宮小学校沿革誌』上・下　1896年　高宮小学校所蔵

『高宮小学校実現教育要領』　1909年　高宮小学校所蔵

辻勝太郎『雲濤文稿』　1918年　高宮小学校所蔵

辻巌『白雲悠々(春)』私家版　1978年

9．浜野鉄蔵

「浜野鉄三関係史料」　大阪商業大学宮坂朋幸研究室所蔵

『文部省日誌』第50号　1882年

『明治17年以降旧職員履歴書綴　滋賀県尋常師範学校』　1884年　滋賀大学教育学学部所蔵

「明治17年外来初等科卒業証書交付願書」滋賀大学教育学部馬場義弘研究室所蔵

「履歴書」「明治四十一年教育課書類編冊」　滋賀県歴史的文書

「小学校教員転任申請書」　1910年　「教育課第一種書類」　滋賀県歴史的文書

佐藤秀夫「学校長の位置と職務――教育史にみるその変遷」『総合教育技術』　1977年12月号

『竜王町史』下巻　1983年

木全清博『滋賀県教育史資料目録』⑴　1992年

コラム1　平山麟家

足立東衛「明治初期の算法と官許私立学校史—滋賀県マキノ町平山学校」『地方史研究』第82号
　　1966年

『滋賀県学事年報』第六〜十二年報「管内私学校表」　1878 〜 84年

近畿数学史学会編『近畿の算額』大阪教育図書　1992年

コラム2　松田勝子

「松田かつ子逝く」「松田勝略歴」『滋賀県私立教育会雑誌』第94号　1897年

「松田加都子の建碑」「先師松田加都子君建碑の趣旨」『滋賀県私立教育会雑誌』第99号　1897年

「故松田先生建碑寄附金第一回報告」「同第二回報告」『滋賀県私立教育会雑誌』第100・101号
　　1897年

「故松田先生建碑寄附金報告」『滋賀県私立教育会雑誌』第103号　1898年

『信楽小学校の120年』　1994年

第2章

1．塚本さと

「神崎郡北五個荘淡海女子実務学校」『近江と人』第37号　1924年2月

「淡海女子実務女学校長　塚本さと子刀自」『近江と人』第46号　1925年1月

「塚本里子刀自は淡海女子実務学校の一切を下田歌子女史に委譲された…四月の新学期から淡海実践
　女学校と改称…」『近江と人』第48号　1925年3月

塚本源三郎編『塚本家譜さと子伝』　1928年

塚本さと『月の影』上・下　徳集堂　1930年

塚本さと『姑の餞別』淡海高等女学校　1931年

塚本さと『蘆のわか葉』上・下　似王堂　1933年

渡辺千治郎『おばあさま 塚本さと子刀自略伝』淡海高等女学校出版部　1933年

近江商人博物館平成13年度秋季特別企画展『ある近江商人の妻──塚本さとの生涯』　2001年

辻照三「湖国名婦に関する一考察──塚本さとの場合」京都外国語大学『環日本研究』第8号　2001年

2．中野冨美

大津高等裁縫女学校『純美禮』創刊記念号　1937年

大津家庭高等学校『純美禮』創立三十五周年高松宮殿下御台臨記念号　1954年

3．一柳満喜子

一柳米来留『失敗者の自叙伝』近江兄弟社　1970年

一柳満喜子『教育のこころみ──一柳満喜子文集』学園50周年記念文集委員会　1972年

佐野安仁「一柳満喜子の教育観」同志社大学人文科学研究所『キリスト教社会問題研究』第30号　1982年

平松隆円「一柳満喜子の生涯に関する一考察」国際日本文化研究センター『日本研究』第37集　2008年

『近江八幡市立資料館 平成21年度 秋季特別展 一柳満喜子女史没後40年追悼 辿り来し道をふりかえりて──一柳満喜子の生涯』　2009年

『創立90周年記念 近江兄弟社学園史』資料Ⅰ・Ⅱ・Ⅲ　2013年

玉岡かおる『負けんとき──ヴォーリズ満喜子の種まく日々』上・下　新潮社　2014年

4．河村豊吉

河村豊吉「読方教授の目的より観て大意把握の方法を論ず」『滋賀県教育会雑誌』第232号　1915年

秋田喜三郎・河村豊吉「新読本各教材の努力点と其の取扱」（一）〜（七）『滋賀県教育会雑誌』第270号〜第278号　1918年

秋田喜三郎・河村豊吉「新読本各教材の努力点と其の取扱」（八）〜（十）『近江教育』第279号〜第291号　1919年〜1920年

河村豊吉「再び入学試験の革新を論ず」『近江教育』第292号・293号　1920年

河村豊吉「読方学習指導案の研究」（一）『近江教育』第359号　1925年

河村豊吉「読方学習指導案の研究」（三）『近江教育』第364号　1926年

河村豊吉「我が校の教育方針要記」奈良女子高等師範学校附属校『学習研究』第8巻7号　1929年

河村豊吉「四つの誓を子供達と　教育進言」『学習研究』第10巻7号　1931年

平田守衛『滋賀の図書館』　私家版　1980年

山本稔「大正時代における読書指導と図書館教育の展開──秋田喜三郎と河村豊吉のばあい」滋賀大国文会編『滋賀大国文』第23号　1985年

5．柚木勝久

及川平治『如何に地理を教ふ可き乎』育成会　1907年

柚木勝久「初歩書き方教授の研究」『滋賀県教育会雑誌』第212号　1911年

柚木勝久「地理教授毎月資料」4～3月号『滋賀県教育会雑誌』第223～233号　1914～15年

『東浅井郡志』巻3　1927年

『近江愛智郡志』巻2　1929年

柚木勝久「吾道」（一）～（二）『近江教育』第451・452号　1933年

木之本実科高等女学校「我校教育概要」『近江教育』第463号　1934年

木之本尋常高等小学校「学校給食実施状況と将来の計画」『近江教育』第479号　1935年

『草津小学校百年誌』　1973年

『甲賀市立佐山小学校創立100周年記念誌』　2009年

『ふるさと』木之本小学校創立百周年記念事業実行委員会　2011年

『明治33年起　監督官巡視録　愛知川尋常高等小学校』　愛知川小学校所蔵

6．山本清一郎

山本清一郎「失明の経験と光明の発見」『近江教育』第314号　1921年

『明治大正国勢総覧』東洋経済新報社　1927年

京都市立盲学校・京都市立聾唖学校同窓会編『日本盲唖教育史』　1929年

山本清一郎『盲教育一班』　1930年　滋賀県立盲学校所蔵

山本清一郎『日本盲界誌』　1935年　滋賀県立盲学校所蔵

山本清一郎「永源寺に遠足して」『滋賀教育』第562号　1942年

山本清一郎「滋賀県訓盲機関設立当時の思い出」滋賀県立盲学校編『開けゆく盲教育』第6集　1957年

山本清一郎「創立期──滋賀県訓盲機関設立について」大正7年卒業生「創立当時を偲ぶ」大正10
　年卒業生「県営移管迄の思い出」『開けゆく盲教育』第7集　1958年

山本たい「ふりかえって」『開けゆく盲教育』第12集　1961年

中川泉三『彦根市史稿』「28衛生」彦根市立図書館所蔵

エッセーグループ編『近江の女』　白川書院新社　1979年

『滋賀県視覚障害者福祉協会80年のあゆみ』　2006年

7．西川吉之助

『西川家文書』滋賀県立大学図書情報センター保管

西川吉之助「はま子の女学校入学」『口話式聾教育』第4巻第4号　1928年

西川吉之助「聾者の情操と其教育」『口話式聾教育』第9巻第2号　1933年

『創立二十年』滋賀県立聾話学校　1948年

『西川はま子集』ろう教育科学会　1964年

『創立四十周年』滋賀県立聾話学校　1971年

『聾教育百年のあゆみ』聴覚障害者教育福祉協会　1979年

『創立六十年記念誌』滋賀県立聾話学校　1988年

福井義治「郷土に生きる教育家群像－7－滋賀県　聾教育にすべてを捧げた西川吉之助」『文部時報』
　通巻1353号　1989年

立入哉「西川吉之助の聴覚障害児教育観」（その1）『ろう教育科学』第34巻第1号　1992年

山田孝・西川健一・藤本文朗「西川吉之助の生涯と口話式聾教育運動」『障害者問題研究』第22巻
　　第4号　1995年

『創立七十年記念誌』滋賀県立聾話学校　1999年

上村雅洋『近江商人の経営史』清文堂出版　2000年

立入哉「西川吉之助──教育に目覚め、しかし、思い砕けた小樽時代」『日本聾史学会報告書』第9
　　号　2011年

辻久孝「西川吉之助・はま子の生涯と交友関係──西川吉之助の生涯とヴォーリズ夫妻との関係」
　　『日本聾史学会報告書』第9号　2011年

8．谷騰

谷騰「昭和学園の教育概観」「同（続）」『近江教育』第458〜459号　1934年

谷騰「昭和学園の教育概観」（正）（続）玉川学園出版部『教育日本』第79〜81号、第85号
　　1937〜38年

「昭和学園のお馬車」『太湖』第43号　1929年

子ども文集『こまどり』第15号（1929年4月）・第16号（1929年5月）・第17号（1929年9月）・第18
　　号（1929年10月）・第20号（1929年12月）

谷騰「新旧学校観の比較」『太湖』第45号附録　1939年

小野元澄『小野元澄の絵』白石印刷　1956年

「谷塾『昭和学園』の教育」『近江教育』第525号（復刊第4号）　1972年

志村ふくみ『小野元澄の展覧会』　1983年

池野昭「近江八幡の教育遺産　昭和学園のこと」第1〜4回『近江八幡地域文化研究所通信』No.84
　　〜87　1995年

コラム3．平木吉治郎

岡山秀吉「手工科教授視察録」『手工研究』第1輯　1907年7月

『東京高等師範学校一覧』　1908〜42年

岡山秀吉『手工科教材及教授法』寶文社　1909年

平木吉治郎「手工教授所見」（其二）『滋賀県教育全雑誌』第210号　1911年

平木吉治郎「山口県師範学校の研究　家庭に於ける副業的　手工としての水口細工」（一）（二）『防
　　長教育』第162・163号　1913年

平木吉治郎「小学校に於ける手工教授の基礎は如何にすべきか」『滋賀県教育会雑誌』第245号
　　1916年

平木吉治郎「女子と家政手工」（其二）〜（其六）『滋賀県教育会雑誌』第248〜252号　1916年

「地方的細工としての水口細工（第一稿）」『手工研究』第40輯　1918年

細谷俊夫「手工教育変遷に関する一考察」日本教育学会『教育学論集』新紀元社　1942年

水口細工復興研究会『水口藤細工の出来るまで──私達の十年間の研究活動の記録』2010年

コラム4．前川仲三郎

日本近代文学館『赤い鳥（復刻版）』　1979年

第3章

1．神田次郎

神田次郎・栗下喜久治郎『生産学校と郷土教育』厚生閣書店　1932年

神田次郎『実践日野教育の錬成記録』明治図書　1942年

神田次郎『実践吾校の校地経営記録』明治図書　1943年

阿部彰『戦後地方教育制度成立過程の研究』風間書房　1983年

2．矢嶋正信

矢嶋正信『生活教育学校の家庭化』明治図書　1942年

板橋孝幸「戦時期農村における郷土教育実践の変質──滋賀県島小学校を事例として」奈良教育大学
教育実践開発研究センター『教育実践開発研究センター研究紀要』第22号　2013年

平松桃茄「矢嶋正信の「土の教育」からみる戦時体制下における郷土教育論──児童による学級日誌
を手がかりに」『探求』第28号　愛知教育大学社会科教育学会　2017年

3．栗下喜久治郎

滋賀県島小学校編『自力更生教育理想郷の新建設』明治図書　1933年

江南千代松・栗下喜久治郎『実践時局と教育経営』明治図書　1937年

栗下喜久治郎『体験村の教育建設記』明治図書　1941年

栗下喜久治郎『子供と共に　村の学校・教師の記録』文祥堂　1942年

佐藤隆「戦前・郷土教育連盟の活動の意義と限界──滋賀県島小学校の郷土教育実践の検討を通じて
─」東京都立大学『教育科学』第7号　1985年

滋賀大学教育学部プロジェクトチーム編『滋賀県下において行われた郷土教育・地域学習の歴史的総
合的検討』平成元年度文部省特定研究報告　1990年

谷口雅子「戦前日本における教育実践史研究Ⅲ　社会認識教育を中心にして──滋賀県島尋常高等小
学校における地域と学校」『福岡教育大学紀要』第46号　第2分冊　1997年

板橋孝幸「昭和戦前期農村小学校における郷土教育実践の変容──「科学的」調査から自力更生的実
践への転換」『東北大学大学院教育学研究科研究年報』第53巻2号　2005年

4．田中秀雄

田中秀雄「読方に於ける発音指導への一考察」『近江教育』第448号　1933年

田中秀雄「新国語解釈の指標」『近江教育』第471号　1935年

田中秀雄「アクセントに就いて」『近江教育』第474号　1935年

田中秀雄「仮名遣とその発音」『近江教育』第478号　1936年

田中秀雄「読方に於ける辞書活用の訓練について」『近江教育』第486号　1936年

田中秀雄「仮名遣を主とする考査の方法と其の実績」『近江教育』第491号　1936年

田中秀雄「新読本巻八に於ける文語文の研究」『近江教育』第492号　1936年

田中秀雄「文解釈に於ける代名詞の指導方途」『読方教育』第3巻7月号　1936年

田中秀雄「中等学校入試国語問題の研究」『近江教育』第494号　1937年

田中秀雄「実験的に見たる幼児の発音」『近江教育』第497号　1937年

田中秀雄「新読本巻九の言語文章」『近江教育』第498号　1937年

田中秀雄「音便指導の実際」『近江教育』第499号　1937年

田中秀雄「読本による朗読指導の実際」『近江教育』第502号　1937年

田中秀雄「新読本巻十の言語文章」『近江教育』第503号　1937年

田中秀雄「わが校に於ける朗読発表会の実際」『近江教育』第505号　1938年

田中秀雄「綴方に於ける語法指導の実際」『近江教育』第506号　1938年

野田村一司「新国語教育人国記（滋賀県之巻）」『読方教育』第7巻第6号　1940年

5．村瀬仁市

村瀬仁市「国史教授に於ける郷土史の研究」滋賀県師範学校附属小学校『郷土教育之実際的研究』
　1932年

村瀬仁市『国史教育の新経営』上・下　文泉堂書房　1934年

村瀬仁市『最新国史教育の理想的実践』厚生閣　1936年

村瀬仁市『国史教育の学年的発展』晃文社　1937年

村瀬仁市『高等小学国史文化史体系図　掛け軸』大西文海堂　1941年

6．中村林一

中村林一『長浜祭礼記』私家版　1935年

長浜尋常高等小学校編『長浜郷土読本』1940年

『改訂近江国坂田郡志』第1〜7巻　1941〜44年

中村林一「昭和19年度初等科第3学年勇組学級経営案」「昭和20年度第1分団第4学年中村学級
　学級経営案」「昭和20年度指導案綴」長浜城歴史博物館寄託『開知学校関係資料（通称「中村林一
　コレクション」）』1944〜45年

7．西川綾子

『大津教会史』日本基督教団大津教会　1969年

『大津教会五十年誌』日本基督教団大津教会　1996年

吉村文成「戦争時代の子どもたち――瀬田国民学校『学級日誌』を読み解く」『国際文化研究』（龍谷
　大学国際文化学会）第13号　2009年

西川綾子と瀬田国民学校五年智組の生徒たち他『戦中「学級日誌」』龍谷大学国際文化学部　2009年

『戦争と市民』大津市歴史博物館　2009年

コラム5　池野茂

池野茂『御大典記念　滋賀県小学校職員大写真帖』　1928年

『教育陣営』第1巻第3号（1935年11月）

西村久吉編著『杉浦重剛先生の日本精神とその教育』江州公論社　1936年

『恩師山路一遊先生』私家版　1941年

おわりに

　本書は滋賀県教育史研究会の研究成果を世に問う初めての本である。

　滋賀県教育史研究会は1997（平成9）年に木全清博（滋賀大学教育学部教授）や故稲垣忠彦（滋賀大学教育学部教授）らが創立し、紀要『滋賀県教育史研究』も発行したが、その後活動を休止し、紀要も1号のみとなっていた。2008年から宮坂朋幸（滋賀文化短期大学講師）と久保田重幸（滋賀県教育委員会）が研究会の再興をめざして本格的に動き出し、2009年3月28日に現体制による第1回研究会を開催した（職名はいずれも当時）。

　その後、約2ヵ月に1回のペースで例会を行い、本書出版直前には第57回を迎えた。本研究会は、大学教員等の研究者から大学院生、現場の小・中・高の教員、元図書館職員など、多様な人びとが集まっていることに特徴がある。例会では、滋賀県で唯一の通史的な教育史『滋賀の学校史──地域が育む子どもと教育』（2004年）の著者であり、近年、『滋賀の教育史──寺子屋・藩校から小学校へ』（2015年）も上梓した木全とともに、個々の研究を深めてきた。時には会議室を離れ、甲賀市信楽町周辺（信楽伝統産業会館・旧滋賀県師範学校講堂（現谷寛窯）・池田記念館など）や東近江市周辺（滋賀県平和祈念館、近江商人博物館など）に調査にも出かけた。

　本書の企画が話題に上り始めたのは創立5周年を迎えた2014年頃である。県外の研究者や大学院生・大学生が修士論文や卒業論文で滋賀県の教育に注目するようになる一方、県内の人びとの関心が薄く感じられ、そろそろ本研究会の研究成果を形にして、関心を喚起したいという思いが強まったからである。また、宮坂朋幸「『赤い鳥』の中の久木幸男──滋賀県教育史研究の楽しみ」（『日本教育史往来』189号　2011年1月）をはじめとして、日本教育史研究会2015年度サマーセミナー「日本教育史研究の発信力」では久保田重幸が報告者として登壇し、翌2016年度サマーセミナー「地域教育史研究の現在と今後の可能性」では木全清博がコメンテーターとして招聘され、板橋孝幸が本研究会での議論を「新著から学ぶ新しい教育史叙述──木村元『学校の戦後史』合評会報告」（『日本教育史往来』223号　2016年8月）にまとめるなど、本研究会の活動や滋賀県教育史研究の実態が全国的にも知られるようになり、出版への期待を耳にするようにもなっていた。

本書の企画を、近代以降の滋賀県教育に尽力した人物の歴史に定めて以降、約３年間、原稿の修正を重ね、なるべく多くの方々に読んでいただける本にする努力をしてきた。本文に多くのルビを付し、図や写真を掲載したのは、中学生でも読める本をめざしたためである。この本をきっかけにして、若い人たちに滋賀県教育史に関心を持ってもらえるならば、これに勝る喜びはない。

　本研究会はこれまで、滋賀県の教育の歴史を地元の史料に基づいて概観できる『滋賀県教育史』の編纂に向けた基礎作業をつみあげてきた。国立教育政策研究所編『地方教育通史二〇一五年版』によれば、全国のほぼすべての府県に、県教育委員会等が編集主体となった通史的な『〇〇県教育史』があるが、滋賀県にはない。教育史研究者の上沼八郎は1984年に「戦前戦後を通じて刊行が確認されていないのは、滋賀・和歌山の両県にすぎない」（「地方教育史の課題と方法」『講座日本教育史』第一法規）と述べたが、その後、2010年に『和歌山県教育史』（全３巻）が刊行された。上沼の分類でいえば、残るは滋賀県だけであり、全国で唯一、滋賀県だけ『滋賀県教育史』がないということになる。

　滋賀県には、これまでの日本教育史研究がほとんど手を付けていない史料が豊富にある。明治以降の行政文書（滋賀県庁所蔵）は戦災や自然災害を逃れたため、とくに充実している。県政史料室のホームページから検索も容易になった。栗東歴史民俗博物館の「里内文庫」には多くの教育関係史料が残り、近江八幡市江頭区有文書の「滋賀県学事年報」は、『文部省年報』には掲載されていない記述や統計数値の違いが見られるなど、原資料ならでは特徴がある。これらを丁寧に分析することによって従来の日本教育史研究に新たな一面を加えることができるだろう。

　我々は今後も地道な研究活動を重ねて、滋賀県教育の来し方に目を凝らし、行く末を展望し続ける。本書を通して、これまでの滋賀の教育をつくりあげてきた人物たちの懸命な取りくみに関心を持ってくださった方々が、本研究会の活動に加わってくださることを切に願う。

　なお本書編集の際には、優れた教育人物史研究である沖田行司編『人物で見る日本の教育［第２版]』（ミネルヴァ書房、2015年）を参照した。また出版にあたって、公益財団法人河本文教福祉振興会から多大な出版助成を得た。さらに、サンライズ出版の岸田幸治さんには、この企画が立ち上がった当初から例会にご参加いただき、ひとかたならぬご尽力をいただいた。この場を借りて深謝したい。

　　　　2018年５月５日

　　　　　　　　　　　　　滋賀県教育史研究会事務局　　宮坂朋幸

人名索引

あ 行

秋田喜三郎　97 - 99, 100, 103, 121, 161, 185, 187, 206
浅見又蔵　25
芦田恵之助　97, 100
井伊直憲　28, 31
池野君子（中村）　124, 187, 188
池野茂　121, 139, 185 - 188, 191, 195, 196, 201, 210
稲岡澄瑞　105
ヴォーリズ, W. M.　91 - 93, 96, 116, 193
及川平治　76, 104, 206
大島一雄　6, 7, 45 - 48, 189, 190, 195, 198, 204
太田源一　170, 187
大野熊太郎　149
岡本半介（黄石）　27
岡山秀吉　128, 208
奥田栄世　18, 37
小野元澄　77, 122, 208
小原国芳　121, 122, 202

か 行

河合鱗慶　63
河村豊吉　72, 97, 102, 121, 162, 185, 187, 191, 193 - 196, 199, 206
河村祐吉　41
川本宇之介　117
神田次郎　121, 137, 143, 148, 151, 155, 156, 185, 188, 191, 194, 196, 197, 200, 201, 209
北原白秋　77, 100, 102, 131, 132, 134
木下竹次　76
久郷東内　34

さ 行

栗下喜久治郎　137, 140, 145, 148, 151, 154 - 156, 160, 192, 195 - 197, 201, 209
ケラー, H. A.　112, 113, 196, 200
五代友厚　16, 22
籠手田安定　3, 10, 14, 15, 18, 20, 23, 31, 36, 38, 41, 189, 190, 192, 198, 203, 204

さ 行

榊原豊　41
沢柳政太郎　121
清水甚吾　183
下田歌子　80 - 82, 84, 194, 205
正野玄三　3, 18, 33 - 38, 189, 190, 198, 204
杉浦重剛　81, 210
鈴木三重吉　77, 97, 101, 102, 131, 132, 193
曽我部信雄　36, 38

た 行

田中庄治郎　121, 138, 185
田中秀雄　139, 161, 192, 195, 196, 201, 209
谷騰　76, 77, 99, 117, 121 - 123, 125, 126, 185, 187, 191, 194 - 196, 200, 208
谷本富　105
多羅尾光弼　36, 38
塚本さと　75, 79 - 84, 189, 191, 193, 195, 199, 205, 206
辻勝太郎　6, 7, 51, 54, 189, 191, 193, 195, 199, 204, 205
津田梅子　92, 93
土屋政朝　19

な 行

外村省吾　2, 27, 30 - 32, 189, 190, 198, 203
鳥居嘉三郎　110

な 行

中井弘　3, 21, 24, 72, 189 - 191, 198, 203
中川泉三　141, 173, 174, 178, 207
中川原金人　174
中島宗達　75, 111
中野冨美　75, 85 - 90, 102, 166, 190, 193, 197, 199, 206
中村林一　141, 142, 173 - 178, 191, 193, 195 - 197, 201, 210
中矢正意　46
並河尚鑑　47, 57
西川綾子　141, 142, 153, 154, 179, 193, 195 - 197, 201, 210
西川哲三（石川）　138
西川はま子　76, 95, 115 - 118, 120, 124, 194, 200, 207, 208
西川吉輔　115
西川吉之助　75, 76, 77, 115 - 122, 124, 125, 189, 194, 196, 200, 207, 208
西村光四郎　86, 88, 89
ニップ夫妻　179, 180, 184

は 行

ハイド, A　94
初田育造　170
浜野鉄蔵　6, 7, 57 - 62, 189, 191, 192, 199, 205
一柳満喜子　77, 91, 93, 96, 117, 190, 193, 194, 196, 197, 199, 206

平木吉治郎　72, 127, 128, 130, 190, 193, 200, 208

平山麟家　6, 63, 64, 66, 189, 190, 192, 205

広岡浅子　91

広瀬淡窓　9

福沢諭吉　10, 29, 79 - 81, 91, 92

藤居貞之助　101

古川太四郎　109, 114, 190

ベーコン, A. M.　91 - 93

細木善一　128, 192

ま　行

前川仲三郎　77, 131, 134, 191, 194, 200, 208

松浦果　2

松島一雄　187

松田勝子　6, 67 - 70, 189, 190, 191, 192, 199, 205

松田宗寿　67, 68, 70

松田道之　2, 3, 9, 14, 41, 189, 190, 198, 203

村瀬仁市　139, 167, 168, 172, 187, 192, 194, 195, 197, 201, 210

森有礼　4, 25, 26, 92, 203

や　行

矢嶋正信　138, 149, 154 - 157, 180, 192, 193, 195 - 197, 201, 209

柳田かめ　6, 39, 40 - 44, 189, 190, 193, 198, 204

山路一遊　100, 121, 187, 188, 210

山本鼎　77, 131, 132

山本清一郎　75, 76, 109, 110, 111 - 114, 190, 192, 197, 200, 207

山本仙蔵　7, 11, 57, 58

山本たい　207

山本大造　2, 7, 28, 57

柚木勝久　72, 103, 108, 191, 193, 194, 196, 200, 206, 207

横関昂蔵　17, 37

吉田悦蔵　96

ら　行

レーベンシュタイン, E.　10

わ　行

渡辺辰五郎　85

渡辺弘人　2

事項索引

あ 行

『赤い鳥』　77, 97, 101, 102, 131, 132, 134, 162, 166, 193, 194

犬上県小学校掛　2, 28

『犬上県内小学建営説諭書』　2, 28, 203

欧学校　3, 10, 11, 57, 189

『桜洲山人席上演説』　24

『近江教育』　72, 73, 98, 100, 106, 107, 109, 123, 161, 162, 163, 165, 168, 172, 185, 193, 195, 200 - 202, 206 - 210

近江勤労女学校　96

『近江と人』　83, 205

大津高等裁縫女学校　85, 88, 90, 195, 196, 206

か 行

開達学校　6, 7, 17, 41, 45 - 47, 49, 190

画一教育　144

家政手工　130

学級日誌　153, 179, 181 - 184

学区取締　2, 3, 18, 27, 31, 33 - 36, 54, 190, 198, 204

学校給食　107, 137, 207

学校統合問題　137, 143, 144, 193, 194

金田村立金田図書館　194

咸宜園　9

官立大阪師範学校　6, 17, 36, 47, 57, 204

官立東京師範学校　6, 45, 47, 57, 189

「教育勅語」　4, 5, 50, 85

『教育問題研究』　122

「教学聖旨」　48

教職員適格審査　139, 141, 148, 160, 172

郷土教育連盟　137, 156, 157, 195, 200, 209

郷土読本　137, 143, 145 - 148, 156, 173, 175, 176, 195, 196, 200, 201, 210

京都盲唖院　75, 109 - 111, 116

勤労教育　121, 140, 146, 147, 152, 195

郡視学　51, 54, 57, 59, 60, 61, 103, 105, 186

軍国主義　136, 140, 141, 148, 154 - 156, 159, 160, 178

訓導兼校長　7, 51, 54, 57 - 62, 103, 105, 191

経済更生村　138, 147

合科学習　76, 77

皇国史観　171, 172

皇国民錬成　140, 141, 153

弘道館　2, 6, 7, 27, 30, 51, 57

公民教育　140, 152, 195

『国語読本学習書』　97, 99 - 101, 199, 200

国体明徴　152

国定教科書　73, 104, 162, 163, 165, 167, 169, 170 - 172, 176, 178, 187

国民精神総動員運動　141, 158, 159, 196

護憲運動　136

「御真影」　4, 5, 50

『こまどり』　77, 124 - 126, 188, 195, 208

さ 行

算額　6, 63 - 66, 199, 205

ＧＨＱ（連合国軍最高司令官総司令部）　141, 148, 159

自学主義　76, 77

自学輔導　105

滋賀県大津師範学校　3, 5, 6, 19, 51, 54, 69, 190

滋賀県師範学校　3, 5, 6, 19, 36, 42, 47, 51, 54, 58, 69, 70, 97 - 99, 103, 104, 108, 121, 128, 131, 138, 139, 143, 149, 155, 156, 161, 167, 169, 185 - 187, 189, 190, 191, 193 - 195, 203, 210, 211

滋賀県小学教員伝習所　3, 42, 57, 69, 189

滋賀県商業学校　4, 24 - 26, 32, 190, 192

滋賀県女子師範学校　6, 70, 86, 97, 98, 129, 169, 179, 180, 190, 192

『滋賀県教育会雑誌』　72, 97, 98, 103, 104, 129, 130, 192, 193, 200, 205 - 208

滋賀県尋常師範学校　5, 6, 58, 59, 60, 70, 72, 190, 191, 204, 205

滋賀県尋常中学校　5, 7, 32, 191

『実物問答』　47, 204

児童詩　77

島校　121, 136 - 140, 143 - 149, 151, 152, 154 - 158, 170, 176, 188, 194, 195

自由画　131, 132, 134, 194

就学督促　33

手工科　61, 127 - 130, 192, 193,

208

少国民　181

商法講習所　25, 26

昭和学園　76, 77, 99, 117, 119,
　121 - 126, 187, 188, 194, 195,
　199, 208

女子師範学科　6, 69, 190

自力更生村　138

私立成城小学校　77, 121, 194

純美禮学園　85, 88, 90, 196, 199

正則教授　35, 47, 53

清友園幼稚園　78, 91, 94, 96,
　194

瀬田校　108, 149, 153, 179, 180,
　183

全村学校　152, 158

た　行

『太湖』　120, 121, 125, 126, 200,
　208

大正新教育　71, 76, 77, 99, 131,
　167, 181, 187, 188, 194

『高宮小学校沿革誌』　7, 51, 52,
　191, 199, 205

淡海女子実務学校　75, 79, 81 - 84,
　193, 194, 199, 205

土の教育　138, 149, 151, 152,
　154, 157, 196, 201, 209

超国家主義　148, 159

徴士　9, 16, 27, 28

デューイの実験学校　94, 95

寺子屋師匠　6, 39, 41

童謡　124, 125

ドルトン・プラン　122, 124, 126

な　行

『長浜祭礼記』　174, 195, 210

中村林一コレクション　175,
　193, 210

日本精神　140, 152

日本聾口話普及会　118, 120,
　194, 195

農民道場　158

は　行

「八大教育主張」　167, 194

八幡校　7, 50, 128, 140, 176, 188

話方指導　139

万国公法　46

彦根学校　2, 5, 7, 27, 28, 30 - 32,
　51, 54, 190, 198

彦根訓盲院　75, 109 - 111, 192,
　194

彦根伝習学校　5, 7, 32, 57, 190

一人一研究　147

『琵琶湖新聞』　14, 203

琵琶湖疏水　21, 23, 25, 26, 203

ブリンマーカレッジ　91, 92

プレイグラウンド　77, 93, 94,
　199

分団式動的教育法　76

奉公団　187

「ほめる教育」　141, 182, 183

ま　行

水口細工　127, 128, 129, 192,
　193, 200, 208

『むべの実』　137, 147

『明治十年九月定期卒業試験立
　会巡視功程』　19, 38, 54

明正倶楽部　105

「盲学校及聾唖学校令」　75, 112,
　118

問答科　47

や　行

矢嶋芋　153

柳田学舎　6, 39, 42 - 44, 190,
　191, 198

読方教育　97, 101, 102, 161, 166,
　195, 210

ら　行

「立校方法概略」　3, 11, 189

聾口話教育研究所　115, 117,
　119

労作教育　119, 124 - 126, 140,
　146, 147, 154, 156, 188

朗読指導　139, 163, 164, 210

わ　行

和算　6, 63 - 65

執筆者紹介（五十音順　所属および本書の担当箇所　○は編集担当）

滋賀県教育史研究会

浅井　雅（あさい　みやび）
神戸大学大学院 国際文化学研究科 国際文化学研究推進センター研究員（協力研究員）
第2章第1節・第3節

○ **池田　宏**（いけだ　ひろし）
元滋賀県立図書館専門員
第2章第7節、年表作成

板橋孝幸（いたばしたかゆき）
奈良教育大学教育学部准教授
第3章第1節・第2節・第3節

○ **木全清博**（きまたきよひろ）
滋賀大学名誉教授・名古屋芸術大学人間発達学部教授
はじめに　第1章概説・第5節・第6節・第7節・コラム1、
第2章概説・第8節、第3章概説・第5節・第6節・コラム5

久保田重幸（くぼたしげゆき）
愛荘町立愛知中学校教頭
第1章第4節・第8節、第2章第6節

坂尾昭彦（さかおあきひこ）
湖南市立甲西中学校教諭
第1章コラム2、第2章第4節・第5節、第3章第4節

鈴木敦史（すずきあつし）
びわこ学院大学教育福祉学部准教授
第1章第3節

馬場義弘（ばんばよしひろ）
滋賀大学教育学部准教授
第1章第2節

光橋正人（みつはしまさと）
大津市立仰木中学校教諭
第2章コラム3

○ **宮坂朋幸**（みやさかともゆき）
大阪商業大学総合経営学部准教授
第1章第1節・第9節、おわりに

○ **八耳文之**（やつみみふみゆき）
元滋賀県立玉川高校教諭
第2章第2節、第3章第7節

渡　晋一（わたり　しんいち）
大津市立長等小学校教諭
第2章コラム4

近代滋賀の教育人物史

2018 年 6 月 1 日　初版 1 刷発行

編　者　滋賀県教育史研究会

　　　　連絡先　滋賀大学教育学部 馬場義弘研究室
　　　　　　　　〒 520-0862　滋賀県大津市平津 2-5-1
　　　　　　　　TEL077-537-7779
　　　　　　　　e-mail：bamba@edu.shiga-u.ac.jp

発行者　岩根順子

発行所　サンライズ出版
　　　　〒 522-0004　滋賀県彦根市鳥居本町 655-1
　　　　TEL 0749-22-0627　FAX 0749-23-7720

© 滋賀県教育史研究会 2018　　　乱丁本・落丁本は小社にてお取り替えします。
Printed in Japan　　　　　　　　定価はカバーに表示しております。
ISBN978-4-88325-640-2